Christian Desseaux
raconté par William Fourtot

Dora
le tunnel de la mort

Extrait de « *Nuits et brouillard* »
Prélude poétique écrit par Jean FERRAT

Préface de Louis Besson,
ancien ministre, secrétaire d'État

Editions Lapeyronie

le 21. Sept. 1998.

Merci Maurice, Merci Marie France de votre gentillesse, Merci aussi de lire cet ouvrage, qui raconte la vie dure de jeunes garçons dans la Résistance sous l'occupation Allemande, morts dans des conditions épouvantables, inimaginables dans les camps de concentration dit de la mort. En leur mémoire je vous dédicace ce livre.

Avec toutes mes Amitiés

« Je dédie mon histoire écrite par William Fourtot à tous mes camarades Résistants et à ceux qui ont disparu dans les camps de la mort. »

CHRISTIAN DESSEAUX

Christian Desseaux
raconté par William Fourtot

Dora
le tunnel de la mort

Nos vifs remerciements
à Messieurs
Louis Besson,
Jean Ferrat,
Serge Klarsfeld,
André Pons
et Lucien Colonel
pour leur aimable contribution à cet ouvrage.

Editions Lapeyronie

Prélude poétique de Jean Ferrat

Ils étaient vingt et cent ils étaient des milliers
Nus et maigres tremblants dans ces wagons plombés
Qui déchiraient la nuit de leurs ongles battants
Ils étaient des milliers ils étaient vingt et cent

Ils s'appelaient Jean Pierre Natacha ou Samuel
Certains priaient Jésus Jéhovah ou Vichnou
D'autres ne priaient pas mais qu'importe le ciel
Ils voulaient simplement ne plus vivre à genoux

Ils n'arrivaient pas tous à la fin du voyage
Ceux qui sont revenus peuvent ils être heureux
Ils essaient d'oublier étonnés qu'à leur âge
Les veines de leurs bras soient devenues si bleues

Préface

Il faut savoir gré à Christian Desseaux, déporté de la Résistance, d'avoir bien voulu confier à William Fourtot les souvenirs de son engagement, de son arrestation puis de sa déportation : chaque témoignage d'un survivant des camps de la mort est irremplaçable pour faire pièce aux odieuses initiatives révisionnistes de ceux qui, sans l'avouer – et peut-être dans certains cas sans se l'avouer – ont quelque raison de se faire les falsificateurs de l'Histoire... Par exemple, en atténuant systématiquement des données bien établies ou en cherchant à créer le doute sur des faits indéniables, voire en niant des réalités tristement avérées qui ont illustré toute l'horreur d'une idéologie d'avilissement et d'élimination d'hommes qui avaient le courage de s'opposer ou le malheur d'avoir des origines les désignant comme coupables du seul fait d'être nés...

Christian Desseaux, comme grand adolescent, aurait très bien pu donner priorité à la poursuite de sa scolarité et privilégier son avenir professionnel. Mais jeté sur les routes de l'exode à 14 ans et confronté à l'humiliation de l'occupation de son pays, c'est en citoyen qu'il réagit : ni compromission, ni même résignation, seule l'action contre l'occupant – largement à l'insu de ses parents – devenait son horizon et sa raison de vivre.

Étant personnellement son cadet d'une bonne dizaine d'années, je n'ai pas d'autre ressource pour apprécier cet engagement que me reporter à mes connaissances livresques sur la période commençant avec l'arrivée des nazis au pouvoir en Allemagne. Et là, manifestement, pour un jeune Français, le refus de toute collaboration et l'engagement dans une démarche de résistance est, dès le début des années 40, d'autant plus méritoire que toutes les pesanteurs ambiantes jouaient – depuis une décennie – dans le sens d'un tragique aveuglement et sûrement pas dans celui d'un lucide courage !

Dès le début des années 30, le danger militaire est mal cerné. Que ce soit Charles de Gaulle et ses plaidoyers pour l'arme blindée, Pierre Cot et ses convictions tout à fait prémonitoires sur l'importance que prendrait l'aviation ou le général Etienne et ses préconisations de combiner avions et chars, aucun n'est entendu et les décisions prises ne peuvent au mieux que préparer à riposter à une guerre qui répéterait – en moyens et en stratégie – celle de l'été 14...

La diplomatie, de son côté, se fourvoie tout autant et Munich est bien plus grave par l'esprit dont il témoigne que par les déclarations qui l'accompagnent.

Le pacte germano-soviétique vient ensuite pour le moins créer les conditions d'un profond doute sur les rapports de force à venir.

Mais à ces raisons de défaitisme et de découragement s'ajoutent – certainement – le délabrement de la notion même de droits de l'homme qui peut seul exprimer un dramatique silence devant les manifestations d'antisémitisme qui, non seulement trouvent un terrain réceptif dans de vastes couches de l'opinion française, mais n'émeuvent que de très faibles minorités. Comment comprendre autrement le manque de réaction aux lois et décrets signés, dès l'automne 40, par le chef de l'État français et établissant des discriminations dont on a vu par la suite les tragiques enseignements ? Les protestations d'autorités religieuses comme le cardinal Saliège, le pasteur Boegner ou les responsables du Grand Consistoire israélite devant les rafles de Juifs en France à la mi-42 seraient-elles restées inaudibles du grand public s'il n'y avait eu une pesante surdité ambiante, largement majoritaire sinon générale ?

C'est dans ce contexte qu'il s'est malgré tout trouvé des hommes pour n'entendre que leur conscience et mépriser les risques qu'ils prenaient pour leur propre vie. Sans eux seraient restés sans échos ces appels au refus de la capitulation et de l'asservissement lancés dès juin 1940 par des personnalités aussi diverses que Jean Toulat, prêtre, Edmond Michelet, futur garde des Sceaux puis, bien sûr – le plus prestigieux auquel se rallièrent tous les autres – Charles de Gaulle, colonel de l'armée française.

Christian Desseaux fut sans doute parmi les plus jeunes des Français à se sentir concerné par ces appels, à choisir son camp, à se retrouver du côté de l'honneur, et à s'engager dans l'action au péril de sa vie.

Tout l'enchaînement qui allait suivre : dénonciation, arrestation, brutalité des interrogatoires, horreur des convois vers l'Allemagne, atrocité de l'arrivée et de la vie dans le camp de Buchenwald, monstruosité des conditions de Dora, barbarie des exécutions, inhumanité des comportements et tourments multiples jusqu'aux ultimes affres de l'agonie de la puissance nazie... rien n'aura été épargné à Christian Desseaux !

Avant que le lecteur ne découvre avec la force de la vérité d'un témoignage ce que jamais des hommes n'avaient fait subir à des millions d'hommes, et cela à l'occasion de la guerre la plus meurtrière que l'humanité ait connu avec ses

55 ou 60 millions de morts, qu'il me soit permis de dire merci à Christian Desseaux et, à travers lui, à ces héros dont les rangs ont été tant décimés par les exécutions, les tortures, le travail de force, la faim, le manque de soins ou les soins mortifères, la vermine, le désespoir...

Merci à Christian Desseaux d'avoir pris sur lui pour dire l'indicible – et à William Fourtot de nous l'avoir si bien restitué – afin qu'une chape de plomb ne vienne pas enfouir les plus sordides méfaits d'une véritable entreprise du meurtre au service d'une idéologie abjecte et hégémonique.

Accomplir son devoir d'homme avant d'avoir 20 ans, et 50 ans plus tard accomplir son devoir de mémoire pour que le temps ne fasse pas œuvre d'oubli mais œuvre d'histoire : Christian Desseaux, après avoir offert ses 18 ans à sa patrie, à ses valeurs et, en fait, à la survie de la Liberté en Occident, offre ainsi aux jeunes générations un exemple de foi en l'homme et de foi en la valeur de tout homme. Sans doute y ajoute-t-il une clé pour comprendre – en dépit des lourdes réalités du présent et des inquiétudes du lendemain – ces mots d'Elie Wiesel, prix Nobel de la Paix, disant à la jeunesse que « *vivre sans passé est pire que vivre sans avenir* »...

Louis BESSON

Postface

La Seconde Guerre mondiale

Les récits de batailles ont bercé mon enfance ! Nous suivions la progression des troupes alliées en Normandie sur une vieille carte en noir et blanc grâce aux informations diffusées par la BBC depuis Londres. C'est cette histoire vécue en direct qui m'a permis, malgré mon jeune âge, de comprendre les événements qui ont secoué le monde de 1939 à 1945, auxquels je n'ai pu éviter de me référer en écrivant la vie de Christian Desseaux pendant la guerre. L'Histoire n'est-elle pas en définitive la somme des histoires individuelles ?

Mais ce qui est évident pour nous ne l'est pas forcément pour les jeunes générations à qui j'adresse ces quelques mots d'explication sur la Seconde Guerre mondiale. Tâche peu aisée pour qui n'est pas historien mais comme moi, simple autodidacte, craignant de n'avoir qu'une vision parcellaire et subjective du phénomène.

Au lendemain de la guerre de 1914/18, l'Allemagne sombre dans une dépression économique qui favorise la montée en puissance d'Adolf Hitler et du parti nazi. Les « fauteurs de troubles » sont clairement désignés : les démocraties occidentales, l'Union soviétique, les Juifs, les communistes...

Le rêve d'hégémonie va bien au-delà d'un impérialisme simplement germanique. Le parti s'appuie ouvertement sur le mythe de la race supérieure : la race aryenne dont serait composé l'essentiel du peuple allemand.

Après avoir accédé au pouvoir en 1933, Hitler fonde sa propre police, la SS, ouvre les premiers camps de concentration (au début, c'était pour les Allemands) et se prépare militairement à la guerre.
Il étend son empire à tout ce qui est germanique en annexant l'Autriche et la Tchécoslovaquie où résident trois millions de Sudètes de langue allemande. Il envahit la Pologne en 1939.

L'invasion de la Pologne finit par déclencher la réaction des démocraties : la France et l'Angleterre déclarent la guerre à l'Allemagne. Mais au lieu de foncer vers l'intérieur du Reich, comme la balance des forces en présence le permet peut-être encore, les troupes françaises s'arrêtent sitôt franchi le Rhin et attendent : c'est « la drôle de guerre ».

Ce répit permet à Hitler d'achever sa préparation ! En mai 1940, et alors qu'on les attendait en Alsace, les Panzer surgissent à la frontière belge, après avoir déferlé à travers la Hollande et la Belgique.
En quelques semaines, ils sont à Paris. Un nouveau gouvernement est formé avec, à sa tête, le maréchal Pétain, qui prend acte de la défaite et demande l'armistice. La France est coupée en deux : la zone occupée au nord, la zone dite libre au sud.

Dans le cataclysme de la défaite, une voix s'élève contre le renoncement et l'abandon :
« *Ce conflit est mondial. La France a perdu une bataille, elle n'a pas perdu la guerre* ».
C'est la voix du général de Gaulle qui lance son fameux appel du 18 juin 1940 aux Français.

De fait, la guerre continue. Dirigée par celui qu'on appelle le Vieux Lion, Winston Churchill, l'Angleterre résiste seule. L'Allemagne échoue dans sa tentative d'invasion des îles britanniques.

Le 22 juin 1941, Hitler envahit l'Union soviétique.

Après une série de victoires qui conduisent la Wehrmacht aux portes de Moscou, la plus grande bataille de l'histoire s'engage : Stalingrad !

La puissance du Reich est à son apogée. Avec ses alliés de l'Axe, l'Allemagne occupe toute l'Europe. Après des mois de siège, la Wehrmacht échoue pourtant devant Stalingrad. C'est le tournant de la guerre.

Comme l'avait prévu de Gaulle, le conflit devient mondial. En décembre 1941, après le désastre de Pearl Harbor, les États-Unis entrent en guerre aux côtés de la Grande-Bretagne et de l'URSS. L'équilibre des forces se renverse au profit des Alliés.

La puissance de guerre américaine met à la disposition du monde libre le potentiel nécessaire à la reconquête des territoires perdus et à l'anéantissement de l'Allemagne et de son allié : le Japon.

Le 6 juin 1944, pendant que les troupes russes continuent d'avancer sur le front de l'est, les Anglo-Américains débarquent en Normandie. Ils libèrent la France et portent la guerre chez l'ennemi. Le 26 avril 1945, ils font leur jonction avec les Soviétiques sur l'Elbe. Coupée en deux, l'Allemagne nazie capitule le 8 mai 1945.

La guerre s'achève également, quelques mois plus tard, en Extrême-Orient, après que les États-Unis eussent lancé sur Hiroshima la première bombe atomique de l'Histoire.

Qu'est-ce que la guerre de 1939-45 ?

Une guerre mondiale ? Oui. Un bouleversement planétaire ? Sans aucun doute. 60 millions de morts ! Pourtant ce n'est pas la première fois que les hommes en décousent. Tout le monde a en mémoire la Grande Guerre et ses 9 millions de morts. Mais ce qu'il y a de spécifique et d'unique à la fois, dans le deuxième conflit mondial, c'est que ce n'est pas seulement une guerre stratégique, une guerre entre nations pour la prépondérance et la puissance, c'est au fond une guerre contre l'homme lui-même, une bataille pour faire triompher le mal d'une idéologie perverse : il existe une race supérieure qui doit dominer les autres.

C'est « *le Reich pour mille ans* » !
Des nations entières, notamment à l'est, doivent être rayées de la carte. Pour réaliser leur dessein, les SS mettent en place un système concentrationnaire symbolisé par Auschwitz où le crime est institutionnalisé et porté à l'échelle industrielle.
Des millions d'êtres humains sont massacrés dans les chambres à gaz, lesquelles communiquent avec des fours crématoires où ils sont immédiatement incinérés.

Mais l'Allemagne nazie n'a pas que des ennemis de race. Tous ceux qui résistent subissent un sort comparables aux Juifs, avec cette différence toutefois qu'ils sont jeunes pour la plupart et qu'il convient, avant de les envoyer à la mort, d'en extraire la force de travail.
Beaucoup de résistants sont déportés à Dora. À la différence d'Auschwitz ou de Treblinka où la mort est immédiate, Dora est un camp de travail où les déportés assurent la construction du V2, l'arme absolue qui doit en fin de compte renverser l'équilibre des forces et faire triompher l'Allemagne. La fusée A4 qui équipe les V2 jetés sur l'Angleterre est l'œuvre du savant nazi von Braun.

En mai 1945, von Braun est récupéré par les Américains qui le mettent au service de la NASA et de leur projet spatial. La fusée Saturne, qui a emmené en juillet 1969 les Américains sur la lune, a été conçue par lui.

Bien peu dans le grand public savent, puisque cela leur a été caché, que les sauts légers et harmonieux de Neil Armstrong accomplis en 1969 dans l'apesanteur du sol lunaire avaient pour origine le rêve fou des nazis de soumettre le monde, et la mort et la souffrance à Dora de 90 000 résistants-déportés, principalement des Français.

William FOURTOT

1

LE REFUS

Je suis jeune, il est vrai, mais aux âmes bien nées
La valeur n'attend pas le nombre des années
PIERRE CORNEILLE

UN SOLDAT ANGLAIS CASQUÉ est accoudé au bar, le regard fixé sur le comptoir des apéritifs.
Christian s'avance pour lui parler, pas de réponse.
Il s'approche.
L'homme est mort !

***

Une panique sans précédent s'est emparé de la France. La troisième République s'effondre, tandis que se lancent sur les routes, des centaines de milliers de réfugiés qui fuient l'envahisseur.
Des colonnes entières de familles poussant des chariots, des femmes, des vieillards, des enfants, des malades, marchent obscurément en direction de Lille et Dunkerque, persuadés en se repliant vers l'arrière que l'armée française parviendra à stopper la percée fulgurante des unités allemandes.

Christian Desseaux habite à Compiègne. Son père est officier d'active. Dès la drôle de guerre, il a été envoyé à Toul. Avant de partir, il a cru mettre ses enfants en sécurité en les plaçant dans une ferme des environs de Lille. Las ! Dès l'ordre d'évacuation donné, voilà Christian jeté en compagnie de son frère sur les routes de l'exode. Il a 14 ans.

À pied, à bicyclette, les civils qui s'enfuient, les militaires en déroute, les soldats anglais qui tentent de gagner Dunkerque, forment d'interminables queues étirées sur les routes du nord, essayant d'échapper aux raids en piqué des stukas de la Luftwaffe qui déclenchent sur elles, dans le fracas des sirènes, un déluge de fer et de feu. Tout le monde court, tout le monde se sauve. Un jour, Christian se retourne, il n'y a plus personne derrière lui. Il a perdu son frère. A force de marcher tous les jours, il arrive à Dunkerque.
Pour empêcher les troupes alliées de regagner l'Angleterre, les Allemands ont déclenché sur Dunkerque un formidable tir de barrage. Tout est déjà détruit que l'aviation et l'artillerie continuent de pilonner la ville et les installations portuaires. Christian assiste à l'horreur, en même temps que tout son être se révolte contre la stupidité d'un ordre d'évacuation donné dans une direction qu'il aurait fallu précisément éviter. Que faire à présent ? Il pense à sa grand-mère qui n'a pas voulu quitter sa maison. Elle en est à sa troisième guerre, après 1870 et 1914. Mais elle ne s'est jamais sauvée. La fuite est inutile, disait-elle non sans humour puisque, après être parti, il faudra revenir. Tandis qu'il erre dans les ruines fumantes de la ville, en quête de nourriture, il est avisé par les servants d'une batterie française dont l'un d'eux dit : « Ne reste pas là, tu vas te faire tuer, il faut partir en Angleterre ».

Il s'approche d'un navire qui doit appareiller le lendemain pour la Grande-Bretagne. Il lève la main pour partir mais le bateau est coulé le soir même.
L'absurdité de la situation n'échappe pas à cet enfant qui commence à réaliser qu'il aurait peut-être mieux fait de rester à Lille. Impossible de partir en Angleterre. Continuer à marcher vers le nord ? Vers la Belgique ? C'est à coup sûr tomber aux mains des Allemands. Christian n'a d'autre solution que d'attendre. Il a récupéré un vieux sac à dos de l'armée anglaise.

Il trouve une épicerie où il va le remplir de biscuits et de chocolat. Un peu plus loin, il aperçoit un bar où il espère se désaltérer. Le bar est ouvert. Il entre. Il y a un soldat anglais casqué, accoudé au comptoir. Christian s'approche. Stupeur, le soldat est mort. Soufflé par un obus, il a été étranglé par sa jugulaire. Une vision qui le marquera pour longtemps.

Les jours passent. Les panzerdivisions massées à 15 kilomètres de la ville n'ont toujours pas fait leur entrée. Cette passivité relative du haut commandement allemand qui étonne aujourd'hui les historiens permet à la Royal Navy de rembarquer vers l'Angleterre plus de 300 000 hommes. Elle offre aussi à la garnison de Dunkerque et à la population qui se terre dans les abris, un ultime sursis avant le déferlement des chars ennemis.
Christian en profite pour gagner une ferme des environs où sont soignés des soldats britanniques blessés. Mais cette fois ça y est, les Allemands arrivent ! Ils font irruption dans la cour de la ferme avec des automitrailleuses et des motos. Christian n'en revient pas de voir en chair et en os, ces soldats vert-de-gris, précédés d'une réputation de férocité et de cruauté qui est sans doute pour une bonne part dans la débâcle et la fuite des populations civiles. Ils sortent de leurs véhicules en hurlant. Blessés ou bien portants, tous les soldats anglais sont emmenés et faits prisonniers. Tout s'est passé très vite. Les Allemands repartent, laissant place à un calme relatif.

Christian va rester quelques temps encore dans la ferme. Il n'est pas bien long à retrouver son âme d'enfant. Il est curieux de tout. Échappant pour un temps à la stupidité des hommes et aux horreurs de la guerre, il s'adonne à des joies toutes simples : il observe les animaux sauvages et domestiques, il boit du lait, va pêcher les grenouilles dans une mare et les fait cuire au feu de bois pour se nourrir... il est heureux. Pas pour longtemps.

Chassé de la ferme par les occupants rentrés d'exode, il se remet à vagabonder sur les routes. Il se dirige par hasard vers une gare de triage où il aperçoit un wagon rempli de vélos hollandais. Découverte providentielle. Il s'empare d'un vélo.
Un fol espoir germe aussitôt dans sa tête. Je vais peut-être pouvoir rentrer à la maison se dit-il. Pourquoi pas, mais que d'obstacles et que de risques !
Les Allemands sont partout désormais, mélangés avec les débris de l'armée française qui font leur reddition, des réfugiés belges, des civils hollandais en vélo qui se sauvent eux aussi... c'est le chaos. Lille n'est qu'une étape. Christian continue vers le sud. À peine croyable : il tombe sur des gendarmes français qui lui demandent ses papiers. Il n'a pas de papiers. Les gendarmes l'emmènent au poste.
À ce moment là, on parle beaucoup de la cinquième colonne.

« Vous me prenez pour un espion ? » dit-il aux gendarmes.

Malgré son air juvénile, il a toutes les peines du monde à convaincre les pandores qu'aucun malheur supplémentaire, par rapport à ce qui existe déjà, n'arrivera de son fait ! Et de repartir... et de rouler... de rouler... jusqu'à ce qu'un jour, il arrive à Compiègne.

Compiègne est à moitié détruite. On voit des maisons qui brûlent, des pans de mur qui s'effondrent, des cadavres de vaches et de chevaux qui gisent sur le sol, des poules, des canards, parfois même des cochons qui courent dans les rues.
Les protéines sont rares, pas de boulangerie, plus de commerces, beaucoup de gallinacés en fuite terminent leur évasion dans l'assiette d'un voisin. Un habitant de Compiègne qui espérait sans doute passer inaperçu, traverse toute la ville à la tombée de la nuit avec un cochon hurlant sur son porte-bagages !

Compiègne occupée, la guerre est finie et les gens commencent à rentrer. Christian veut regagner le domicile paternel. La maison est occupée par les Allemands qui lui disent : « Tu n'es pas chez toi ici, va t'en ! ».

Avant de partir, il a le temps de voir, le cœur serré, que les Fritz ont brisé les épées et toute la panoplie d'armes que son père, un ancien des Dardanelles, entretenait jalousement. Il va s'installer chez sa grand-mère.
Christian va avoir 15 ans. L'exode l'a marqué, mûri, mais lui a aussi appris la débrouille. L'école, c'est terminé. Il s'interroge sur son devenir. Faire des projets ? Impossible, tout se conjugue au présent. On vit au jour le jour. La gare de Compiègne a été détruite mais les Allemands ont tôt fait de réparer les voies. Les trains circulent à nouveau. Christian voit revenir les réfugiés dont certains ont bien du mal à soulever leurs bagages. Tout de suite, il comprend qu'il y a là un moyen de gagner quelques sous, en même temps qu'il se rendra utile auprès de ces infortunés. Il récupère deux roues de vélo, quelques planches, fabrique une remorque et s'en vient proposer aux voyageurs, l'acheminement de leurs valises jusqu'à leur domicile. C'est comme ça qu'un jour, il voit descendre du train avec son épouse, un monsieur fort distingué, de grande taille, avec des cheveux blancs, c'est son père.

René Desseaux

Ils ne se sont pas revus depuis la mobilisation. Mais les retrouvailles sont froides. Visiblement, René Desseaux n'est pas enchanté de trouver son fils en train de faire le porteur à la gare de Compiègne.

« De toute façon, on n'a jamais couru pour se sauter au cou. », dira plus tard Christian. « C'était vraiment l'officier, discipliné, pas le droit de siffler, pas le droit de mettre les mains dans les poches... »

En fait, les relations père/fils sont revêtues d'une grande pudeur. Des relations d'homme à homme, avec d'autant moins d'effusion et de mièvrerie qu'on s'aime et qu'on se respecte.

« J'ai seulement vu pleurer mon père le jour où j'ai été embarqué par la Gestapo. Parce qu'il à réalisé, ce jour-là, que son fils avait fait des trucs importants dans la Résistance, sans que lui soit au courant. »

Colonel dans l'armée française, René Desseaux a cette grandeur un peu rigide et cette pudeur réductrice propres aux hommes du début de ce siècle. Aujourd'hui où tout doit être soft et faussement démocratique, on dirait qu'il est borné, intolérant, à la limite fasciste. Décoré au front, « C'était un grand guerrier. » (Christian), un de ces esprits forts dont le pays a eu tant besoin durant la guerre de 14 et qui font si cruellement défaut en 39/40, dans une France avachie, minée et désarmée par les querelles politiques. On ne s'étonnera pas par conséquent qu'il ait été pétainiste au début. Pétain est non seulement le héros de Verdun, mais il a été investi par le parlement et à défaut de légitimité, il incarne du moins la légalité. Or, René Desseaux est légaliste.
C'est après avoir été détaché à Riom, où sont emprisonnés Blum, Daladier et les principaux hommes politiques français qu'il réalise la trahison des nouveaux dirigeants, avant même que ces derniers ne s'engagent dans une politique de collaboration ouverte avec l'Allemagne.

René Desseaux n'appartiendra par la suite à aucun réseau. Il se contentera de faire ce qu'on a parfois appelé la Résistance passive. Gardien d'un dépôt où sont entreposées les armes réquisitionnées, il livre à la Résistance, au péril de sa vie, des fusils, des mitraillettes, des cartouches, des revolvers en quantités considérables. Des actes restés dans l'ombre, qui n'ont valu à leur auteur ni citations, ni décorations. Comme ces ouvriers français de l'armement qui mettaient du sable fin dans les douilles d'obus au lieu de mettre de la poudre. Ou ces livraisons de produits manufacturés, sabotés avant d'être expédiés en Allemagne.

On ne parle jamais que des actions de commandos. Mis bout à bout, de quel poids ont pesé dans la lutte contre l'occupant, les actes d'indiscipline et de sabotage industriel, la bienveillance et la complicité d'une multitude d'agents dans le cadre de leurs fonctions ? La Résistance n'est-elle pas d'abord un état d'esprit, une force d'inertie ?

Avant d'entrer dans le réseau Buckmaster, Christian a lui-même recours à des actes de résistance passive qui ôtent aux Allemands bien des potentialités. Quand il est requis à plusieurs reprises pour décharger des wagons de pommes de terre, il s'arrange toujours pour faire passer la moitié des sacs sur la voie publique où ils sont récupérés par une population affamée.
D'où lui est venu cet esprit de résistance ? Avant la guerre, il n'y avait pas la télévision. C'était René Desseaux, le père, qui prenait la parole le soir à la veillée : la guerre de 14, Verdun, le Monténégro, les Dardanelles...

« J'avais tellement entendu mon père parler de la patrie que la Marseillaise me figeait et que je ne pouvais supporter la présence de troupes étrangères sur le sol français. »

Mais il n'est pas le seul que la forte personnalité du père et son esprit de corps ont marqué. Aucun de ses frères n'est resté inactif pendant la guerre. L'un était pilote de chasse, l'autre s'était engagé dans la Légion étrangère, le troisième fut un grand résistant, comme lui.

Les petits boulots à la gare de Compiègne n'ont qu'un temps, celui de la débâcle. Puis la France entre dans les années noires de l'Occupation.

Au vacarme des chars et des canons succèdent l'oppression, la répression sourde, les privations... Des peuples ont été privés de liberté mais mangeaient à leur faim. La France du début des années 40 cumule tous les malheurs. Les cartes d'alimentation font leur apparition et avec elles, l'inévitable cortège des magouilles, trafics et marchés parallèles. Les Allemands ont quitté la maison paternelle.

Christian revient s'installer avec son père et sa belle-mère. Il ne fait pas grand chose. Il aide vaguement son père reconverti dans les meubles anciens. Il retape des sommiers. Ils sont une bande de copains de son âge à ne savoir trop que devenir.
Ceux qui ne veulent pas jouer le jeu, s'intégrer dans la nouvelle France, muselée et corrompue, n'ont d'autre choix que végéter ou résister. Pour lui le choix est clair : nuire à l'Allemand, même si au début, ses actes ne s'inscrivent dans aucune stratégie ni organisation. Mais il doit compter avec la réquisition. « À tout moment, les parents recevaient des ordres pour que nous nous rendions à tel endroit. »

C'est l'époque du fameux "retour à la terre". « Nous, on y allait, car on ne pouvait pas faire autrement, dans un sens cela nous arrangeait, comme ça on voyait ce que faisaient les Allemands. »

À partir de 1941, les gens s'organisent. "Les tickets" leur garantissent à peine de quoi éviter la famine. Alors, ils vont "au ravitaillement", comme on disait à l'époque.

« Moi à cette période-là, j'ai fait des kilomètres en vélo pour ramener des pommes de terre. Je me rappelle, j'ai fait 35 kilomètres avec un vélo lourd, mon père m'avait dit, tiens, tu vas chez un ami que j'ai là-bas, il a des patates, il peut pas les transporter, tu mets ça sur ton vélo, et je me suis retrouvé avec un gros sac de patates, avec la peur de me faire arrêter par les gendarmes ou bien les Allemands. »

Compiègne

C'est que Compiègne et sa région grouillent d'Allemands. La Résistance aura beaucoup de mal à s'y implanter. À côté d'autres villes ou d'autres secteurs où la présence allemande est plus discrète, voire inexistante, Compiègne et sa forêt, pour bien des raisons, stratégiques, géographiques, topographiques et historiques, est une place forte, littéralement quadrillée par un ennemi nombreux, coriace, agressif, surarmé. C'est la France des châteaux, des grandes propriétés, des ducs, des barons et des comtes, la très belle et très ancienne France, déjà rassemblée il y a plus de mille ans autour des premiers capétiens. Les nationalistes allemands ont-ils quant à eux, la nostalgie du temps de Charlemagne où la France et l'Allemagne n'étaient qu'une ? Peut-être mais la rancœur ne va pas chercher aussi loin. Ils n'ont tout simplement pas digéré l'armistice de 1918. Hitler, et ce sera sa vengeance, exige que les généraux français viennent signer la reddition de la France, le 22 juin 1940, dans une clairière de la Forêt de Compiègne, à Rethondes, là où les Allemands avaient eux-mêmes paraphé leur défaite 22 ans auparavant. Mais Compiègne, c'est aussi l'état-major de la Luftwaffe, pas loin de la Manche, pour pouvoir surveiller et diriger les opérations contre l'Angleterre. Compiègne, c'est enfin le camp d'internement de Royallieu où transitent et sont rassemblés les malheureux, condamnés à la déportation. Visiblement, les Allemands ne sont pas ici en touristes. Il faudra la témérité et parfois l'inconscience de jeunes gens comme Christian Desseaux pour oser défier pareil adversaire.

Arrêtons-nous à l'instant où Hitler et les dignitaires du régime nazi sont réunis avec les plénipotentiaires français pour signer la capitulation, ce 22 juin 1940.

À l'issue de la rencontre dans le wagon-restaurant de Rethondes, le même qu'en 1918 et avant de regagner l'Allemagne, Hitler revient à Compiègne. Ce qu'il en reste est incendié, à la main ou au lance-flammes, pour que le führer puisse jouir pleinement de la victoire dans une ville détruite et contempler le spectacle. « Tel un empereur romain, il veut jouir de son triomphe. Installé au balcon du pan coupé du quatrième étage d'un grand immeuble construit sur un des points les plus élevés de la ville, au 47 de la rue Saint-Lazare, le Néron moderne savoure avec joie l'incendie gigantesque qui réduit en cendres le centre commercial, dans un immense brasier... » (André Poirmeur, Compiègne 1939-45, Éditions Poirmeur, Compiègne)

« Il y avait à l'extrémité de l'Avenue Saint-Lazare à Compiègne, un superbe grand immeuble. Je me rappelle, Hitler était en haut, au balcon. Ils venaient de mettre le feu à la ville. Il regardait Compiègne brûler. C'est pour ça que pour nous, c'était une ville marquée par beaucoup de choses. L'Allemand qui vivait là, c'était l'apothéose pour lui, la ville la plus intéressante par l'histoire qu'il venait de conquérir. Alors c'est pour ça qu'ils y ont mis le feu, qu'ils l'ont détruite et tout. » (Christian).

À Rethondes, le site est marqué d'une dalle où l'on peut voir Hitler qui esquisse un pas de danse, après la défaite de la France. Un geste lourd de signification sur les malheurs qui attendent l'Europe occupée. Mais peu songent à résister. Les Français sont patriotes ? Allons donc. Quatre-vingt-dix pour cent de l'opinion est pour Pétain en 40/41. Pas parce qu'ils n'aiment pas la France. Parce qu'on est suiviste. On ne veut pas d'ennuis. La tranquillité individuelle n'a pas de prix. Christian Desseaux n'est pas de ces gens courbés et opportunistes qui prennent la direction du vent. À 14 ans, il est peu probable qu'il ait entendu l'appel du 18 juin. Qu'à cela ne tienne. Il est résistant par nature. C'est quelqu'un qui pense et qui a une conscience.

« Les boches en France, c'est pas gratuit, dit-il. Un jour, ils partiront, en attendant, il faut se dresser pour faire en sorte qu'ils ne puissent pas profiter de nous. »

Aux âmes bien nées…

15 ans est l'âge où s'amuser tout seul ne suffit plus, dirait le poète. Mais il n'y a plus d'âge tendre, en ces années de guerre où, comme Christian, surtout à cause de son équipée dunkerquoise, on est passé sans transition de l'enfance à la maturité. L'éveil précoce d'une conscience patriotique et l'intérêt qu'il porte dès son plus jeune âge à la chose publique ne l'empêchent pas de faire la cour aux filles mais avant tout, il veut en découdre avec cet ennemi héréditaire dont c'est la troisième agression contre son pays, en moins d'un siècle.
À l'inverse de beaucoup d'adultes dont il ne cessera de dénoncer l'attitude perfide vis à vis des jeunes, considérés comme quantité négligeable alors qu'au contraire, leur fougue les conduisait à accomplir des actes tout aussi courageux, Christian n'attendra pas Stalingrad, encore moins le 6 juin 44, pour entrer en Résistance. C'est tout de suite.
Mais on ne décide pas du jour au lendemain de devenir résistant. Il ne suffit pas de frapper à la porte ; surtout les premiers temps. Ceux qui sont admis dans le sérail sont connus depuis longtemps pour leur opinions, souvent aussi pour des coups de main accomplis individuellement et ponctuellement. Christian sort quant à lui de l'enfance, seulement pétri, grâce à son éducation, d'amour et de respect pour la patrie. Alors il faut qu'il fasse ses classes, avant d'être reconnu par ses aînés. Et puis surtout savoir garder le silence !
Ce ne sont pas tout de suite des actes guerriers. Au début, c'est du harcèlement.

« Il faut que l'Allemand soit sans cesse sur ses gardes, qu'il ne se sente nulle part en sécurité. »

Christian rentre dans un café. À l'intérieur, il y a des Allemands. Quand ils ont le dos tourné, il leur dérobe leurs capotes, leurs calots, parfois même leurs ceinturons et leurs armes. Il cache tout ça chez son père. C'est risqué, n'empêche, ces uniformes auront un jour leur utilité, quand il s'agira de se déguiser en soldat allemand pour détourner un camion de denrées. Christian croise des soldats allemands. Sans savoir s'ils comprennent le français, il dit à haute voix : « Tiens, voilà les sales boches qui passent » et il disparaît.

Il joue ainsi à cache-cache sans arrêt avec l'occupant. Heureusement, il passe plus pour une petite frappe que véritablement pour un opposant au régime ou un ennemi déclaré des Allemands. Tout de même, trop c'est trop, son père finit par recevoir un avertissement des gendarmes qui lui ordonnent de calmer les ardeurs de son fils. Et comme rien n'y fait, René Desseaux est convoqué à la gendarmerie où cette fois, il est directement menacé de sanction, si son petit voyou de gosse continue à narguer les Allemands. Cette fois-là d'ailleurs, il ne doit qu'à sa qualité d'élu local de n'être pas gardé à vue dans les locaux de la gendarmerie.

Le père a peur. Il a peur que son fils ait des ennuis. Il le sermonne. En vain. On voit fleurir sur les murs de Compiègne, sur le pavé des rues et sur les panneaux de signalisation, le fameux V de la victoire. C'est l'emblème de Churchill qui fait un V avec ses bras tendus, à chaque apparition en public. Plus tard, le V reçoit en son centre, une croix de Lorraine. Parce qu'un Français nommé de Gaulle, bien peu entouré au début, a dit non à la capitulation. Mais c'est toujours Christian et ses camarades patriotes qui se lèvent la nuit pour répandre partout des inscriptions au goudron ou à la peinture. Quand les murs prennent la parole c'est pour dire, pas seulement à Compiègne mais dans toute la France : « On les aura ».
Les soldats allemands se déplacent beaucoup à bicyclette. Malheur à ceux qui laissent traîner leur vélo, mais on s'en prend maintenant aux véhicules de combat, on sabote les

camions, on crève les pneus des voitures. Christian finit par se faire repérer. Un jour, il est arrêté par la police. Il ne faisait pourtant rien de répréhensible mais, « On te connaît, lui dit un policier, viens avec nous ».

Il est emmené au poste. Manœuvre d'intimidation ? Il est relâché, grâce sans doute à son âge. On imagine mal aujourd'hui que des résistants aient pu vivre, au fond, comme on vit en temps de paix. Ils vont, ils viennent, ils ont leurs soucis comme tout le monde, leurs préoccupations quotidiennes, simplement, un coin de leur pensée, une partie plus ou moins importante de leur temps se déroule et appartient à la clandestinité. Le reste du temps, ils travaillent, ils sont heureux, malheureux, ils sont malades, ils souffrent, ils s'amusent, ils aiment... quoi de plus normal ? À part la phobie de l'Allemand et sa compassion pour le pays occupé, Christian aime la vie. Il aime danser, le jazz mais aussi le tango, il sort avec des copines, il prend le temps de s'amuser, comme si tout était normal. Tout en se méfiant. Quand il sort avec une fille, il se garde de tout propos qui donnerait à penser qu'il est anti-allemand.

Les jours, les semaines, les mois passent. La France s'enfonce dans la torpeur. Il ne se passe plus rien, excepté les séquelles de l'Occupation : règlements de compte, dénonciations, délation, arrestations, propagande, STO et j'en passe... Plus d'émulation, plus de concurrence, plus de progrès. L'économie française est ruinée. Le peu qu'elle arrive encore à produire, sous la chape du corporatisme, c'est pour l'Allemagne, pour réparer le soi-disant préjudice causé au grand Reich. Quant aux journaux et à la radio, ils ont été réduits au silence. Des censeurs nommés par Vichy filtrent chaque information.

On chante, sur l'air de la cucaracha : « Radio Paris ment... Radio Paris ment... Radio Paris est Allemand ! »

C'est pour cela que le premier grand revers de l'Allemagne passe à peu près inaperçu. Elle vient de perdre la bataille d'Angleterre.
L'artisan de cette victoire on le sait, c'est la Royal Air Force. Mais les Anglais ont eu à faire face également à une tentative de débarquement de la part des Allemands. Pour empêcher ces derniers de prendre pied sur les îles Britanniques, ce qui eût signifié la victoire définitive du Reich, ils ont enflammé la mer du Nord, après y avoir répandu des nappes de pétrole. À Compiègne où les Allemands ont installé un important centre hospitalier militaire, on voit arriver les grands brûlés de la Wehrmacht et de la Kriegsmarine. Le bruit court que les Allemands ont tenté de débarquer en Angleterre et qu'ils ont échoué.

Sur place, la Résistance s'organise. Christian n'appartient pas encore franchement au mouvement, mais il continue avec ses camarades, ses actions de harcèlement. Il est souvent debout la nuit, dort le jour. Ce qui ne laisse pas d'inquiéter de plus en plus son père.

Par une nuit de janvier 43, ils sont trois à rôder dans les parages d'une fabrique d'alimentation, sur les bords de l'Oise. Une sentinelle allemande fait les cent pas, l'arme à la bretelle. Christian et ses copains l'aperçoivent. Ils ignorent si elle est là pour garder l'usine ou si elle est un élément avancé de la surveillance du camp d'internement de Royallieu, situé tout près d'ici.

Qu'importe, les trois s'avancent à pas feutré jusque vers la sentinelle qui marche sur l'étroit chemin de halage qui surplombe le fleuve. Brusquement, sans que l'homme ait eu le temps de prononcer un mot, il est projeté dans les eaux glacées du fleuve. Il coule à pic, sans avoir pu émettre un son. Christian redoute qu'une autre sentinelle n'ait entendu le plouf. Mais tout redevient calme. Les trois se séparent et regagnent un par un le centre de Compiègne.

Plus anodine sans doute est l'histoire suivante, qui n'en est pas moins relatée le lendemain dans la presse locale. À Compiègne, une boîte avec des femmes est connue pour servir de gîte aux officiers de la Wehrmacht qui viennent y faire leurs agapes. Le propriétaire élève des lapins qui sont tués pour être servis à ses chers clients. Dès qu'il l'apprend, Christian vient avec ses amis, au beau milieu de la nuit. Les clapiers sont dehors. Ils mettent les lapins dans des sacs et les lâchent à travers Compiègne. Les lapins n'auront pas le temps de périr de vieillesse, pourtant la Résistance dérange, elle n'est pas aimée parmi la population. Car les Allemands font des représailles. Pour chaque Allemand abattu, des otages pris au hasard sont sortis de prison et fusillés sur le champ.

2

LA RÉSISTANCE

Mourir pour le pays est un si digne sort
Qu'on briguerait en foule une si belle mort
HORACE

APRÈS LE CATACLYSME de l'été 40, ce qui reste de plumes au coq gaulois est partagé en trois.
Il y a l'immense armée des indécis, qu'on appellerait aujourd'hui la majorité silencieuse, qui se range traditionnellement du côté du plus fort. C'est le groupe le plus important, qui assiste, sans laisser entendre l'esquisse du début d'un commencement de rumeur de protestation, à l'installation d'un gouvernement scélérat en France. Mieux, des foules immenses viennent applaudir chaque apparition publique du maréchal.

Ce gouvernement est soutenu par une faction minoritaire mais militante et agissante, sorte de phalange à la française d'où sortiront les miliciens, légionnaires, traîtres et collaborateurs de tous poils. C'est le deuxième groupe.
Il y a enfin ceux qui ont entendu le général De Gaulle qui leur disait : « La France a perdu une bataille, elle n'a pas perdu la guerre ». Étaient-ils plus vertueux ? Non, les résistants ne sont ni pires ni meilleurs, simplement ils ont un sexe, une identité, des valeurs qu'ils sont prêts à défendre si elles sont menacées.

À Compiègne, des tracts et des mots d'ordre appelant à la Résistance circulent dès novembre 1940. Les partisans se groupent et s'organisent sous le signe du triangle, c'est-à-

dire par équipes de trois. Le temps de recruter et de s'organiser et dès avril 41, interviennent les premiers sabotages, récupérations d'armes françaises abandonnées, destructions de lignes téléphoniques, déraillement de trains, slogans patriotiques écrits sur les murs et les chaussées, déplacement et inversion de plaques indicatrices de direction, diffusion de tracts, fabrication de fausses cartes d'identité... On assiste également aux premiers attentats, à l'aide de bombes fabriquées artisanalement par un ingénieur, membre des FTP.
Les Allemands tentent d'étouffer dans l'œuf la naissance du mouvement de résistance. Aidés par la gendarmerie française, ils parviennent à démanteler la première organisation de partisans, grâce à une répression féroce : arrestations, exécutions, tortures, déportations.

Le 16 août 1942 à Troissereux, 23 patriotes dont une mère de famille et sa fille âgée de 18 ans partent aux poteaux d'exécution en chantant la Marseillaise. Les SS font durer le massacre pendant 5 heures.
Mais les pires exactions n'entament pas la détermination de ceux pour qui l'Occupation est une insulte et un outrage. Quand il le faut, ils s'éloignent de leur domicile.
À Noël 42, ils vont à Amiens faire sauter le Soldatenheim ou foyer du soldat qui explose dans un fracas de tonnerre, faisant plus de 50 morts et des dizaines de blessés, tous allemands.
En dépit ou à cause de la répression, la Résistance acquiert peu à peu une expérience, une philosophie et des méthodes qui en font une organisation puissante et structurée, bien que clandestine, une véritable armée avec ses moyens logistiques et ses transmissions. Mais on n'échange pas des courriers par la poste. Très souvent, ce sont les femmes qui sont chargées des liaisons, mais aussi du ravitaillement et de l'hébergement des maquisards. Elles font des collectes, elles s'occupent de la propagande, elles distribuent des journaux.

Il n'y a pas qu'un réseau à Compiègne, mais ce sont les FTP qui sont les plus nombreux et, semble-t-il les plus actifs. Ils font des attentats à la bombe, incendient les locaux de la LVF, de la Feldgendarmerie et du camp d'aviation de Margny-les-Compiègne, ils récupèrent des tickets d'alimentation, sabotent des usines travaillant pour les Allemands, ils font dérailler les trains, ils s'en prennent aux voies ferrées.
Le 26 mars 1943, ils attaquent à main armée une patrouille allemande qui perd 3 tués en forêt de Compiègne. Dans la nuit du 14 au 15 mars 1944, le feu est mis au dépôt de carburant de Clairoix où 1 400 000 litres d'essence partent en fumée. Ça recommence le 13 mai suivant : 500 000 litres du précieux liquide sont brûlés.

En août 44, un train stationne en gare de Compiègne. Quand le chef de gare rempli d'effroi, apprend la nature du chargement, des munitions et de la nitroglycérine, il réalise le danger mortel que fait courir ce convoi à la ville et le fait immédiatement diriger sur Rémy, dont la gare est fort éloignée du village.
La Résistance envoie un message à Londres. Aussitôt la RAF dépêche deux avions. Dès l'alerte donnée, 40 soldats allemands qui travaillent dans les environs et qui ignorent le contenu du train, courent se réfugier sous les wagons ! Quand la première bombe est larguée, une formidable explosion se produit, au point que le deuxième avion, soufflé, amorce une fantastique ascension, avant de venir s'écraser non loin de là. Des débris de rails, certains mesurant plus de 10 mètres de longueur et d'autre matériaux sont retrouvés à plus de 2 km de l'explosion. Dans le village, des maisons sont détruites, les portes, les fenêtres, les toitures sont arrachées. Sur place, c'est le chaos, il n'y a plus qu'une monstrueuse tranchée à la place du train. La gare a été pulvérisée. Dans le village, un garçon de 14 ans qui courait se mettre à l'abri est littéralement coupé en deux par un rail, à 800 mètres de l'impact.

À une époque où le réseau routier français était précaire et où d'ailleurs, la technologie des transports motorisés n'était pas ce qu'elle est aujourd'hui, les transports par fer avaient une importance stratégique. D'où l'accent mis par la Résistance, pas seulement à Compiègne mais dans toute la France, sur le déraillement des trains allemands et le sabotage des voies ferrées. Ce fut une rude bataille, la fameuse bataille du rail mise en scène au cinéma.

En voici encore un épisode qui s'est déroulé à Compiègne, le 24 février 1943. Un train de permissionnaires allemands venant de Paris doit passer en pleine nuit en gare de Compiègne, précédé de trois minutes par un express cobaye français. Les maquisards décident de faire dérailler le deuxième convoi. Malgré la vigilance des gardes-voies, cinq hommes, Dumontois, Gass, Loiret-Perrin et Charlet, dévissent promptement les tire-fond, n'en laissant que quelques uns qui doivent assurer le passage du train français. Dès que ce dernier est passé, les saboteurs se ruent sur les derniers tire-fond, qu'ils font sauter avant de s'enfuir. Le bolide se renverse, ne laissant qu'un amas de ferraille d'où s'élèvent les hurlements des blessés. Bilan du carnage : 28 soldats allemands tués, 100 blessés graves, de nombreux blessés légers.

Pendant l'été 42, Christian passe encore de nombreuses semaines au retour à la terre. Il est requis pour aller travailler chez des paysans qui livrent l'essentiel de leur production aux Allemands.

Des collaborateurs, que Christian et ses amis ne se privent pas d'engueuler, leur promettant de joyeux lendemains, quand la guerre sera finie. Bien qu'ils soient venus les aider, les paysans ont plutôt peur de ces jeunes gens, parmi lesquels il y a peut-être ceux qu'on appelle des terroristes, autrement dit des voyous et des assassins. Ils se méfient. Le retour à la terre a pourtant son côté agréable. Christian mange des légumes bien sûr, à satiété. Ce qui ne l'empêche pas de temps à autre de pisser dans les petits pois, les haricots ou les carottes qu'il vient de récolter.

« Si on pouvait, on mettrait bien de l'arsenic, mais on n'est jamais sûr qu'au dernier moment, la livraison des denrées alimentaires ne va pas aller à la population française. » (Christian).

Quand il ne travaille pas aux champs, Christian exécute les tâches qui lui sont confiées par ses chefs. Il appartient désormais, mais il ne l'apprendra que plus tard, au réseau Buckmaster.

Nous sommes début 43. Ses missions dans le réseau vont du transport d'armes, munitions, grenades, explosifs, aux embuscades tendues aux Allemands, en passant par le déraillement des trains où il faut souvent ligoter, bon gré mal gré, les gardes-voies français requis pour surveiller le rail. Le dénominateur commun à tous ces coups de main, quelle qu'en soit l'importance, c'est l'audace. Quand les Allemands se mettent à vider certaines maisons bourgeoises de Compiègne, pour en récupérer les meubles et les œuvres d'art, Christian et ses amis endossent les tuniques vert-de-gris dérobées aux Allemands et s'en viennent à leur tour, munis de chariots et de chevaux, déménager et mettre en lieu sûr autant de pièces de valeur qui n'iront pas de ce fait enrichir la collection des nazis.

Il eût été bien surprenant, dans une ville de la taille de Compiègne, qui plus est en temps de guerre où tout le monde surveille tout le monde, que Christian ne fût pas fiché comme résistant. Un matin vers 10 heures, il est accosté par deux policiers français en civil : « Tu nous suis au commissariat » dit l'un d'eux.

En arrivant dans les locaux de la police, on lui met les menottes. On l'attache au radiateur. Et comme il demande pourquoi il est arrêté, l'agent lui répond : « Ta gueule, t'as rien à dire » et il s'en va.

Les heures passent. Christian est épuisé par la station debout, collé au mur. Vers 13 heures, il voit venir à lui un flic qui lui dit :
« On sait que tu fais de la Résistance. »
– Moi ? » répond Christian.
– J'ai jamais fait de Résistance. »
– Si, si, tu vas voir, on va venir te questionner. »

Puis plus rien. Le temps s'écoule à nouveau. Il n'en peut plus d'être dans cette position, quand arrive enfin un personnage, grand, fort, dont l'attitude donne à penser qu'il est en charge de responsabilités importantes. L'homme prend connaissance d'une fiche, placée sur son bureau par un gardien de la paix.

« Desseaux, Desseaux... t'es le fils de René Desseaux ? »
– Oui m'sieur. »
– Qu'est-ce que tu fais là ? »
– Je n'sais pas, m'sieur, j'ai rien fait.
L'homme appelle un limier :
– Tu me le détaches, tu le laisses partir ».
C'était le commissaire de police. Il était de la Résistance.

« C'était la première fois qu'on me mettait les menottes, ça me faisait drôle, alors là, quand on vous balance les menottes puis qu'on vous accroche au radiateur, ça fait un drôle d'effet, je pensais à mon père qui m'avait dit tu verras, un jour tu vas te faire arrêter, je riais en moi-même en pensant mon pauvre, si tu savais tout ce que j'ai déjà fait ! En définitive, il avait raison. » (Christian).

Dans la glorieuse Angleterre restée seule contre tous, fort heureusement rejointe dans la lutte, après le désastre de Pearl Harbor, par les États-Unis d'Amérique, solidarité anglo-saxonne oblige, beaucoup dont le colonel Buckmaster ont compris l'intérêt d'armer les groupes de Résistance sur le sol français, lesquels représentent probablement une

force et un atout considérables. Buckmaster, secondé par d'autres, crée en décembre 1940 la SOE (Section des opérations extérieures), avec une French Section dont Buckmaster est le chef à Londres.
Les débuts de cette SOE sont laborieux, mais grâce à la ténacité typiquement britannique du colonel, grâce aussi, bien entendu, aux exploits de la Résistance française, le haut commandement allié accorde finalement son appui total, au point qu'en juin 44, la SOE aura pu remplir 95 missions en France. C'est comme ça que les agents de l'Intelligence Service et de la Résistance établissent le contact entre les îles Britanniques et le continent et créent le réseau Jean-Marie Buckmaster, implanté dans toute la France et dont les cinq groupes de Compiègne sont sous la responsabilité du jeune André Pons, âgé de 19 ans. Dumontois, Gass et Laffite se joignent au mouvement. Et bien sûr Christian Desseaux.

Christian est présenté à Pons début 43. C'est pour lui, le commencement de la Résistance organisée. Il reçoit, comme chaque combattant, le pseudonyme de Gigot. Le père d'André Pons tient l'une des plus grosses boulangeries de Compiègne. La réunion destinée à faire connaissance a lieu dans le fournil de la boulangerie Pons.

Par la suite, beaucoup de réunions ont lieu dans ce fournil où arrivent également les messages d'Angleterre. C'est là que sera reçu bientôt, dans l'euphorie générale, un message intitulé : « Les rondelles de saucisson s'arrosent au vin blanc. »

Pour le moment, Christian est envoyé à l'état-major allemand de Compiègne, installé dans une super propriété des environs. Il est chargé d'observer, d'écouter et de noter in petto, tout mouvement relatif à une possible intervention ou un sabotage de la Résistance, susceptible d'être communiqué à Londres.

Mission de confiance s'il en fût, dans laquelle il met tout le talent d'un grand résistant. Parmi bien d'autres choses, des tonnes d'armes vont être saisies, grâce à lui. Il se présente un jour à l'état-major et dit : « J'ai besoin de travailler, je suis disposé à faire n'importe quel travail que vous voudrez bien me confier : épluchage des légumes, plonge, travaux ménagers... ».

Séduit par ce sympathique jeune Français, le chef du personnel civil lui confie le service de table, c'est lui qui va servir les officiers au mess. Il a assez de connaissances de la langue allemande pour comprendre un peu ce qu'ils disent, c'est important, étant donné la mission qui lui est impartie.

Un beau jour, il entre à la bibliothèque où il est littéralement suffoqué par ce qu'il vient d'entendre : « Poum poum poum poum... poum poum poum poum... ici Londres ! ».

C'est la BBC qui diffuse ses émissions en langue allemande. Il n'en revient pas d'entendre ça ici. L'oreille tendue vers le récepteur, un officier galonné et décoré écoute attentivement, quand il sent la présence de Christian. Il se lève.
Les deux hommes se regardent fixement, un long moment, sans dire un mot. L'officier ne laisse voir aucun trouble. Il a l'air extraordinairement calme. Sans qu'une seule parole ait été prononcée, Christian ressort, terrorisé à la pensée de ce qui va lui arriver, pour avoir surpris un officier supérieur de la Wehrmacht en train d'écouter la BBC ! Mais c'était un espion anglais infiltré dans l'armée allemande. Après cet épisode, jamais plus Christian ne le reverra.

Christian quitte sans prévenir l'état-major pour être disponible pour la mission suivante. Par chance, personne ne s'inquiète ni ne cherche à savoir pourquoi il est parti.

Les rondelles de saucisson s'arrosent au vin blanc

Ce qui fait le plus défaut, ce n'est pas la volonté de se battre. Du courage, de l'énergie, il y en a, à revendre. Non, ce qui manque, ce sont les moyens matériels, avant tout les armes et les munitions. Les armes ?
Grâce à ce message : « Les rondelles de saucisson s'arrosent au vin blanc », elles vont bientôt tomber du ciel. Il s'agit bien sûr d'un parachutage d'armes, prévu le soir de la Pentecôte vers minuit, dans la nuit du 14 au 15 juin 1943. Le site choisi pour le largage se trouve à l'orée de la forêt de Compiègne, non loin des ruines romaines de Champlieu.

Les membres du réseau Jean-Marie Buckmaster sont logés à la pension Carnot, tenue par une dame Boissonnet, rue Biscuit, aujourd'hui la rue Dubloc. Détail témoignant du culot de ces patriotes, la pension Carnot est située juste en face de la Kommandantur. Les chambres sont occupées non seulement par les Dumontois, Laffite, Gass et Baduel mais aussi par les officiers nazis qui entretiennent les meilleures relations avec le voisinage. Certaines réunions ont même lieu à la salle à manger, présidées par la propriétaire, Madame Boissonnet.

Mais nous voici à la tombée de la nuit, ce 14 juin 1943. La journée de Pentecôte s'achève sur un maigre festin. Bien heureux ceux qui ont pu tuer un lapin, dont l'élevage est tellement répandu en ces temps de disette qu'il va y avoir pénurie d'herbe pour les nourrir ! Pas moins de dix-huit résistants, parmi lesquels le fameux capitaine André Dumontois, chef du groupe des saboteurs, héros de la Résistance, ainsi que des responsables parisiens se retrouvent à l'heure convenue dans la plaine de Champlieu. Christian et son chef de réseau André Pons sont venus en vélo. Il fait beau. La clairière est baignée par un clair de lune qui eût été en toute autre circonstance, une invitation à la rêverie.

La singulière beauté, un peu irréelle de ce paysage est peut-être pour quelque chose dans la réflexion lyrique de Christian : « Ça fait partie des plus belles choses qu'on peut faire dans sa vie, réceptionner en pleine nuit, au clair de lune, au milieu d'une grande forêt de Compiègne, des parachutes tombés du ciel qui ressemblent à des corolles éclairées par la lune, avec des armes au bout pour libérer son pays ».

Minuit approche. Les cinq sont munis de lampes électriques qui jalonnent le périmètre de la clairière. Dans le lointain, ils entendent le ronronnement de l'avion ami qui se dirige vers eux. Il se rapproche. Il exécute plusieurs tours de reconnaissance. Enfin, il lâche sa lourde cargaison, en tout plusieurs tonnes. Tout le monde se précipite pour couper les cordages des parachutes, tandis que déjà l'avion repart vers l'Angleterre.

La cargaison est répartie en containers de trois cents kilos qui renferment chacun trois fûts métalliques où sont logées les armes. Malgré les signaux, deux containers sortent du périmètre et vont atterrir tout près d'une ferme. Pons ordonne à Christian d'aller les récupérer. Tout de suite, les chiens se mettent à aboyer, les gens viennent aux fenêtres. Tous ça n'est pas rassurant.
Le succès de l'opération est basé sur la rapidité d'exécution. En tirant les ballots de marchandises, Christian se foule une cheville. Il ne pourra pas redescendre. Il restera sur place, en compagnie de Dumontois pour garder la précieuse cargaison.

Le lendemain, il faut transporter les armes, vite car les Allemands sont peut-être déjà au courant. C'est la camionnette de Rossi, arrêté quelques temps après, qui va servir à transporter l'armement à Margny dans une fonderie. Dans ce parachutage, il y a aussi des médicaments, cigarettes, argent, tickets d'alimentation, cartes d'identité sur lesquelles il ne restera plus qu'à coller une photo.

La camionnette de Pic, qui lui aussi sera arrêté par la Gestapo (le propriétaire de ce gazogène est en fait le père de Pic, qui en tant que cultivateur a le droit de circuler et possède les ausweis nécessaires pour franchir les contrôles), servira à faire le transport des armes dans d'autres caches avec André Pons le responsable.

On charge les armes, puis on se met à creuser et à pelleter la terre et les gravats pour recouvrir les containers. Christian reçoit un coup de fourche dans le poignet. Le sang pisse, il faut lui faire un garrot. Pas le temps de s'appesantir, le camion démarre pour aller au camp d'aviation de la Luftwaffe à Margny-les-Compiègne, de l'autre côté de l'Oise.

Les papiers sont en règle. Pic possède un ausweis en bonne et due forme. La mise en scène est parfaite. Pic et Pons sont devant. Christian et les autres sont assis sur les pierres, le litron entre les jambes, comme de parfaits terrassiers. Si les Allemands avaient été fins, ils auraient pu déceler un commencement de panique dans le regard de nos amis quand ils sont arrêtés, à l'entrée du pont. D'autant, on le verra plus loin, qu'ils sont au courant du parachutage qui a eu lieu la veille.

Pour ne pas risquer de mourir sans se battre, chacun a gardé, camouflée sous les pierres, une mitraillette chargée, prête à l'emploi.

D'habitude, les sentinelles fouillent. Là, non. Gardent-ils le meilleur pour plus tard, comme de vrais agents secrets, pour que la prise soit plus grosse ? « Gut » fait une sentinelle. On repart. Chacun est soulagé.

Pas pour longtemps, une autre guérite se dresse de l'autre côté du fleuve, avec des sentinelles en armes qui font signe de stopper. Pic craint que les premiers gardes les aient repérés et qu'ils aient téléphoné à leurs collègues plus nombreux qui vont les fouiller. Christian quant à lui, est pâle de frayeur. Pourtant, rien ne se passe. la sentinelle fait signe au conducteur qu'il peut partir.

Joyeux d'avoir franchi tous les barrages sans ennui, Pons et ses hommes vont dans une fonderie où ils ont rendez-vous, à 600 mètres seulement du pont. Le directeur met ses fours en marche afin de brûler les parachutes.

Puis on soulève la dalle qui recouvre et donne accès à une fosse dans laquelle on va loger le stock d'armement. Chacun fait mine de se séparer, avant de se retrouver tous en forêt de Compiègne. C'est là que Christian vit, la plupart du temps.

« On vivait sur la forêt, on mangeait des cerfs, des biches, toutes sortes de bestioles, on allait dans les fermes qui vendaient leurs produits aux Allemands, on récupérait, on dormait un peu, on avait des sales têtes, on vivait là quoi. » (Christian)

André Pons, chef du réseau Jean-Marie Buckmaster, secteur de Compiègne, survivant, témoigne :

Le 14 juin 1943, malgré le brouillage des ondes par les Allemands, nous parvient la phrase : « les rondelles de saucisson s'arrosent au vin blanc ». C'est la phrase convenue, annonçant qu'un parachutage d'armes aura lieu dans la nuit du 14 au 15 juin à Champlieu.
Le groupe des bleuets venant de Compiègne à bicyclette arrive au point de ralliement où je me trouve déjà avec quatre Parisiens dont Roger, l'adjoint du chef national.

Vers 22 heures, nous voyons des ombres se profiler au clair de lune. Fulbert Bombars arrive à pied avec le groupe de Béthisy. Je prends la direction des opérations.

Vers 23 heures, Roger distribue cinq lampes-torches destinées au repérage par l'avion venant d'Angleterre, du terrain de parachutage. Il rappelle les signaux à émettre sur son ordre et place les baliseurs.

« Reste à côté de moi afin que je t'explique comment opérer pour les prochains parachutages, je n'y serai pas, ni les autres Parisiens ». dit-il.

Il est minuit, lorsque l'avion se présente une première fois. Sur l'ordre de Roger, les signaux sont émis. C'est à son second passage qu'il largue une dizaine de containers retenus par leurs parachutes qui se distinguent si bien dans le beau clair de lune. C'est seulement vers quatre heures du matin que tous les containers sont récupérés.

Étaient présents sur le terrain, outre ceux du groupe de Paris, les Compiègnois placés sous ma responsabilité : Camus François, Cotterets André, Deflers Jacques, Desseaux Christian, Goret Fernand, Leleu Norbert, Leleu Raymond, Mousset Alfred, Pic Michel, Tedeski Henri, Bombars Fulbert (chef du groupe de Béthisy), Lefèvre Édouard, Snauwaert Lucien ainsi qu'André Dumontois, alias Jean de Noyon.

L'acheminement des armes sur Margny-les-Compiègne a été réalisé avec le camion de Rossi Émile du groupe des Bleuets. Lors du transport, j'étais assis à l'avant entre Rossi le conducteur et Roger. Plusieurs membres des Bleuets étaient assis sur les containers. La totalité du parachutage fut cachée pendant quelques jours à la fonderie de Margny, dont le directeur Leyondre Eugène était membre des Bleuets.
Ensuite, l'essentiel des armes et des explosifs furent transportés par Pic Michel dans sa camionnette et moi-même, pour constituer plusieurs dépôts dont Ribécourt, la pension de famille Boissonnet, la Faisanderie et la boulangerie de mes parents.

Nous avons payé très cher ce fait d'armes. Des agents doubles travaillant pour l'Abwehr s'étaient introduits dans le réseau...

Ont été arrêtés, Cotterets, Camus, Deflers, Desseaux, Mousset, Pic, Pons Robert (mon frère), Dumontois, Gass, Boissonnet Suzanne, Lafitte, Guerin, Baduel.
Lorsque les Allemands vinrent pour m'arrêter à Compiègne, dans la nuit du 14 au 15 juillet 1943, j'étais en mission à Paris.

3

LA TRAHISON

Je ne fléchirai pas ! Sans plainte dans la bouche,
Je vous embrasserai de mon exil farouche.
VICTOR HUGO

LE PREMIER PARACHUTAGE s'étant bien déroulé, un deuxième est prévu entre le 7 et le 15 juillet 1943. Au fait, le premier s'est-il aussi bien déroulé qu'on le pense ? Un agent double infiltré dans le réseau, présent sur l'aire de Champlieu lors du parachutage du 14 au 15 juin, témoignait d'une ardeur combative d'autant plus téméraire qu'il était rien moins qu'un espion aux ordres d'un Hugo Bleicher, un agent secret allemand.

La présence de cette taupe va constituer un danger mortel pour le groupe des Bleuets du réseau Jean-Marie qui ne va pas tarder a être démantelé, raison pour laquelle le deuxième parachutage n'aura pas lieu.

Le 6 juillet, la Gestapo fait irruption dans la pension Carnot, arrête la patronne Madame Boissonnet, Laffite, un camarade de Rouen qui vient d'abattre un officier nazi, ainsi que Gass, porteur d'armes et d'explosifs. Conduits à la Kommandantur, leur apparition fait sensation parmi les officier nazis qui les côtoyaient journellement, en toute confiance. Madame Boissonnet sera déportée à Ravensbrück, Gass à Buchenwald où il mourra.

Dumontois est arrêté à Paris le 6 juillet, Baduel, représentant du Mouvement Résistance, est arrêté le 12 juillet, ils disparaissent dans des conditions tragiques. Une nouvelle vague d'arrestations a lieu dans la nuit du 13 au 14 juillet : Robert Pons, le frère du chef du groupe des Bleuets, Christian, Pigot, Pioche, Poirmeur, des FTP (les trois derniers seront relâchés après un mois d'incarcération). Michel Pic, quant à lui, sera arrêté le 15 juillet, puis viendra le tour de Suzanne Boissonnet, François Camus, Émile Rossi, André Cotterets, Jacques Deflers, tous membres du réseau Jean-Marie et identifiés par le traître lors du parachutage. À la libération, le traître fut condamné à mort mais nul ne sait s'il a été exécuté !...

14 juillet 1943

Après le parachutage, Gigot, alias Christian Desseaux, est nommé sous-lieutenant de la Résistance française. Un grade dont il est fier, mais le métier qu'il a choisi n'a pas que des avantages. Comment échapper désormais à la Gestapo ? A-t-il lui aussi été donné par la taupe ?

La vie dans la forêt de Compiègne est une vie saine mais combien rude et périlleuse. Les Allemands traquent partout les résistants. Il faut être aux aguets, épier le moindre bruit pour pouvoir déceler l'arrivée d'une patrouille et se réfugier, qui dans un buisson, qui dans un arbre. Quand on quitte le maquis ce n'est pas, sauf à de rares occasions, pour aller retrouver la douceur d'un foyer, c'est pour aller remplir la mission du devoir, ce pourquoi on est ici.
Christian fait régulièrement équipe avec son camarade et ami Jacques Henri, avec qui il s'en va exécuter un sabotage ou transporter des armes. On évite dans toute la mesure du possible d'abattre des Allemands, à cause des otages. Sitôt la mission accomplie, on retourne se cacher, à l'abri des regards, sous les taillis de l'épaisse et immense forêt. Oui décidément la vie est rude. Les générations postérieures à la guerre s'imagineront parfois qu'elles ont fait la révolution. Mais 39/45 c'est pas mai 68. Brandir des pancartes, lancer des pierres à la tête des CRS, à l'abri des lois de la démocratie est une chose. Affronter les SS en est une autre.

Ça n'enlève rien au romantisme. De temps en temps, on s'abandonne au rêve. On discute. On s'amuse. On rigole. On chasse le gibier. On prépare la bouffe. On se détend. On joue aux cartes. On parle des copines. Combien de rêves bouclés ou de cheveux au vent ont meublé la pensée de ces jeunes guerriers privés de repos !
Arrive l'après-midi du 13 juillet. Retentissent soudain trois brefs coups de sifflet qui veulent dire en code : rassemblement ! Pons demande le silence avant de prendre la parole. Cette manière de communiquer entre les membres du réseau est plutôt inhabituelle, chacun retient son souffle en attendant la déclaration du chef.
« Nous sommes le 13 juillet, veille de fête nationale. La vigilance reste plus que jamais de mise mais rien, dans les messages reçus ces dernières heures n'indique, de la part de l'ennemi, l'intention d'engager quelque mouvement ou action d'envergure exigeant notre présence et notre mobilisation. Par conséquent, j'ai décidé de vous accorder un repos de 48 heures, et faire de ce 14 Juillet, une journée consacrée au souvenir, au recueillement et aux projets concernant la patrie libérée. Vous voudrez bien, durant ces 48 heures, passer de temps en temps au fournil, pour prendre des nouvelles du secteur et vous tenir prêts à intervenir en cas de nécessité. Rendez-vous ici même dans la matinée du 16. Soyez prudents, à bientôt. »

Ce 13 juillet est une magnifique journée, durant laquelle il est vrai, Christian a davantage envie de flâner que de rentrer chez lui. Chemin faisant, il passe devant le Bar Parisien. Il entre. Il s'attable. Commande un café. Il regarde les gens qui passent, ceux qui entrent, ceux qui sortent. Le fils du propriétaire est un ami, Raymond, qui le reconnaît et vient discuter avec lui. Raymond ne fait pas de Résistance, mais c'est un chic type, franc, un ami sûr. Il sait que Christian roule pour la France libre, mais il ne pose pas de question. Encore moins lorsque vient se joindre à eux, Jean André, un autre ami d'enfance qui souhaite ouvertement,

lui, que les Allemands gagnent la guerre. On parle un peu de tout. Puis Raymond apporte une pêche et un œuf dur à Christian. Un luxe ! Exclusivement réservé aux hôtes de marque. Quand Christian veut régler ses consommations, le garçon encaisse le café, un ersatz de seigle adouci de saccharine et précise que le reste lui est offert par la maison.
Il est 17 heures !
Compiègne et Margny-les-Compiègne, où habite Christian sont une même agglomération. Un passage souterrain réservé aux piétons les sépare. En sortant du Bar Parisien, Christian s'engage dans le passage pour aller chez lui, 35, rue de la Victoire à Margny. À peine a-t-il franchi la moitié du tunnel qu'il se ravise et fait demi-tour. Il n'a pas envie de rentrer. Une fois à la maison, se dit-il, je ne pourrai plus ressortir. Or après être resté des semaines dans le maquis, il veut rompre avec la vie sauvage. L'animation, le bruit, les filles qu'il croise dans la rue, tout cela l'émoustille. Il jette sur ce paysage urbain, le regard ébahi d'un enfant qui parcourt une galerie de jouets.

On dit généralement qu'on n'échappe pas à son destin. En voulant s'attarder encore, Christian aurait pu, logiquement, retourner d'où il venait. Le Bar Parisien il connaît, ce sont des amis. Sans savoir pourquoi, il rentre dans un autre bar, non loin du premier. Il y a beaucoup de monde. Il y a même des soldats allemands qui consomment. Il s'approche du comptoir et commande un café. Un ersatz bien sûr, à peine plus coloré, celui-là, que l'eau du robinet ! Personne ne fait attention à lui, jusqu'au moment où une jeune femme blonde, ravissante, s'approche et lui dit :
« Vous êtes Christian Desseaux.
– Tiens, répond-il, mais comment le savez-vous ?
– C'est rien, ce sont mes copines qui vous connaissent. »

Christian est enchanté et flatté de cet aparté galant, mais en même temps il est gêné : après un séjour dans le maquis, on est couvert de crasse et de poussière et on sent mauvais.

« Excusez ma tenue, dit-il, je reviens juste de la campagne où j'ai participé aux travaux de la terre.
– Qu'à cela ne tienne, dit-elle, justement j'allais vous demander ce que vous faisiez habituellement, car les temps sont durs pour les jeunes gens, est-ce que vous arrivez à vous débrouiller ?
– Comme vous dites, c'est plutôt la débrouille. Quand on a quatre sous, il faut les faire durer car nul ne sait quand arrivera la paie suivante. »

Puis les questions se font plus précises. Elles tournent maintenant autour du thème de la guerre. Prêchant le faux pour savoir le vrai, la jeune femme dit :
« Entre nous, les Allemands finiront bien par la perdre cette guerre, grâce aux Américains, alors tout s'arrangera, tout redeviendra normal. »

Et en disant cela, elle tire de son sac un paquet de cigarettes et le tend à Christian qui, tout en refusant, a le temps de voir que ce sont des cigarettes allemandes plates, de luxe, des cigarettes chics, non habituellement distribuées à la troupe mais réservées au corps des officiers. Aussitôt, Christian se dit qu'elle doit coucher avec les Allemands. Jusque là perplexe, devant la curiosité de cette inconnue, il devient carrément méfiant. Il flaire un piège.
« Vous savez, tout ça c'est de la politique, moi je ne m'en mêle pas. J'essaye de faire avec ce que j'ai, de tirer mon épingle du jeu et on verra bien la suite. »

Il lui parle un peu de tout, surtout du retour à la terre, un sujet sur lequel il est intarissable, mais bien sûr, jamais une parole sur ses activités réelles, bien qu'elle cherche à en savoir plus là-dessus. L'espionne se livre-t-elle à des investigations, à tout hasard sur la personne de Christian Desseaux ou est-elle déjà au courant des activités de ce dernier dans la Résistance, ne cherchant au fond que des aveux ou mieux, des renseignements sur les caches d'armes ou sur les noms appartenant au réseau ? Ou bien veut-elle l'emmener avec elle, en pensant qu'il sera plus disert une fois dans son lit où elle pourra tout à loisir le faire cueillir ? C'est l'angoissante question, qui le tord si fort in petto qu'il se dit qu'il est temps d'abréger la conversation. Prétextant des courses en ville, il s'apprête à prendre congé de la dame quand celle-ci lui dit, sans plus de précision et sur le ton de la confidence : « Méfiez-vous de votre entourage ». Tout cela lui paraît étrange, tout rempli de mystère, alors il va pour payer son café quand elle pose sa main sur la sienne et lui dit : « Laissez cela, c'est pour moi ». Si Christian doit être compromis par cette femme, ce n'est pas la tournée qu'elle lui offre qui changera quelque chose. Il accepte donc. D'autant mieux, dira-t-il, dans son langage coupant et imagé, que : « Des sous, on n'en avait pas des montagnes ».

Il est 19 heures !
Christian prend résolument, cette fois, la direction du passage souterrain pour rentrer chez lui. Mais cette sorte de dame aux camélias l'inquiète. À tout moment il se retourne, l'air détaché pour voir s'il n'est pas suivi. En quoi il est un peu naïf, car les filatures se font le plus souvent, et pour cause, à l'insu des filés. Qui était donc cette femme ? Et si c'était la fameuse Suzanne, l'amie de l'espion ?

Il longe maintenant une avenue bordée de platanes, avec de luxueuses maisons bourgeoises sur chaque rive. Il s'arrête encore pour voir si personne ne le suit. Il est également attentif aux voitures qui passent, particulièrement les tractions avant. C'est d'une traction Citroën noire que des hommes en chapeau ont surgi, l'année dernière, et ont enlevé son camarade Jacques Henri, relâché depuis. Habitué à ne jamais marcher côte à côte, il a assisté ce jour là, de loin, au rapt de son ami et ça l'a terriblement marqué. Depuis, il se méfie des tractions. Mais la rue est calme. Il repart.

Il passe devant un haras. Obsédé par la femme aux cigarettes plates, il s'arrête une fois de plus, non pour admirer les plus beaux spécimens de la race chevaline, qu'on peut voir depuis la rue, mais pour superviser les alentours. Rien ni personne ne paraît se soucier de sa présence sur l'avenue. Christian finit par se demander lui-même s'il n'en rajoute pas un peu, par rapport à la conversation qu'il vient d'avoir avec la présumée Suzanne, qui après tout est peut-être une brave femme. Il reste tout de même sur ses gardes. En arrivant à la hauteur de la rue de la Victoire à Margny, (c'est là, rappelons-le, qu'il a sa maison, au n°35), il continue tout droit, au lieu de tourner à droite pour s'y engager. Pour égarer ses hypothétiques poursuivants, il va jusqu'à la rue suivante, arpente tout le périmètre du pâté d'immeubles et arrive chez lui dans l'autre sens.
Il pénètre dans la villa où ses parents ne l'attendent pas. Il fait très chaud à Compiègne à cette période de l'année, Monsieur et Madame Desseaux ont une cuisine d'été au sous-sol, c'est là qu'ils se tiennent tout le temps. D'une nature plutôt réservée habituellement, le père ne cache pourtant pas sa joie de voir arriver son fils, qui plus est une veille de 14 Juillet. Des symboles pareils, ça compte dans la famille. On va pouvoir deviser sur les malheurs de l'époque mais aussi rappeler des souvenirs. En cherchant bien, le père Desseaux arrivera même à exhumer une bouteille de derrière les fagots afin de porter un toast à la république. Mais d'abord, l'habituel couplet protecteur de la part des parents, façon de marquer leur affection :
« Tu n'es pas prudent ! Tu as pris des risques en venant ! Tu n'aurais pas dû ! Tu as fait attention ?
– Bien sûr que j'ai fait attention, papa. Tu n'aurais quand même pas voulu que je passe le 14 Juillet dans la brousse ! J'avais envie de vous voir. Puis, tu sais, je suis fatigué, il faut que je me repose un peu.
– Tu dois avoir faim, dit René.
– Ça oui.
– Eh bien, on va faire à manger. »

Comme dans toute bonne famille française, c'est vers la maman que l'on se tourne, dans ces cas-là. C'est donc elle qui va préparer le souper. Madame Desseaux n'est que la belle-mère des cinq garçons de René Desseaux. Ces derniers l'appellent "Madame". Est-ce parce qu'elle en impose ? Est-ce par respect pour la mémoire de leur mère ? « De toute façon, dira Christian, elle avait un sacré courage d'épouser un homme qui avait déjà cinq gosses ! »

La mère, elle, est décédée en 1932. Des maladies comme la tuberculose, à l'époque ça ne pardonnait pas ! Officier supérieur dans l'armée française, René part en mission diplomatique à Belgrade. C'est là qu'il rencontre Yelena, une très belle femme, serbe d'origine, baronne de son état. Intellectuellement, ça vole haut. Yelena parle la bagatelle de neuf langues étrangères parmi lesquelles le français, qui va servir de catalyseur à l'idylle qui ne tardera pas à naître entre elle et René. La mission terminée, René Desseaux rentre à Paris. Mais il ne revient pas seul. L'idylle s'est muée en amour, ils se marient. Les enfants ont reçu, en héritage, quelque chose de cette noblesse des Balkans. Mais qu'ils soient de France, de Yougoslavie ou bien d'ailleurs, ceux dont le nom s'attache à une contrée, une terre, un pays, ont quelque chose de plus. L'argent ? Ce n'est pas le cas chez les Desseaux. Non, des valeurs parfaitement intemporelles, la noblesse du cœur, l'humanité, la gentillesse et surtout l'éducation.

« Pour avoir quelque chose, il fallait le demander. À table, il fallait mettre les deux mains de chaque côté de l'assiette. Il fallait des autorisations. Je peux avoir ceci ? Je peux avoir cela ? S'il vous plaît ? Merci ! On était élevé comme cela. »

Pendant que Madame Desseaux prépare le souper, Christian parle un bon moment avec son père. Il lui raconte la vie qu'il mène, caché dans la forêt. On discute de pas mal de choses. Ils vont même faire une balade sur la rue de la

Victoire où tout est parfaitement calme. Ni pétards, ni Marseillaise, ni flonflons, ni bal musette, comme c'était naguère. Ils reviennent à la maison.
« Il faut, dit René, que je te fasse voir mon jardin. »

Il est tout fier de pouvoir lui montrer ses planches de tomates, haricots, salades, courgettes... Et chut ! Dans un petit coin du potager, quelques feuilles de tabac mais surtout, « Tu ne dis rien », comme si Christian n'était pas habitué à garder des secrets autrement plus importants qu'un pied de tabac chez le père Desseaux ! On a retrouvé, l'espace d'un instant, le bonheur. Comme la vie serait belle, sans cette fichue guerre.

20 heures 30 !
Au menu, pommes de terre, salade, carottes, fruits. Un repas somme toute très convenable, grâce au potager et au verger. La viande, ce sera pour demain. On tuera un lapin. La bonne bouteille aussi, ce sera pour demain. Ce soir, la piquette obtenue en échange des tickets d'alimentation tiendra lieu de vin.

Le repas terminé, on discute encore un peu mais Christian paraît très fatigué. Des coups de feu claquent dans la nuit. C'est courant à cette époque mais René sort pour vérifier que les volets sont bien étanches. Les Allemands ne s'embarrassent pas, quand ils aperçoivent une lumière après le couvre-feu, ils tirent dedans.

Christian dit : « Je vais me coucher, je suis fatigué. »

Il prend congé et monte dans sa chambre. Il range ses papiers, met ses quatre cartes d'identité sous son traversin et planque son revolver entre le sommier et le matelas. Il néglige de fermer ses volets, tant il a sommeil, il se contente de tirer l'épais rideau qui le protège de la clarté du dehors car, ce soir encore, il fait clair de lune.

Avant de s'endormir, Christian ne peut s'empêcher de comparer la précarité des conditions de vie dans la forêt de Compiègne, avec le confort retrouvé de la maison paternelle. Ici, il se sent entouré. Rien ne peut lui arriver. Volupté suprême : il couche dans des draps. Dans cette chambre qui l'a vu grandir, il se sent presque redevenu un enfant. Et de se remémorer des souvenirs.

Un jour, il fait l'école buissonnière. Avec d'autres, il vont à la campagne et se mettent à tirer les pigeons, à coups de lance-pierres. Les jets de pierres manquent à ce point de précision qu'à un moment donné, c'est Christian qui est pris pour cible et reçoit une pierre dans l'œil. En rentrant à la maison, avec un énorme coquart, il raconte l'histoire à son père avec tous les détails, n'en oubliant qu'un seul : l'école buissonnière. Il arrive presque à se faire plaindre. « Tu te rends compte, tu aurais pu avoir l'œil crevé ! »

On lui fait des compresses. Peu convaincu cependant par les explications de son fils, le père s'en vient le lendemain matin, à la récréation de 10 heures, trouver l'instituteur pour avoir des précisions sur l'incident. La suite, c'est Christian qui la raconte, avec des mots qui valent mieux que des images :
« L'instituteur dit nous ? on n'est pas au courant. On a bien vu qu'il avait un coquart, mais il ne sont pas venus à l'école ! Je ne vous dis pas la dérouillée devant tout le monde. Non seulement j'avais déjà le coquart, mais là, j'ai reçu, hein ! »

Christian n'a que six ans quand il perd sa mère. Le jour du décès de celle-ci, il parvient, malgré l'interdiction, à déjouer la surveillance des adultes pour aller la voir sur son lit de mort. Peu après, il est envoyé en Serbie, chez une tante où il s'en faut de peu qu'on ne l'y oublie. C'est le remariage du père qui favorise le regroupement familial. Un nouvel équilibre s'est à peine instauré que la guerre éclate.

23 heures !
D'habitude, des rafales d'armes automatiques claquent dès la nuit tombée. Des bruits de bottes rythment l'obscurité du passage des patrouilles. La nuit résonne des cris des militaires allemands qui ne savent pas s'exprimer autrement qu'en hurlant.
Mais ce soir, rien. À part la salve de tout à l'heure, pendant le dîner, le secteur est parfaitement calme. Christian se demande si ce n'est pas le prélude au déclenchement d'une opération pour la journée du 14 Juillet, ou bien pour la nuit du 14 au 15. Depuis sa rencontre avec la pin-up du bistrot, il se sait traqué. Demain, il déjeunera en famille puis s'en ira, avant que le piège ne se referme sur lui. Et il s'endort.
Partira-t-il à temps ? C'est désormais la seule question. Le reste, il a deviné. Une opération de ratissage de grande envergure et une vague d'arrestations sont prévues pour les heures qui viennent. Au moment où Christian s'endort, une escouade de feldgendarmen casqués et de membres de la Gestapo en imperméables de cuir et chapeaux s'affairent au siège de la Kommandantur, rue Biscuit. Dehors, des automitrailleuses pour l'appui logistique et des voitures de police les attendent. Pas de doute, l'opération est pour cette nuit. Pour le moment, les responsables sont penchés sur le plan de Compiègne où l'on marque soigneusement les sites à investir.

À 2 heures du matin, tout est prêt.
La colonne s'ébranle dans un vacarme à vous réveiller toute une ville. Très vite, elle se scinde en trois détachements dont l'un prend la direction de Margny. Christian Desseaux est-il sur la liste des suspects ? Apparemment pas. Le petit détachement blindé passe à hauteur de la rue de la Victoire sans s'arrêter, ni même susciter de commentaire dans l'équipage, pourtant attentif à repérer chaque nom de rue. Après le parachutage de Champlieu et la trahison de l'espion, c'est pourtant le réseau Jean-Marie qui est visé. La caravane s'arrête et s'en va prendre position autour

du domicile de Pioche. En rien de temps, celui-ci est réveillé, insulté, tabassé, menotté. Mains derrière le dos, il est littéralement jeté dans une voiture de police et emmené.

Embarquement immédiat

3 heures du matin !
Rue de la Victoire, tout est tranquille ! La nuit ressemble à s'y méprendre à une nuit tropicale, tellement l'atmosphère est douce, claire, détendue. De temps en temps, un chien aboie. Les chiens sont bien les seuls que les Allemands ne sont pas parvenus à faire taire. Christian dort d'un sommeil profond. Terriblement anxieux de ce qui peut, à tout moment, leur arriver, les parents eux ne dorment pas. La police ne va tout de même pas venir à trois heures du matin, se dit René. Encore une heure et on sera rassuré. Par moment, il croit entendre des pas.

« Je n'entends rien, dit Madame Desseaux, tu sais, des fois on croit entendre quelque chose et ce n'est rien, c'est à cause de la fatigue. »

On ose à peine respirer. Soudain les deux se dressent. Bondissent hors du lit. On a frappé ! Madame Desseaux a le souffle coupé. Elle est sans voix. Littéralement tétanisée par une formidable douleur qui l'étreint, des genoux à la poitrine. Déjà le funeste convoi a pris position et encerclé la maison. Après avoir escaladé la grille d'entrée, les feldgendarmen tapent dans la porte. René va ouvrir. Ils se précipitent sur lui. Bras en l'air, pistolet mitrailleur au dos, il est neutralisé et tenu en respect, pendant que d'autres font le tour de la maison et s'emparent de Madame Desseaux.

« Nous sommes venus arrêter votre fils » dit le Befehlshaber der Sicherheitspolizei de la Stadtspolizei de Compiègne, responsable de l'opération. « Où est-il ? »

La porte de la chambre de Christian est ouverte à toute vitesse. La lumière s'allume. Il a à peine le temps de réaliser que déjà les Allemands sont sur lui. Ils le secouent, le rouent de coups, lui ordonnent de se lever et de s'habiller.
« Donne tes papiers. »

En voulant tirer une carte d'identité, dessous le traversin, Christian les tire toutes. Ils commencent à crier :
« Terroriste ! Maintenant tu nous donnes ton pistolet !
– J'ai pas de pistolet » répond Christian.

Les Allemands se mettent à tâter et à fouiller partout. Christian sait que s'ils découvrent son arme, il sera fusillé sur le champ. C'est un gros revolver parabellum de 9 mm qu'il a caché sous le matelas. Sont-ils à ce point énervés, fébriles ? Sont-ils pressés, parce qu'ils ont peur ? La découverte leur échappe comme par miracle. C'est le père Desseaux un peu plus tard qui retrouvera l'arme. Mains dans le dos, menottes aux poignets, Christian descend les escaliers quatre à quatre, sous la menace et les vociférations des policiers : « Schnell, schnell ! ».

Ça ne va jamais assez vite. Celui qui ferme la marche, un interprète, dit simplement aux parents : « Vous ne vous occupez pas de votre fils. C'est un terroriste. On vous préviendra ».

Ce "on vous préviendra" agit comme un couperet. L'ancien de Verdun, celui qui n'a eu peur ni des Allemands, ni des Turcs, ni des Austro-Hongrois, ni des Roumains, s'écroule en sanglots.
Dehors, il y a du monde. Des civils, autant que des militaires. Un camion rempli de soldats armés jusqu'aux dents. Une automitrailleuse. Des voitures de police, des tractions avant qui brillent sous les lumières. Les feldgendarmen en uniformes étaient chargés de l'arrestation. Maintenant, ils livrent leur prise à la Gestapo en civil qui balance aussitôt

Christian sur la banquette arrière d'une voiture. Les mains derrière le dos, il tombe lourdement sur un homme qu'il croit d'abord être un policier, avant de s'apercevoir que c'est un Français, arrêté comme lui, quelques instants auparavant. Une lampe électrique vient éclairer alternativement leurs deux visages. On leur demande s'ils se connaissent ?
« Non, dit Christian.
– C'est le fils à M'sieur Desseaux. » dit l'autre.

Comme l'homme cherche à parler à Christian, il reçoit un violent coup de poing dans la figure. La voiture démarre en trombe. Les pneus crissent dans les virages, comme après chaque arrestation. On est en plein scénario, grandeur nature, d'un film de la série noire.

C'est foutu

Si le monde libre est resté le monde libre, en ce milieu de XXe siècle, il le doit probablement à deux nations.
L'Angleterre tout d'abord. À circonstances exceptionnelles, hommes exceptionnels. Winston Churchill, avec sa main de fer dans un gant de velours, galvanise le peuple britannique et son armée qui donne un coup d'arrêt brutal à la progression des armées allemandes. C'est la fameuse bataille d'Angleterre, à propos de laquelle Churchill dira, en parlant de ses aviateurs, que jamais dans l'histoire, un si grand nombre d'hommes n'a été redevable à un si petit nombre.

Hitler rêve d'envahir les Îles Britanniques et d'être ainsi le premier à pouvoir débarquer sur les côtes anglaises depuis Guillaume le Conquérant.
On savait les Anglais invincibles sur mer. Cette fois, c'est la RAF qui monte en ligne. Inférieure en nombre, elle inflige à la Luftwaffe, dans le ciel de la mer du Nord, une défaite qui amène Hitler à renoncer à ses projets d'outre-Manche.

Archipel de liberté dans une Europe entièrement asservie, les îles Britanniques se transforment bientôt en plate-forme qui servira pour la reconquête du continent. C'est alors que les États-Unis d'Amérique mettent à la disposition du monde, y compris l'Union soviétique, leur formidable machine de guerre, issue de l'appareil de production industrielle le plus performant du monde. Mais les USA ne se contentent pas d'investir en matériel, dans une entreprise dont ils ont compris l'intérêt vital, après l'agression japonaise. Ils apportent aussi leur intelligence, leur science du combat et de la stratégie, leur énergie, leurs cadres civils et militaires et surtout leurs hommes. Que ceux qui cultivent un antiaméricanisme primaire aillent se balader à la pointe du Hoc, ou au cimetière américain d'Omaha. Ça se passe de commentaires. Venus de partout, du Texas, de Californie, de Nouvelle-Angleterre, des volontaires par dizaines de milliers ont donné leur sang, pour qui, pour quoi, sinon pour que nous soyons libres.

Où en est le conflit mondial, en cette moitié d'année 43 ? 1942 a marqué l'apogée de la puissance allemande, laquelle après le désastre de Stalingrad, la destruction de sa flotte atlantique, la perte de l'Afrique et le débarquement des Anglo-Américains en Sicile, est maintenant sur la défensive.

En fait, les spécialistes les mieux informés, dans les deux camps, savent dès 1943 que l'Allemagne a perdu la guerre. Mais ce qui est évident à une poignée de gens éclairés ne l'est pas forcément pour le plus grand nombre, désinformé par la propagande, pour qui le Reich est au sommet de son hégémonie. Il est vrai que les marques du déclin ne sont guère visibles. Du cap Nord à Reggio de Calabre, de la pointe du Raz aux plaines de l'Ukraine, la Forteresse Europe est encore intacte.

Comment dans ces conditions, nourrir de l'espoir pour un résistant arrêté ? Lorsque Christian a été admis dans le réseau, Pons l'a prévenu : « Si tu es arrêté, tu seras torturé atrocement pour te faire parler, ensuite tu seras fusillé. »

L'autre alternative, les camps de concentration, on ne la connaît pas à cette époque. Seul Pie XII est au courant, mais il ne dit rien. Dans la voiture qui l'emmène vers une destination qu'il ignore, Christian n'arrête pas de se dire : « C'est foutu... c'est foutu... »

Que veut-il dire ? Qu'il a peur de mourir ? Sans doute, un jeune homme de 17 ans n'entrevoit-il pas sa mort prochaine de gaieté de cœur. Mais pour le moment, il n'y songe pas, submergé qu'il est par une seule idée : sa vie qui vient de basculer. Il n'était pas fait pour une existence médiocre, une carrière dans les bureaux, 8 heures-midi, 2 heures-7 heures. Sa vie, c'était la Résistance, plus tard ce serait l'armée, dans tous les cas, il voulait se battre et, si la chance voulait bien lui faire un clin d'œil, partager au jour de la victoire, un peu de la gloire réservée aux vivants. Maintenant, tout est fini. Il enrage donc contre les Allemands qui l'ont capturé, mais pas contre le sort. Au contraire, à vaincre sans péril, on triompherait sans gloire. Ce qui lui arrive est normal. Puisqu'il est résistant. Peut-être même y a-t-il, derrière le choc de sa capture, une pointe de fierté qui ira grandissant et qui l'aidera à tenir, quand il devra seul faire face à ses bourreaux.
La voiture fonce à toute vitesse vers une destination inconnue. À côté du chauffeur, le passager est à demi retourné, il garde les deux prisonniers sous la menace de son arme. Ceux-ci n'ont pas le droit de se parler. C'est à peine si, à un moment donné, ils arrivent à échanger un regard complice, presque d'affection. Malgré l'obscurité, Christian se rend compte qu'ils filent en direction de la forêt de Compiègne. Peut-être vont-ils à la maison d'arrêt, c'est par là qu'elle se situe. La prévision se vérifie bien vite, la voiture stoppe quelques instants plus tard devant la grande porte de la prison. En hurlant des raus, des schnell et des scheize, les gestapistes sortent les deux prisonniers de la traction. Ils les poussent à grands coups de pieds dans les fesses à travers le portail.

« Les types qui font les arrestations, faut voir, c'est pas des minus, c'est des sacrés malabars. Déjà les coups pleuvent, ça châtaigne dur. » (Christian).

Ils les dirigent vers le guichet d'entrée. Tous ceux d'hier sont là : Robert Pons, Poirmeur, Christian Desseaux... On leur ôte les menottes. Un fonctionnaire français leur fait enlever la ceinture et les lacets de souliers. C'est tout, car Christian n'a ni bagage, ni montre, ni bague, rien. Maintenant, Pioche et Christian déclinent leur identité. Nom, prénom, date de naissance, domicile, profession, tout est consigné sur le registre des entrées. Puis ils sont emmenés au premier étage par un Français et un Allemand. Le Français ouvre la porte d'un mitard sans lumière, avec une paillasse à peine plus petite que le cachot lui-même. Les deux empoignent Christian et le jettent à l'intérieur. Une minuscule fenêtre donne sur un coin de ciel un peu moins noir que la tôle. Au milieu, une étoile. Christian songe que c'est par cette mince ouverture que les condamnés à mort aperçoivent leur dernier rayon de clarté, au matin de leur exécution. « C'est foutu » se répète Christian, sans cesse.

Dedans ça sent la pisse. Déjà il est envahi par les puces, les cafards et les bestioles de toutes sortes, qu'il sent courir sur sa peau. Il va passer une épouvantable fin de nuit à se secouer, l'épaule et le bras gauches avec la main droite, l'épaule et le bras droits avec la main gauche. Soudain, une formidable lueur d'espoir le saisit. « Christian, Christian ! » s'entend-il appeler.

Pour qui fait un saut périlleux arrière, il n'est pas difficile de saisir les barreaux et de se hisser jusqu'au plafond, pour accéder à la grille de communication avec le couloir et crier :
« Qui m'appelle ?
– C'est ton parrain, répond la voix, je viens d'apprendre que tu étais arrêté, fais-toi pas de souci, on est là, on s'occupe de toi. »

C'est René Devillers, coiffeur de son état. Ami des Desseaux, il devint jadis le parrain de Christian. Il a été interné à la suite d'une dénonciation, seulement parce qu'il écoutait la radio anglaise.
Il sera finalement relâché, en grande partie parce que tout un quartier de Compiègne est privé de coiffeur depuis qu'il est en prison.
Les *doryphores* eux-mêmes ne savent plus où aller pour se faire couper les tifs. La conversation entre filleul et parrain prend fin quand Christian, qui a beau être vigoureux, sent ses muscles des bras se raidir, au point qu'il est obligé de lâcher prise. C'est alors que de toutes les cellules s'élèvent des cris : « On les aura les boches ! »

Paradoxalement, il n'est nul endroit où les nouvelles circulent aussi vite que dans une prison. Tout le monde sait qu'une rafle vient d'avoir lieu dans les milieux de la Résistance compiègnoise. Une vibrante Marseillaise retentit dans toutes les poitrines pour accueillir les nouveaux venus de la nuit.

« Personne n'a peur de ce qui peut arriver, qu'une porte s'ouvre, qu'un Allemand rentre et assomme le prisonnier en train de crier. On retrouve la belle mentalité du Français guerrier. » (Christian).

Il est bouleversé. Cette Marseillaise le prend à la gorge, plus encore que quand il se rendait au monument aux morts, jadis pour commémorer le souvenir de son oncle tué en 14-18. Lourd tribut en effet que celui payé par la famille Desseaux au service de la France : le colonel Desseaux, héros de la Grande Guerre, son frère Alfred, tué dans les tranchées à Verdun, un autre oncle, Léon, tué il y a quelques semaines alors qu'il voyageait dans un train détruit par la Résistance, et ça continue aujourd'hui avec l'arrestation de Christian, pendant que ses quatre frères sont engagés à des titres divers dans le présent conflit.

Le matin n'est pas bien long à venir. Christian a essayé à plusieurs reprises de s'allonger mais à chaque fois, il était obligé de se relever pour chasser les poux. À six heures, branle-bas de combat dans la prison. Quelqu'un ouvre la porte du cachot et apporte un quart de café. De l'eau dégueulasse. Rien à manger. Le maton préposé à cette médiocre distribution s'attarde quelques secondes, le temps de dire : « Vous n'allez pas rester ici » et la porte se referme. Ensuite, plus rien. La matinée s'écoule. Pas d'ablutions, pas de toilettes. À midi, rien à manger ni à boire. Christian sent qu'il ne tiendra pas longtemps dans ces conditions, dans un espace que le jour, qui filtre à travers la petite lucarne, lui a fait apparaître à peine plus grand qu'une cabine de douches.
Enfin, dans l'après-midi du 15 juillet, la porte s'ouvre, on vient le chercher. Il se retrouve dans le même bureau qu'en arrivant. On lui rend sa ceinture et ses lacets. Ils sont douze, dont Robert Pons, Christian Desseaux, Pioche et les autres à se demander à quelle sauce ils vont maintenant être mangés. Un prisonnier libérable fait don à Christian d'un cornet de cerises : « Prends-les, dit-il, moi j'aurai l'occasion d'en manger à la maison, toi c'est peut-être les dernières que tu manges ! ».

Christian partage les cerises avec ses compagnons d'infortune, sous le regard indifférent des Allemands.
Les prisonniers sont menottés deux par deux, Robert Pons avec Christian Desseaux, et comme si ça ne suffisait pas, enchaînés tous ensemble par les pieds. On les rassemble devant la prison. Les Allemands recommencent à gueuler, ils ne savent pas faire autrement. La sinistre caravane se met en route, sous la haute surveillance des SS, pour une destination qui apparaît très vite comme étant la gare de Compiègne. On mesure le formidable bond en arrière de la civilisation, en ce milieu de vingtième siècle, quand on voit défiler tous ces gueux enchaînés, dans les rues de Compiègne ! Ils vont traverser toute la ville dans un bruit

assourdissant, à une cadence qui épouse celle du plus lent, un pauvre bougre appareillé, à qui il manque un pied ! Tout au long du cortège, on entend des passants qui crient : « Salauds de boches, pourris de boches ! »

Après plus d'une heure de cette galère, ils arrivent à la gare où sont rassemblés des gens stupéfaits du spectacle qu'ils voient se dérouler sous leur yeux. Certains n'arrivent même pas à croire que ce sont des résistants. Ils ont dû commettre de sacrés forfaits pour être traités de la sorte, sûrement des droits communs de la pire espèce. Dans la foule, Christian a le temps d'apercevoir son père qui lui crie : « À bientôt ! » avant que les Allemands n'ordonnent à tout le monde de se disperser.
Le groupe est dirigé vers l'intérieur de la gare, puis sur le quai de départ. Ils ne savent toujours pas où ils vont mais dans tous les cas, c'est vers le nord puisque la direction de Paris est à l'opposé. Quelques minutes seulement s'écoulent avant que le train n'entre en gare.
Direction : Saint-Quentin. C'est un train régulier dans lequel les Allemands ont réservé deux compartiments où les prisonniers sont poussés sans ménagement, toujours avec les chaînes aux pieds. Ils vont être remis à la Gestapo dont le quartier général pour tout le nord de la France, ainsi que pour la Belgique, est à Saint-Quentin.
Pendant le voyage qui va durer deux heures, ils arrivent à se parler, mais craignant la présence parmi eux de ce qu'ils appellent un mouton, ils parlent de tout sauf de la guerre : leur vie, leur jeunesse, leurs amours, leur famille... Rossi, qui avait transporté la première partie des armes parachutées à Champlieu est également présent.

Saint-Quentin est une gare importante, il y a beaucoup de monde, y compris des militaires allemands qui arrivent d'un peu partout pour aller vers leur villégiature préférée : Paris. Les prisonniers sont débarqués sur le quai, toujours menottes aux poignets et chaînes aux pieds. Bien que les

schleus aient recommencé à gueuler, un léger flottement va se produire dans la surveillance, au moment où a lieu la relève des gardiens. À partir de maintenant, ils sont pris en charge par des soldats de la Wehrmacht dont seul le chef est un SS. Les soldats allemands subissent la guerre, bien plus qu'ils ne la souhaitent. Par conséquent, ils font ce qu'on leur demande. Ils défilent, ils piochent, ils creusent, ils gardent... ce sont des troufions, comme il en existe dans toutes les armées du monde. C'est pour cela qu'ils vont assister, indifférents si ce n'est complices, à la scène qui va se passer sous leurs yeux. Quand Christian a été arrêté, il a pu garder en poche quelques feuilles de papier et un crayon dont il va pouvoir se servir, comme tous ses camarades, pour écrire quelques mots à son père. Les soldats ont l'air débonnaire mais tout de même, prudence, c'est pas le moment de se faire prendre ! Chacun attend le dos tourné d'une sentinelle avant de jeter le petit mot à un passant, qui lui-même le ramasse avec d'infinies précautions. C'est comme ça que René saura que son fils est incarcéré à Saint-Quentin et qu'il n'hésitera pas, par trois fois, à faire le voyage depuis Compiègne, pour essayer de le voir.
Les prisonniers sont répartis dans des camions bâchés, fortement encadrés de sentinelles avec des pistolets-mitrailleurs, c'est la seule arme qui permet une riposte rapide et efficace, par comparaison au fusil, en cas d'alerte. Direction : la prison.
C'est une prison centrale, avec des cellules desservies à tous les étages par un chemin de ronde qui ceinture et surplombe un grand hall circulaire. En arrivant, ils se voient de nouveau retirer ceintures, lacets, bretelles, bagues et bracelets, après quoi on passe aux formalités d'enregistrement, nom, prénom, profession... puis c'est la photo anthropométrique et les empreintes digitales.
Le cauchemar dure déjà depuis 24 heures lorsqu'au soir du 14 juillet 1943, Christian Desseaux est bouclé dans sa cellule du deuxième étage de la prison de Saint-Quentin (Nord).

4

L'ENFERMEMENT

On demande : où sont-ils ? Sont-ils rois dans quelque île ?
Nous ont-ils délaissés pour un bord plus fertile ?
VICTOR HUGO

SE FAIRE ARRÊTER PAR LES ALLEMANDS c'est normal, quand on appartient à un réseau de Résistance. Ce sont les risques du métier. C'est du moins ce que pense Christian : ça ne l'empêche pas de déplorer la faiblesse et l'état d'impréparation dans lequel s'est trouvée la France et qu'il a constaté dès son plus jeune âge.
Au moment de la mobilisation, en 39, les jeunes recrues recevaient des bleus de travail en guise d'uniforme, la France n'était même pas capable d'habiller ses soldats.
Quand la France des années 80/90 organise des grand-messes antifascistes ou antinazies, genre procès Barbie, ou quand elle débusque, après avoir eu cinquante ans pour le faire, d'une manière pitoyable le chef milicien Touvier, réfugié dans les monastères, ce n'est pas seulement pour masquer les difficultés politiques du moment, c'est aussi pour tenter d'exorciser un passé qui lui fait mal. Le moyen le plus sûr d'empêcher les nazis de nuire n'eût-il pas été en effet de les empêcher de pénétrer sur notre sol ? Si la France, aujourd'hui encore, éternue à propos de son histoire récente, c'est qu'elle se sent responsable, quelque part, de ses propres malheurs et de ceux arrivés aux Français. Enfin, à certains Français. Car les victimes de la Gestapo, des SS et de l'Abwehr, ce ne sont pas des personnages importants, tels les membres de l'état-major, responsables de la défaite et de l'humiliation de l'armée française.

Où sont Gamelin et Huntziger, quand des milliers de patriotes sont abattus, torturés, internés ? Où est le général Weygand, quand De Gaulle publie ses ouvrages *Vers l'Armée de Métier* et *Au fil de l'Épée*, dans lesquels il recommande l'utilisation de l'arme blindée, non plus en ligne, de façon statique mais comme fer de lance, pour enfoncer les lignes ennemies ? Tactique qui ne manque pas d'être reprise par l'état-major allemand qui en fait, lui, ses fameuses divisions Panzer ! Arrêté il est vrai par la Gestapo en 1942, Weygand n'en est pas moins inculpé, sur des chefs d'accusation divers, et acquitté, en 1948 devant la Haute Cour.

Mais l'indignation n'est pas une vertu. Encore moins un remède. Rien ne peut plus désormais conjurer le sort d'un Christian Desseaux, résistant de base lui, livré à la furie, à la vindicte et à l'arbitraire des buveurs de sang du national-socialisme.

Une prison française : Saint-Quentin

Quand Philippe Pétain a demandé l'armistice à l'Allemagne, il a expliqué que c'était pour éviter des malheurs supplémentaires à la France. S'il a évité des malheurs à la France, (encore faudrait-il que nous sachions lesquels), il n'en a pas évité, c'est sûr, aux Français. On comprend l'indignation des anciens combattants résistants, quand les chefs d'État de la cinquième République, toutes opinions confondues faisaient fleurir la tombe du maréchal au 11 Novembre. Quand il faut, les chefs du protocole ne manquent pas d'imagination. Si on voulait célébrer la victoire de Verdun, on aurait pu créer, pourquoi pas la tombe du soldat inconnu de Verdun, où le président de la République aurait déposé chaque année une gerbe qui valait bien celle d'un officier supérieur qui avait failli.

Car s'il ne s'était agi que d'éviter des malheurs au pays, le gouvernement dirigé par ce caudillo français se serait cantonné dans une attitude de stricte neutralité, se contentant

de gérer la catastrophe. Il n'aurait pas décrété un statut pour les Juifs, ni prêté ses prisons aux nazis pour assassiner ses compatriotes. Car il s'agit bien d'assassinats. Puisque les détenus sont envoyés directement au peloton d'exécution. Les pires régimes avaient eu jusqu'ici, si on peut dire la pudeur de faire prononcer les décisions par des juges, ces derniers fussent-ils dévoyés et pervertis. Les nazis n'ont même pas cette coquetterie. Non seulement ils condamnent sans jugement mais ils se servent des prisons françaises comme réservoirs à otages.
À Saint-Quentin, on ne sait comment la population est au courant des jours où des détenus vont être fusillés. Elle voit passer les camions qui conduisent les suppliciés au lieu de leur exécution. Quand on entre dans la prison, il faut croire que les murs exhalent un peu des horreurs qui s'y passent car, « Ça sent la terreur ? » (Christian).

Qu'est-ce qui est le pire en ces années de guerre, la vie carcérale ou la vie concentrationnaire ? Dans les camps, les détenus n'ont pas de protection. Ils sont à la merci d'une parole ou d'un regard jugés impertinents qui peuvent leur valoir, au mieux vingt-cinq coups de fouet sur les reins ou au pire la pendaison. En prison, les détenus sont enfermés mais les murs de leur cellule les mettent à l'abri d'un forcené qui voudrait en découdre. Ils jouent même aux cartes. À Saint-Quentin, il y a une bibliothèque ambulante où Christian lit des romans. Impossible toutefois comme on va le voir, de confondre cet établissement pénitentiaire avec une pension de famille. Christian est enfermé, tard dans la soirée du 15 juillet, dans une cellule du deuxième étage. Il est proprement jeté dedans par ses geôliers. Un bruit auquel il faudra qu'il s'habitue, c'est le clic-clac sonore caractéristique des verrous, que la plupart d'entre nous avons entendu mais au cinéma seulement. Dans la cellule, il y a un vieil homme.
« Bonjour.
– Salut. »

Des lits-cages avec un bout de paillasse dessus sont accrochés au mur. On les abaisse le soir pour dormir, on les relève le matin pour la journée. Des pissotières et une tinette qu'on tire. Pas de robinet. Le vieux serre une bouteille d'eau contre sa poitrine. Il regarde fixement Christian puis lui demande comment ça se passe dehors. Est-ce que les Allemands continuent à reculer sur le front russe ? Notre ami est perplexe. « Je me méfie, c'est vrai qu'il y a des moutons, il y en a plein dans les prisons de cette période-là, il y en a partout d'ailleurs des moutons. »

Les moutons ce sont ces gens, pas mal intentionnés au départ mais qui cèdent rapidement aux objurgations des enquêteurs, disent tout ce qu'ils savent et donnent des renseignements, dans l'espoir d'obtenir la clémence. Il viendra un temps où, n'ayant plus rien à perdre, Christian dira ouvertement, à qui voudra l'entendre qu'il est un terroriste mais pour le moment, on ne sait jamais, il arrive que des suspects soient relâchés, il veut préserver jusqu'au bout, la chance même infime d'être relaxé.
« Tu sais je ne fais pas de politique, je ne sais pas du tout où en sont les Russes, d'ailleurs, je ne sais même pas pourquoi je suis ici, j'ai été dénoncé mais j'ai rien fait, je ne sais pas de quoi on m'accuse. »

À son tour, le vieux parait perplexe mais il n'insiste pas.
On dirait qu'il est déçu que Christian ne lui demande pas pourquoi il est là. Alors, il se met à raconter spontanément son histoire. Il habite Charleville. Il a sauvé des pilotes américains abattus par la DCA au-dessus des Ardennes. Il les a cachés chez lui, avant de les introduire au sein d'une filière qui leur a permis de regagner l'Angleterre. Mais il a été dénoncé. Il a été arrêté. Depuis un mois, il croupit là, il attend. Il est passé entre les mains de la Gestapo, mais il dit que ça ne s'est pas trop mal passé. Du coup, Christian qui s'attend à subir les pires sévices de la part de la police allemande reprend espoir.

Les heures, les jours passent, toujours face à face avec le vieux. On a commencé à marquer les jours, pour ne pas perdre la notion du temps. Chacun raconte sa vie. Christian raconte sa vie de garçon. Et le temps s'écoule. Il y a un judas pour surveiller l'intérieur, ainsi qu'une trappe par où passe le petit déjeuner du matin. C'est pas du café, c'est de l'orge, accompagné d'un petit bout de pain. La porte s'ouvre pour aller faire sa toilette, se laver et se raser. Les prisonniers, torse nu, sont alignés devant une rangée de lavabos, accompagnés par des sentinelles. On n'a pas perdu le sens de l'hygiène mais on n'a pas de brosse à dents, on se lave les dents avec les doigts. Après sa toilette, on réintègre la cellule.

On joue aux cartes mais ça ne fait pas passer la matinée. Christian s'est mis à lire la Bible, grâce à la bibliothèque roulante qui s'arrête devant chaque cellule. Il est de confession orthodoxe donc chrétienne, mais il n'a pas été habitué à lire les évangiles.
Ça lui fait drôle de lire « tu ne tueras point ou aimez-vous les uns les autres ! » Sans doute, le livre sacré des chrétiens n'a-t-il jamais été traduit en allemand, c'est pour ça qu'il y a la guerre. À midi la porte s'ouvre. Des prisonniers distribuent la soupe, toujours flanqués de sentinelles allemandes.
« Vous allongez votre gamelle, on vous la remplit, on referme, vous mangez, il n'y a que de la flotte, il n'y a pas d'épinards. »

L'après-midi commence, débilitante. Vers 16 heures, la promenade, on tourne en rond une demi-heure dans un réduit de cinq mètres sur trois. À 18 heures, une maigre soupe passe par la trappe, et c'est fini.

Nous sommes début août, il y a déjà 15 jours que les membres du réseau Jean-Marie sont enfermés dans la centrale de Saint-Quentin lorsqu'un matin, clic-clac ! la porte s'ouvre à toute vitesse et Christian est brusquement extrait de sa cellule par des feldgrauen casqués, armés de mitraillettes. Ils hurlent : « Dessos... Schnell ! ».

D'autres ont déjà été sortis de leur cellule, sans plus de ménagement. Tous sont précipités vers le bas, dans le grand hall où ils ont été réceptionnés en arrivant. Ils sont plaqués contre le mur, interdiction de parler, ni de se regarder. Quelle crise agite soudain les SS, pressés, nerveux, fébriles, comme si, après quinze jours d'un répit accordé malgré eux, il n'y avait plus une minute à perdre. Il y a là, outre les camarades du réseau, un gars de Paris, Renart, dit le bouc, qui venait souvent voir Pons. Il n'a pas été arrêté en même temps que Christian mais il fait partie de la fournée, en partance pour une destination dont chacun devine que c'est la Gestapo. On leur met les menottes et on les embarque dans des camions. Gare à qui essaiera de parler à son voisin. Les gardes rétabliront le silence à coups de crosses de fusils.
Le convoi stoppe à l'entrée d'un hôtel particulier qui abrite les services de la Gestapo. La demeure est somptueuse : escaliers de marbre, statues d'albâtre, lustres en cristal, meubles sertis, plafonds sculptés, tapis d'Orient, tapisseries anciennes, tableaux de maîtres... les Allemands aiment le confort. Ça ne les a pas empêchés, au contraire, d'aménager des cachots dans le sous-sol, c'est là que les captifs vont rester pendant des heures, debout par trois, dans une obscurité totale.

Tu vas voir que tu connais

On entend tout depuis les cachots, mais les Allemands sont sympathiques, pour commencer. Bien élevés. Raffinés même. Ils aiment les meubles sertis et la grande musique. Surtout Wagner. Ils expliquent à leurs hôtes qu'ils comprennent au fond que des Français s'insurgent contre une présence étrangère mais qu'on est en guerre et qu'il faut

bien qu'ils fassent leur travail, qui n'a d'autre but que de protéger les troupes allemandes contre les agressions de toutes sortes dont elles sont l'objet. Il ne manque qu'un avocat pour assurer la défense de ces justiciables. Au fond, ces Allemands ne sont pas aussi terribles qu'on le dit.
Face à des gens corrects, il faut l'être aussi. Et puis on ne sait jamais, si en échange d'une information, on obtenait la liberté !
Les moutons craquent, ils disent tout ce qu'ils savent, avant de se faire casser les reins sur la table de torture. De sa cellule, Christian entend d'abord des plaintes. Bientôt ce sont des hurlements. Des hurlements à la mort. Christian attrape la chair de poule. Il a les cheveux qui se dressent.
« Ça vous crispe, ça vous prend partout, on se dit qu'on va y passer aussi ».

On dirait que ça dure une éternité, jusqu'au moment où la plainte diminue, s'estompe, s'arrête. Mort ? Presque. Pas tout à fait, juste pour qu'il s'en sorte. Reprenne vie. Avec la vie, l'espérance. Comme ça, ils pourront le sortir à nouveau dans quelques temps de sa cellule et lui recasser la figure. Les SS sont passés maîtres, ils vous démolissent un type de cette manière, plus sûrement qu'en le tuant.
L'agitation gagne les couloirs. Il y a un va-et-vient, des éclats de voix. Tels des étudiants sortant de l'amphi, les SS ont besoin de souffler. Il faut qu'ils se détendent un peu, c'est la pause, ils s'esclaffent, ils fument, ils plaisantent. Pendant qu'on tire par les pieds la victime sanguinolente vers l'endroit réservé à cet effet.
« Dans l'entrebâillement de la porte, j'ai le temps de voir le prisonnier couvert de sang, allongé par terre, c'est affreux. » (Christian).

Ils ouvrent la porte de la cellule de Christian. Ils prennent un type et l'emmènent. Un long moment se passe dans un silence complet. La récréation et la cigarette ont dû les calmer. Ils sont redevenus tout doux. Pas pour longtemps.

Un coup de poing dans la figure et l'arcade sourcilière qui explose. Comme des chiens enragés, la vue du sang les excite. Celui-là, il faut qu'il parle. Ils lui cassent la gueule, comme à l'autre. Les aboiements des SS se mêlent aux hurlements du supplicié. Dans un scénario identique au précédent, les cris diminuent peu à peu. Celui qui tout à l'heure était debout auprès de Christian est plongé dans un coma profond, il est jeté par quatre hommes dans la salle des moribonds.

Nouvelle pause, les SS sortent pour se dégourdir les jambes. Ils se font servir à boire dans le grand hall d'entrée où est installé le bar. Ils plaisantent, rigolent, ne manquant pas au passage de toucher les fesses de la serveuse qui ne paraît pas s'en indigner. Mais les orgies, ce sera pour plus tard. Pour le moment, il y a encore du travail. C'est maintenant au tour de Christian Desseaux de comparaître devant cet aréopage de brutes.

On ne comprend rien au régime hitlérien si l'on méconnaît le caractère systématique de chaque geste. Les SS ont la manie de l'ordre, du comptage, de l'exactitude, de la méthode. Chez eux, la violence est institutionnelle, ils sont dressés pour tuer. C'est la spécificité de ce régime que d'avoir institué le crime d'État. Ça permet aux tortionnaires d'avoir bonne conscience et de siroter tranquillement un schnaps entre deux exécutions.
Christian est conduit dans un énorme bureau plein d'Allemands. Au milieu, il y a une grande table. Au mur, il y a des cartes. Par terre, il y a des parachutes. Pas les parachutes de Champlieu, puisqu'ils ont été brûlés. Les Allemands sont parfaitement courtois. Ils font asseoir Christian, face à un petit bureau occupé par un officier, à côté duquel se tient une secrétaire avec sa machine à écrire. L'officier brosse, dans un français impeccable, un tableau de la situation.
« Les troupes allemandes sont harcelées. La police militaire est là pour faire son travail. Son rôle n'est pas de réprimer

mais surtout de prévenir. Nous voulons obtenir le maximum de renseignements, ceux qui coopèrent bénéficient de notre clémence et s'ils se repentent, nous pouvons les acquitter. »

Et pendant qu'il prononce son discours de bienvenue, l'officier étale sur son bureau, d'un geste qui rappelle étrangement la distribution des cartes à jouer, une suite de cartes d'identités appartenant à des membres présumés de la Résistance. Des terroristes comme ils disent.
« Monsieur Dessos, nous allons regarder une à une ces cartes mais avant cela, voyons quel est votre état civil. »

Il invite sa secrétaire à prendre note. Pour Christian, ça recommence, c'est la énième fois qu'il décline ses nom, prénom, date de naissance, profession et ainsi de suite. On revient alors aux cartes d'identité qui sont sur le bureau, mais déjà on se tutoie.
« Tu connais celui-là ?
– Oui, dit Christian.
– Tu l'as connu où et quand ?
– Je l'ai connu dans le train, j'ai voyagé avec lui pour venir depuis Compiègne. »

Christian a à peine le temps d'achever sa phrase qu'il reçoit une énorme claque dans la figure, décochée par un sbire qui se tenait derrière lui. L'officier lui présente une autre carte d'identité :
« Celui-là tu connais ?
– Oui je connais, mais c'est pareil, je l'ai vu dans le train. »

Christian reçoit une deuxième claque, pas une petite tape de mère de famille qui réprimande son enfant, une gifle emmanchée de toute l'allonge du bras d'un de ces SS qui sont tous des colosses. Une gifle à vous arracher la tête. Troisième carte d'identité : Christian ne reconnaît pas du tout la photo. Il reçoit une nouvelle gifle par derrière qui le laisse inconscient plusieurs secondes.

Cette fois, le sang afflue sous la peau qui devient violette, tout le visage est tuméfié. Et ça continue. Qu'il connaisse ou pas, il dérouille à chaque fois. Il n'en peut plus quand on lui présente la dernière : « Delers, tu connais ? ».

Va-t-il craquer ? Heureusement, il reçoit le renfort de la vérité qui va l'aider à tenir. Delers, il ne connaît pas, il n'a même jamais entendu ce nom-là. Les Allemands se sont trompés, au lieu de dire Deflers, ils disent Delers. Christian a bien reconnu la photo mais il s'accroche de toutes ses forces à ce défaut de prononciation pour éviter de donner son camarade. Quinze cartes d'identité ont ainsi défilé. Pas une seule réponse qui les arrange.

Alors les agents de la Gestapo conduisent Christian devant une grande carte murale.
« Et ça tu connais ?
– Oui c'est la forêt de Compiègne.
– Et ça, cet endroit là, tu connais ? Tu lis ça ?
– Oui, c'est Champlieu.
– Tu sais qu'il y a eu un parachutage d'armes là ?
– Non. »

Un de ces coups de poing à vous assommer un bœuf arrive sur la nuque de Christian dont la tête va taper contre le mur. Il a le nez brisé. Le sang commence à gicler.
« Moi je vais te dire ce que t'as fait. »

Et ils énumèrent, sans se tromper d'une virgule, tout ce qu'il a fait. Ils sont parfaitement renseignés puisqu'ils ont infiltré le réseau jusqu'au sommet, grâce à l'agent double et à quelques autres. Mais apparemment, ils ne sont au courant que du parachutage, ils ignorent ce qui s'est passé avant.
« Tu fais ça pour de l'argent, dis quelque chose.
– J'ai pas fait ça. »

Cette fois, ils sont quatre, armés de bâtons. Christian n'est bientôt plus qu'un pantin désarticulé, qu'ils se renvoient de l'un à l'autre, tel un punching-ball. Ses oreilles pissent le sang, ses lèvres éclatent, ses yeux ont déjà disparu derrière les boursouflures.
« On sait tout ce que tu as fait, mais tu vas nous le dire.
– Si vous le savez, alors pourquoi vous m'esquintez ? » réplique Christian dans un sursaut.

Cette réponse met les tortionnaires au paroxysme de la fureur.
« Tu vas voir que tu connais. »

Ils l'attrapent et l'allongent sur une table, à plat ventre, et lui attachent les pieds et les mains. Jusqu'ici, la secrétaire a assisté à toute la scène.

« J'ai jamais pu comprendre qu'une bonne femme puisse regarder ça. » (Christian).

Elle est blonde, avec un visage plutôt fin mais elle a le regard froid. Ses yeux bleus, purs comme du cristal, sont impénétrables, ils ne laissent deviner aucune émotion, aucun sentiment.
Elle assiste imperturbable aux exécutions et aux tortures. Attaché à la table, Christian cherche à pénétrer son regard. C'est pas possible, elle va se lever, crier, dire y en a assez, bandes de brutes, j'en ai marre de vos saloperies. Dans son immense détresse, il oublie qu'elle aussi a été dressée pour ça. Elle n'est pas là par hasard. Les Allemands ont dû contrôler minutieusement son ascendance, pour voir si c'était bien une aryenne. Ils ne veulent pas mêler leurs gènes à du sang impur. C'est pas comme dans les camps de concentration. Les femmes juives sont massacrées aussitôt après avoir été violées.

« Tu vas nous dire ce que tu sais. »

Armés de gourdins et de nerfs de bœuf, les quatre se mettent à cogner comme des sourds sur le corps nu de leur victime. Christian hurle à la mort. Il a du sang plein la bouche. Ils continuent à frapper, ils sont déchaînés cette fois. « Tu connais Delers ? »

Le dos et les reins ne sont plus qu'une plaie sanguinolente. Alors ils commencent à lui écraser les pieds et les tendons. Libre de ses mouvements, il lui semble que la douleur serait plus supportable. Attaché, c'est horrible, il ne peut pas sursauter.
Ils le font mettre debout. Il ne tient plus sur ses jambes. Ils le font asseoir, il ne peut se tenir assis, il s'écroule au fond du siège. « Tu connais Delers ? »

Ils vont chercher une sorte de fer à repasser muni d'un manche à travers lequel passe un fil électrique. Ils branchent la prise et lui appliquent le fer rougi sous les pieds. Christian émet les derniers cris, qui vont faiblissant. Puis c'est le silence. Ils ne distingue plus que les sons. Ses paupières à demi closes sont tournées en direction de la secrétaire. Pas un pli sur le visage. Elle termine sa déposition. On entend le cliquetis de la machine à écrire. Le supplice a duré 1 heure 15.
Les Allemands ne sont pas longs à rompre le silence. Après avoir signé le procès verbal d'usage, ils vont passer à table. Il est plus de midi. Ils sortent du bureau en se marrant et en fumant. Dans le coma, Christian est évacué vers le sous-sol. Il est jeté par terre, comme on jette un objet usagé.
Les douleurs s'avivent en reprenant conscience, dans l'après-midi. Il a cinq côtes cassées qui lui pénètrent dans la chair, il ne peut pas faire un mouvement. Les éclopés sont mis dans un camion. À tout hasard, on leur met les menottes. Ils sont déchargés comme des paquets à la prison. Christian doit accomplir un effort surhumain pour se remettre debout, car on les oblige à s'aligner tous contre le mur, avant de regagner leur cellule.

Il est jeté dedans, il s'écrase au sol. Le vieux est toujours là. Il n'en revient pas : « C'est toi ? C'est pas possible, c'est pas possible, dit-il, j't'avais pas reconnu. »

Il lui lave les plaies avec sa bouteille d'eau. Christian est en pièces détachées, toutes ses dents sont cassées. Il va rester plusieurs jours sans bouger et sans manger. Il prendra quand même sa gamelle et la donnera à son compagnon. Le matin, il faudra qu'il aille se laver. S'il refusait, il recevrait à nouveau des coups.
Grâce tout de même à une nature et une vigueur exceptionnelles, il se retape et arrive à faire surface, au bout de quelques jours.

La vie carcérale

Au début du conflit, les "terroristes" capturés partent illico en Allemagne. La plupart sont condamnés à mort, fusillés, guillotinés ou décapités à la hache. Quelques uns sont condamnés à la détention perpétuelle. Ce sont les NN, en allemand *Nacht und Nebel*, autrement dit *Nuit et Brouillard.* Détenus dans l'obscurité, très peu survivent.
À partir de 43, les Allemands ne font plus de procès mais au fond, il vaut encore mieux, paradoxalement être soumis au hasard et à l'arbitraire d'une décision administrative, ça donne une chance d'en réchapper, plutôt que d'être traduit devant des juges et d'être à coup sûr condamné.
Les détenus de Saint-Quentin ne passent donc pas en jugement. Certains croupissent là pendant des semaines, voire des mois. La fin du mois d'août approche et Christian ne connaît toujours pas les conclusions que les Allemands ont tiré de son interrogatoire : coupable ou pas coupable ? Mais il ne se fait aucune illusion. Chaque matin, il s'attend à être fusillé. Quand on entend chanter la Marseillaise, c'est que des détenus vont partir au poteau d'exécution. Entre deux couplets d'*Allons Enfants*, des quolibets partent des cellules : « Salauds de boches ! ».

Les Allemands ne disent rien, mais quand le convoi a quitté la prison, emmenant les suppliciés au lieu de leur exécution, alors ils organisent la répression : fouille des cellules, privation de nourriture, pas de colis…

« On entendait les hurlements, laus, schwein, schnell, des gardiens. On entendait des voitures partir. On savait que c'était des gars qu'allaient être fusillés. »

Fin août. Les Allemands font irruption un matin de bonne heure dans la cellule et font signe à Christian de se préparer. Des manœuvres de ce style effectuées dès l'aube ne présagent rien de bon. Il a peur d'être fusillé ou de repartir à la Gestapo pour être à nouveau torturé. Tous ceux du réseau sont là, menottes aux poignets. Ils montent dans un camion. Les Allemands n'aiment pas se salir les mains, encore moins se fatiguer à des travaux subalternes. Creuser des tombes par exemple. Quand ils exécutent leurs victimes, ce sont elles qui façonnent elles-mêmes leur trou. C'est le suivant qui le rebouche. C'est un de leurs nombreux raffinements. Un des plus connus aussi, qui n'échappe pas à Christian et à ses compagnons qui sont glacés d'horreur lorsqu'ils aperçoivent au fond du camion, une rangée de pelles et de pioches. Solidement encadrés, comme toujours par des sentinelles mitraillette au poing, ils s'en vont vers une destination qu'ils croient être la dernière. Mais le voyage va durer plus de deux heures. Au bout d'un moment, ils se sentent un peu rassurés. Si les Allemands voulaient nous fusiller, ils nous auraient conduits dans un lieu proche de Saint-Quentin, se disent-ils, or, Christian croit reconnaître bientôt la forêt de Compiègne. Alors il réalise que les pelles et les pioches, c'est pour exhumer des armes enterrées tout près d'un préventorium, larguées lors d'un parachutage, dénoncé tout comme le premier aux Allemands par des traîtres à la cause patriotique. Christian et ses compagnons se mettent à l'ouvrage, mais après des heures d'efforts, il faut se rendre à l'évidence, il n'y a aucune cache, ou bien alors, les armes ont été retirées, comme à Champlieu et placées en lieu sûr. Les Allemands qui espéraient ainsi confondre les accusés en sont pour leurs frais. Le camion repart pour les cent vingt kilomètres d'une route chaotique qui les ramène tard dans la soirée à la prison.

En réintégrant sa cellule, une surprise attend Christian, le vieux n'est plus là. A-t-il été fusillé, libéré, emmené en Allemagne ? Il ne le saura jamais. Le lendemain, il a un nouveau compagnon, qui n'est autre que Michel Pic, son camarade de réseau. Le camion de son père avait été utilisé pour transporter les armes, munitions, explosifs, destinés à des caches (dépôts). Son père fut arrêté puis relâché quelques temps après.

Pic possède une malformation congénitale, il a la tête penchée d'un côté, ce qui ne l'empêche pas d'avoir une puissance vocale qui, en d'autres temps, l'aurait conduit au conservatoire pour devenir ténor. Or, le gardien chef de la prison est un mélomane et un de ses plaisirs favoris est de se promener dans les couloirs en chantant la Tosca. Il imite très bien les ténors italiens.

Un beau jour, Pic se met à donner la réplique au gardien chef. Le voilà parti dans le même répertoire : la Tosca. Au fond, l'Allemand n'est pas mécontent qu'un autre chante la même chose que lui mais, pour l'exemple, il se croit obligé d'entrer dans la cellule et d'allonger une claque magistrale au ci-devant Pic, du côté où ça penche, comme s'il avait voulu lui remettre la tête droite. Pic n'en a cure. Les jours suivants, il recommence. Et à chaque fois, c'est le même scénario. L'Allemand fout une trempe à Pic. On s'emmerde tellement dans cette tôle qu'à la fin, c'en est presque devenu un jeu.

Le gardien chef, lui aussi, s'emmerde. Bien sûr, s'il a été placé là, c'est qu'il est con. Peut-être même dégueulasse. Mais tout est relatif, il y a des degrés, dans la saloperie comme dans le reste. Faut dire que ce n'est pas un SS. C'est un type de la Wehrmacht. S'il est con, c'est un con ordinaire, pas avec un système de pensée spécialement conçu pour propager le mal. Il ira même jusqu'à être regretté après son départ. Un jour, une arme a été découverte dans une cellule. Il a été accusé de laxisme par sa hiérarchie. Et il lui est arrivé ce que les militaires allemands redoutent par-dessus tout, il a été muté sur le front russe. Rien n'inspire plus de terreur aux Allemands que les Russes. Ceux-ci ne font jamais de prisonniers. Tout Allemand capturé est abattu. À charge de revanche, les Russes qui tombent aux mains des Allemands ont tout à redouter. Dans les camps de concentration, ce sont les Russes qui sont les plus maltraités. Ils ne sont jamais fusillés mais pendus, selon la méthode de l'étranglement progressif, chère aux nazis. Être gardien chef dans une prison en France, c'est une sacrée planque pour un Fritz. C'est pour ça que le jeune remplaçant du gardien chef parti en Russie aura soin d'apparaître comme la dernière des peaux de vache, afin de plaire à ses supérieurs.

Au début du mois de septembre, Christian est de nouveau aux prises avec la Gestapo. On vient le chercher un matin dans sa cellule et selon l'habitude, on lui passe les menottes. Accompagné d'un policier allemand, il est embarqué dans une traction et se retrouve dans le fameux hôtel particulier, là où il a été passé à tabac la première fois. Il est terrorisé, à la pensée que tout va recommencer. Il pense que les Allemands vont l'interroger cette fois, non plus seulement sur le parachutage d'armes mais aussi sur ce qu'il a fait avant dans la Résistance. Ils s'en tiennent pourtant au parachutage. C'est Poirmeur qui semble les intéresser particulièrement. Christian répond, ce qui est vrai qu'il ne connaît pas personnellement Poirmeur, c'était seulement un ami de son père, avant la guerre. Il raconte aux policiers que sa seule activité consistait dans les tâches qu'exigeait la réquisition, le chargement et le décharge-

ment des pommes de terre, du charbon, le retour à la terre... Les policiers n'insistent pas. Christian repart, tout heureux de ne pas avoir été tabassé.
L'enfermement est un châtiment terrible pour quiconque, plus encore pour un jeune homme vigoureux et sportif comme l'est Christian. Si encore il existait une solidarité, mais la confraternité du malheur n'existe pas. Tout le monde se méfie de tout le monde. Dieu sait ce que le copain peut dire de vous sous la torture.
Si les détenus politiques se méfient les uns des autres, c'est en raison des circonstances. Mais il y a aussi les droits communs qui eux, n'ont ni foi ni loi. Quand un patriote essaye de communiquer avec l'extérieur, en s'accrochant aux barreaux qui donnent sur la rue, que fait le droit commun ? Il le dénonce au gardien français qui, voulant se faire bien voir, s'empresse d'en parler à son homologue allemand.

« Ils se sont dit ceci, cela, fallait voir, on était vendu. » (Christian).

Il n'en faut pas plus pour déclencher une fouille en règle de la cellule.
Dans l'extrême dénuement où ils se trouvent, on pourrait penser que des détenus comme Christian n'ont pas grand chose à redouter des fouilles. Erreur. À chaque fouille, il faut déployer des trésors d'imagination et de ruse pour éviter de se faire piquer l'unique source de plaisir : le tabac, le papier à cigarette, la pierre à briquet.

« Quand il faut passer son temps dans une cellule c'est drôlement long. On se fume une cigarette en douce, normalement c'est défendu. Le gars il voit bien par le judas qu'il y a de la fumée là-dedans, mais des fois il ferme les yeux. Quand il y a une fouille, il ne faut pas se faire piquer le feu, car tous les petits recoins sont examinés, pourtant il n'y en a pas beaucoup , une cellule c'est petit. » (Christian).

On est à l'écoute de tout. Le plus petit bruit a une signification. Entre eux, les politiques communiquent en tapant sur les tuyauteries. Ils ont institué un code pour savoir qui appelle qui. Le morse a bien sûr une grande importance dans ce mode de communication. On fait des jeux avec son compagnon. On joue aux cartes, à la belote, on joue aux dominos. Les jours se succèdent avec pour seul horizon, les murs de la cellule. La journée n'est rythmée que par les nécessités physiologiques de l'heure : le café du matin, la toilette, la bouffe à 11 heures 30, la soupe à 17 heures 30.

« Tous les jours, le gros truc, c'est d'aller se laver. Comment tu vas ? T'as le moral ? Il y en a qui pleurent. Certains ont une femme et trois ou quatre gosses, que vont-ils devenir ? Sans argent. Ils ont tout perdu, c'est dur pour eux d'être en prison et de regarder les murs, pendant des mois. » (Christian).

Certains prisonniers voudraient mettre fin à leurs jours. Même ça c'est pas possible. L'administration pénitentiaire a installé des filets de protection au-dessus du hall pour éviter que les détenus ne sautent. Il reste à graver, sur les murs du cachot qui en sont déjà couverts, des bâtons pour compter les jours, des dessins, des symboles.
Une maladie est un drame. Il ne faut guère compter sur des soins médicaux. Atteint d'une rage de dents, Christian demandera en vain d'être conduit à l'infirmerie.

« La tête contre le mur, ça a duré quatre jours, c'était affreux. » (Christian).

Chacun rêve, c'est sûr, d'évasion mais bien peu sont ceux qui sont parvenus à s'échapper de la centrale de Saint-Quentin, où Christian va rester enfermé en compagnie de Pic jusqu'à la mi-octobre. Ce qui rend la vie carcérale insupportable, c'est d'abord la privation de liberté, avec sa conséquence immédiate, l'impossibilité d'aller et venir et le confinement dans un espace mesurant à peine 10m^2 pour deux, dans une demi obscurité que le jour qui filtre à travers une lucarne inaccessible autrement qu'en grimpant sur les épaules du copain, a du mal à pénétrer. C'est aussi, peut-être même surtout le retrait, la marginalisation d'un individu par rapport au groupe, à la communauté. L'homme est un animal social, il ne peut vivre à l'écart de ses semblables. C'est pour garder un contact, au moins visuel avec le monde que Christian regarde aussi avidement les gens qui passent dans la rue. Car il s'est découvert une nouvelle distraction. Tantôt juché sur les épaules de son compagnon, tantôt faisant de l'opposition pied dos à la manière des alpinistes, il passe désormais des heures agrippé aux barreaux pour regarder dehors. Il voit les oiseaux qui volent, les pigeons qui se posent sur les toits, il respire les effluves et les parfums qu'exhale la nature, bref il est devenu un observateur attentif des mille et une manifestations qui continuent, cahin-caha, d'animer la vie du quartier. À six heures, tous les matins, une femme qui s'en va travailler sur sa bicyclette crie en passant sous les fenêtres du pénitencier : « On les aura les boches, on les aura les boches... ».

« S'ils avaient voulu les boches, ils la ramassaient quand ils voulaient. » (Christian).

On interpelle les passants ou les habitants des villas voisines, de l'autre côté de la rue pour leur demander l'heure. On leur demande aussi les dernières nouvelles du front. Christian apprend de la sorte à la mi-septembre que les Américains et les Anglais viennent de débarquer en Italie.

Fascisme et nazisme

La nouvelle se propage en morse à travers la prison. Il faut dire que c'est une sacrée brèche qui s'ouvre dans le dispositif allemand, la "Forteresse Europe" qui subit ses premières morsures.

Les Anglais qui débarquent en Calabre et les Américains à Salerne, au sud de Naples, n'ont guère à combattre, au début. Mussolini ayant été destitué et emprisonné, le nouveau gouvernement italien signe l'armistice avec les Alliés et déclare la guerre à l'Allemagne, mais celle-ci réagit immédiatement par l'envoi de trente divisions.
La bataille d'Italie sera finalement une des plus dures pour les Alliés. Les Allemands construisent la fameuse ligne de défense dite "Ligne Gothique", qui va de la Méditerranée à l'Adriatique et qui s'appuie sur le relief tourmenté de l'Italie centrale, rendant toute manœuvre de contournement et d'encerclement impossible pour les Franco-Anglo-Américains.
C'est pour cela que les opérations en Italie vont se prolonger jusqu'à fin avril 45, alors que l'Allemagne est déjà envahie et que la fin de la guerre est proche.

Cet aparté stratégique est intéressant pour la course de vitesse engagée pour la survie des victimes de la répression, qui reprennent espoir. C'est aussi l'occasion de réfléchir sur l'écart idéologique qui sépare deux régimes également dictatoriaux qu'à tort on a tendance à confondre : le national-socialisme allemand et le fascisme italien.
Dangereuse et agressive militairement, l'Allemagne cependant aurait pu n'être, si l'on ose dire, que fasciste. Les conséquences eussent été moindres pour la Résistance et probablement nulles en ce qui concerne la répression antisémite et la solution finale. L'Allemagne et l'Italie ont connu des évolutions parallèles : la montée du totalitarisme sur fond de crise au début des années vingt. Mais la comparaison s'arrête là.
Au-delà, il y a la nature différente de deux peuples : les Allemands sont des guerriers, les Italiens sont des artistes. Entre Wagner et Rossini, impossible de confondre, même pour qui n'entend rien à la musique. Le régime de Mussolini n'a affecté que les structures du pouvoir. Les nazis, eux, ne se sont pas contentés de confisquer la démocratie,

ils ont fondé leur action gouvernementale sur une idéologie perverse et criminelle, prônant ouvertement la liquidation physique de certaines minorités. Le pouvoir vichyste quant à lui, avec son statut des Juifs, ses Laval, ses Darnand et ses de Brinon, s'apparente au nazisme. Beaucoup de Juifs français ont d'ailleurs, quel paradoxe, trouvé refuge en Italie durant la Seconde Guerre mondiale.

Car tu ne deviens que contre ce qui te résiste

C'est la pensée d'un alpiniste dont j'ai oublié le nom, aux prises avec les difficultés de la haute montagne. Les obstacles venaient de la nature mais parfois, l'homme se dresse contre lui-même, obligeant ceux qu'il persécute à devenir plus habiles, plus rusés, afin d'exister. Si les Juifs sont présents partout, dans la finance, dans l'industrie, dans le négoce, dans l'art, la musique, les sciences, la médecine... c'est que le contexte historique difficile dans lequel ils ont dû survivre depuis des siècles, a fini par faire d'eux des élites. Quand l'existence même est en jeu, les hommes mettent en œuvre toutes les ressources de leur imagination, parfois de leur génie, pour faire échec à l'absence des moyens traditionnels nécessaires pour produire les richesses. Sur une échelle plus modeste, c'est fou ce que peut contenir un colis, même éventré après la fouille et le tri des gardiens d'une prison. Car malgré les restrictions, on reçoit des colis à Saint-Quentin. Les familles se privent pour envoyer aux leurs, un peu des denrées perçues grâce aux cartes d'alimentation. Denrées qui sont censées en outre symboliser la chaleur et l'affection nourries pour l'être cher. C'est grâce au petit mot griffonné par Christian à la gare de Saint-Quentin et jeté à un passant qui l'a ensuite acheminé, que René a pu localiser sa présence. Une première fois, il s'est pointé sous la muraille ocre du pénitencier en appelant désespérément Christian, sans succès. Il est reparti à Compiègne en pensant qu'il ne le reverrait jamais. Mais il a décidé de tout mettre en œuvre, sinon pour lui venir en aide, car il sait qu'aux mains des Allemands, il ne peut plus rien pour lui, du moins pour le voir simplement ou l'apercevoir et lui parler. Il a jeté par-dessus bord son paternalisme et sa fausse pudeur, il se sent atteint, au plus profond de lui-même, par les malheurs et les souffrances de son garçon. Il ne tarde pas à revenir. En face de la prison, de l'autre côté de la rue, il y a des villas, de type nordique, hautes de pignon, construites avec des briques rouges. René entre dans l'une d'elles et demande l'autorisation de monter sur la plus haute marche d'escalier pour l'appeler. Si sa cellule est bien sur cette façade, d'ici je pourrai le voir, se dit-il. Dès que Christian entend son nom, il se précipite aux barreaux. C'est un grand moment. Les deux hommes se voient. Ils sont émus aux larmes, en même temps qu'ils mesurent le caractère insolite d'une situation qui souligne, plus encore qu'ils ne le croyaient, la stupidité de cette guerre. Ils arrivent à échanger quelques paroles : « Je suis content de te voir, garde courage, garde le moral ».

« Je pense qu'à ce moment-là, mon père a été drôlement fier de moi. Il m'a crié que dans un colis, je recevrais des choses. Mais c'était pas facile, à cause des mouchards. »

Quelques jours après cette visite inattendue, Christian reçoit un premier colis. Dedans, il y a des boîtes de lithiné. Autour des boîtes, papa Desseaux a mis des élastiques. Il fallait y penser, il les fixera aux barreaux de la prison et s'en servira comme d'un lance-pierres pour envoyer à son père revenu à Saint-Quentin, un message roulé dans un écrou dévissé du châlit. Cette méthode inédite pour acheminer le courrier s'est répétée plusieurs fois, jusqu'au jour où le projectile est allé finir sa course à travers les carreaux du voisin. L'arrivée d'un colis est toujours un temps fort dans l'existence plate d'un prisonnier. Elle prend place dans une vie quotidienne habituellement noyée dans le cafard et la dépression. Vus avec des yeux d'aujourd'hui pourtant, ces

colis paraîtraient bien modestes. À l'époque, on s'attache beaucoup plus à produire des biens d'équipement que des biens de consommation. L'électronique et le plastique n'existent pas. Quand un enfant reçoit aujourd'hui pour cadeau de Noël, un TGV électrique, des jeux vidéo ou des jouets télécommandés, un petit garçon des années quarante trouve dans ses souliers un train en bois, qu'on tire avec une ficelle, une petite fille reçoit une poupée en Celluloïd qui se casse au moindre choc, et dont le design n'a rien à voir, c'est le moins qu'on puisse dire avec les délicates figurines d'aujourd'hui. Ajoutons à cela les restrictions et le contingentement, et on comprend que ces fameux colis renferment presque autant de symboles que de nourriture. Le problème, c'est quand ils reçoivent les boîtes de conserve. Nos amis ont mis au point un savant système pour les ouvrir avec une fourchette et une paire de chaussures ! Mais ça peut durer des heures.
Un luxe inouï, c'est l'arrivée d'une bouteille de vin. C'est pas du beaujolais ni du saint-émilion, c'est la piquette qu'on touche avec les tickets. Encore faut-il être classé travailleur de force pour avoir le droit de se rincer la dalle convenablement, mais de toute façon, il n'y a pas de quoi attraper une cirrhose.

« Des fois on recevait une bouteille de vin. Ils laissaient passer, les Allemands. On sait pourquoi ils laissaient passer, c'est parce qu'ils devaient croire qu'on arriverait pas à l'ouvrir. »

Ils savent ouvrir une bouteille de vin sans tire-bouchon. C'est simple, vous pliez une chemise en quatre ou en huit et avec assez de patience pour taper de façon répétée le cul de la bouteille contre la chemise plaquée au mur, il paraît que le bouchon finit par sortir. Il ne reste plus alors qu'à le tirer dès qu'on peut le saisir avec la main.

« On en a appris des choses. » (Christian).

Autre moyen efficace pour lutter contre le stress et l'ennui : le tabac. Mais comment parvenir à fumer, enfermé dans une prison, sans tabac, sans papier, sans briquet ? Toujours les fameux colis. Christian reçoit des boîtes de confiture, munies d'un double fond que les parents du jeune homme ont garni de tabac, avec du papier à cigarettes et des pierres à briquet. Quand ils ouvrent le paquet pour en vérifier le contenu, les Allemands n'y prêtent pas attention, non plus qu'ils n'imaginent le moins du monde que les vieux chiffons brûlés placés dedans ne sont pas là par hasard mais qu'ils vont être au contraire, d'une précieuse utilité pour le destinataire. Voici comment a lieu la synthèse de ces divers ingrédients, pour parvenir aux quelques bouffées de cigarette qui vous plongent dans l'extase ! À condition que le gardien chef soit de bonne humeur. Quand il écarte le judas pour regarder à l'intérieur, il voit bien quand la cellule est pleine de fumée. La pierre à briquet est encastrée dans un petit morceau de bois. Dans une prison, il y a toujours un bout de verre qui traîne quelque part, que l'on ramasse quand on sort pour la promenade. On s'efforce également de trouver une vieille boîte plate, genre boîte à cirage, dans laquelle les chiffons sont pilés pour faire un genre d'amadou. Il ne reste plus qu'à exciter la pierre pour produire des étincelles contre le chiffon brûlé qui ne tarde pas à devenir incandescent si l'on souffle dessus, comme pour allumer un feu. On allume la cigarette. Un vrai nirvana pour ces malheureux privés d'espace et dénués de tout. On ne fume jamais sa propre cigarette. On se repasse la même. Bien sûr on garde le mégot, c'est de la matière première pour en rouler une autre.

Ainsi va la vie au pénitencier de Saint-Quentin. Ça va durer comme ça jusqu'au 15 octobre 1943. Certes, l'espoir a changé de camp, mais les Alliés arriveront-ils à temps pour sauver tous ceux qui sont aux mains de l'ennemi ? Le renversement de l'équilibre des forces aurait conduit n'importe quel dictateur à rechercher une solution négociée, une reddition assortie de conditions propres à éviter l'occupation de l'Allemagne, comme en 1918. Pas Hitler. Beaucoup d'Allemands, acquis ou non à la cause totalitaire, tel von Choltitz, gouverneur militaire qui a sauvé Paris d'une destruction totale, savent que la cause est perdue, mais ils n'osent le dire haut et fort, tant le führer inspire la terreur autour de lui. Il faudra beaucoup de courage aux conjurés, von Stœffenberg en tête pour organiser l'attentat manqué du 20 juillet 44 dont les protagonistes seront pendus à des crochets de boucher, sous le regard des caméras. Le spectacle de leur lente agonie sera offert à la morbidité du führer, certain alors d'avoir été vengé !

Un lieu royal

Au matin du 16 octobre, une escouade de gardiens et de sentinelles surgit dans la cellule où dorment Christian et Michel. La pensée qu'ils viennent les chercher pour les fusiller a à peine le temps de leur traverser l'esprit que déjà un interprète leur dit de descendre immédiatement.
À 5 heures du matin, ça ne peut être qu'une exécution capitale. À demi paralysés, ils sont littéralement portés jusqu'au rez-de-chaussée où une vingtaine de codétenus sont déjà alignés, la face contre le mur.
Au lieu d'aller prendre place dans la file, Pic et Desseaux sont refoulés par le chef de l'opération, sous prétexte qu'ils n'ont pas pris leurs paquets. Tandis que les sentinelles se font copieusement engueuler, ils remontent sous bonne garde chercher leurs pauvres bagages, en étant malgré tout soulagé car, s'ils doivent emmener avec eux leurs affaires, c'est seulement qu'ils vont changer d'endroit. En bas, on leur rend leur ceinture, leurs bretelles, leur portefeuille, dans lequel Christian n'a ni papiers, ni argent mais seulement des écrits, quelques anecdotes, quelques lettres et son carnet de bord, miraculeusement rescapé des fouilles. Bien sûr on leur met les menottes, puis on les fait monter dans des camions bâchés. Ils ignorent la direction qu'ils vont

prendre. Peut-être partent-ils en Allemagne, dans des camps ? Ils seront astreints au travail sans doute, mais bien traités et bien nourris... Pour une fois que la discipline se relâche un peu, pendant le transport, on en profite pour converser. Un rien d'optimisme affleure dans les propos. On se félicite d'être encore vivants, après tout ce qu'on vient de vivre et les coups qu'on a reçus.

« Oui mais, dit l'un d'eux, si on part en Allemagne, rappelez-vous, ceux qui partent sont d'abord dirigés sur Compiègne, dans le camp de Royallieu, pour y être regroupés. »

La destination de Compiègne s'impose dès lors comme une évidence, au sein du groupe. C'est ça, on va à Compiègne. Incroyable, pour Desseaux, Pic, Camus, Rossi, Renart et les autres, tous de Compiègne, de revenir à Compiègne, même si c'est pour peu de temps. On espère bien voir ou apercevoir, qui un parent, qui un frère, une fiancée, une épouse peut-être ? Christian est trop jeune pour être fiancé. Mais il pense à ses parents. Peut-être verra-t-il son père qui sera alors définitivement rassuré sur son sort. Le fait est que René viendra par trois fois au camp voir son fils mais que par trois fois, l'autorisation lui sera refusée.
En approchant de Compiègne, Christian mesure aussi l'ironie de son sort qui va en faire un captif dans le camp de Royallieu, là où la Résistance l'avait précisément chargé de prêter main forte aux détenus, en cas de libération du pays ou si jamais ces derniers s'étaient révoltés, pour les aider à s'échapper. Car il existe, dans tous les camps de la Seconde Guerre mondiale, l'idée d'une sortie en masse. À Royallieu, ils sont des milliers à en rêver, en sachant qu'une partie seulement d'entre eux, peut-être même une petite partie parviendrait à échapper aux tirs des mitrailleuses installées dans les miradors. Le réseau Jean-Marie n'avait pas encore programmé l'opération dans le temps, mais il l'avait déjà planifiée dans son principe. Pons avait désigné Christian pour diriger l'attaque du camp.

Une telle mission ne lui faisait pas peur, malgré son importance, vu qu'il avait déjà démontré son courage et sa maîtrise dans des opérations du même style.
Début 43, ils apprennent l'arrestation d'un partisan. Ce dernier est emmené dans un poste de police allemand situé à l'orée de la forêt de Compiègne. Personne ne connaît son identité, mais qu'importe, ils se rassemblent en hâte en un commando de quatre hommes comprenant Guy Quintel, Jacques Henry l'ami d'enfance, un motard et Christian Desseaux. But de l'opération : délivrer le prisonnier. Les quatre surgissent dans le poste de police. Mains en l'air ! hurle Christian. La surprise est totale. Les Allemands n'ont pas le temps de riposter, ils sont sous la menace de Desseaux et Henry armés de revolvers, tandis que d'un coup de couteau, Quintel tranche la corde qui retenait le prisonnier ligoté sur une chaise. Quintel sort le prisonnier du poste, le fait monter sur le tan-sad de la moto qui attend dehors, le conducteur met pleins gaz et prend la fuite. Christian et Jacques se sauvent à leur tour en reculant, comme des gangsters. Aussitôt, une battue est organisée dans la forêt. Tapis dans les fougères, ils retiennent leur souffle en voyant passer tout près d'eux les Fritz, fort heureusement sans leurs chiens policiers qui les eussent à coup sûr débusqués.

« On n'en a pas tiré une gloire, c'était normal de sortir un camarade plongé dans des conditions pareilles. On n'a pas cherché à avoir des félicitations ni rien, on s'est séparés, on est repartis, on a seulement pensé à ce qu'on allait faire le lendemain. » (Christian).

N'empêche, toute modestie mise à part, du sacré boulot, pas d'effusion de sang, donc pas d'otages fusillés, un acte qui lui vaudra du reste une citation.
Le convoi arrive au camp de Royallieu, pénètre à l'intérieur, stoppe devant les bureaux où nos amis entrent, après qu'on leur ait ôté les menottes. On les inscrit sur le registre des

entrées, avec leurs nom, prénom, adresse... On les prévient, comme ils sont de Compiègne, que la moindre tentative d'évasion de leur part entraînera l'arrestation immédiate de leur famille. La menace est imparable.
Détenu pendant trois mois à Compiègne, Christian voit un jour dans le camp, un camion de vidange conduit par un ami de son père qui lui propose de le cacher dans ses soutes. Il est obligé de refuser, se contentant de faire dire aux siens que ça va aussi bien que possible, qu'ils ne se fassent pas de souci. Ils reçoivent un matricule. Lui, c'est le 20.922. « Vous devez le connaître par cœur car vous serez désormais appelés uniquement comme ça. Vous pourriez avoir de graves ennuis si vous ne répondiez pas quand votre numéro sera appelé. » (propos tenus par un interprète).

Une chance, on ne porte pas le numéro sur soi, mais les voilà prévenus. Les présentations peuvent continuer. Distribution de couverts. Du grand luxe : une gamelle, une fourchette, une cuiller. C'est comme à l'armée. Un morceau de savon en prime ! Puis ils sont conduits aux baraques. C'est la trois. Ils traversent la place d'appel. Impressionnant. Immense. De quoi contenir des milliers de personnes. Tous les camps de l'Allemagne nazie ont une place d'appel. Son seul nom évoque la tristesse et l'effroi. Parler de la place d'appel donne la nausée, aujourd'hui encore aux anciens déportés. C'est là qu'ont lieu les rassemblements, matin et soir, parfois aussi à la mi-journée, c'est mauvais signe. Des appels tatillons, qui peuvent durer des heures, debout par tous les temps, hiver, été... On compte et s'il en manque un, on recompte. Morts ou vifs, ça n'est pas le problème, pourvu qu'on puisse les compter. Combien sont morts de froid et d'épuisement pendant des comptages, en apparence dérisoires mais qui entrent dans la stratégie des brimades de la vie concentrationnaire.
Il y a un chef de baraque. Il est français. C'est un détenu qui a pris du galon. Il explique comment ça se passe. Le réveil, le lever, la discipline, les corvées, les fouilles, les

visites inopinées, les heures pour la soupe... Il montre les projecteurs qui balayent le camp, dès la nuit tombée, pour surveiller ceux qui tenteraient de s'évader ou qui transgresseraient le couvre-feu. Ceux-ci comme ceux-là passeraient sans sommation de vie à trépas, grâce aux mitrailleuses postées dans les miradors. Le chef de baraque attribue un châlit. N'allez pas croire que ce sont des lits individuels. Ils sont dix par paillasse. Des paillasses et des châlits qui ressemblent à ce que les Américains ont découvert, en arrivant à Dachau et à Buchenwald, où gisaient des squelettes remuants et hagards.

Le Fronstalag 122

C'est ainsi que les boches ont appelé le camp de Royallieu. S'ils n'ont fait qu'une chose de bien, c'est celle-là. Continuer d'appeler cela Royallieu eût été une insupportable provocation. À l'origine c'était une caserne. Des casernements édifiés au début de ce siècle, un peu avant la Grande Guerre pour faire face à l'accroissement des recrues, consécutif à l'allongement du service militaire porté à trois ans. Jusqu'à 1940, ces casernes furent occupées, tantôt par des régiments qui y tenaient garnison, tantôt par des hôpitaux militaires.

Quel que soit l'usage réservé à ces baraques, leur laideur est déjà une offense, dans ce paysage d'Île-de-France qui tente, aujourd'hui encore, de conserver ses équilibres naturels, ses forêts, ses sites sauvages et sa douceur de vivre, face à la marée noire des pollutions de toutes sortes.

Il faut remonter bien avant l'urbanisation tentaculaire du bassin Parisien pour retrouver les origines de Royallieu, qui s'est d'abord appelé Beaulieu, avant que Louis VI n'y fît construire en 1150 une maison royale et un hameau qui prit alors le nom de Royal-Lieu. Les rois de France dont Philippe Auguste, Saint Louis, Philippe le Bel et Philippe de Valois habitèrent ce palais, jusqu'à sa destruction par les Anglais en 1430.

Le Fronstalag 122 est commandé et administré par un aréopage de criminels de guerre composé d'oberleutnants, d'un kommandant, d'hauptmänner, de sonderführer, d'adjudants, d'unteroffiziere, de médecins et d'un haupsturmführer.
Dans son livre « *Compiègne 39/45* », André Poirmeur cite le nom de l'unteroffizier Prüssmann, ainsi qu'un autre sous-officier qui se sont montrés humains et ont rendu de grands services aux internés, jusqu'au jour où l'un d'eux a été fusillé. Les autres sont des criminels dont les dossiers, déposés au tribunal de Karlsruhe en 1947, sont restés dans les tiroirs. Ils n'ont jamais été inquiétés. Le plus ignoble de tous est le SS Erich Jaeger, trépané sur le font de l'Est, surnommé l'homme aux chiens, parce qu'il se promène en permanence dans le camp, prêt à lâcher ses molosses Klodo et Prado sur quiconque aurait seulement l'audace de le regarder en face. Il s'enivre avant de désigner les otages à fusiller, tâche à lui déléguée par le commandant du camp. Un autre unteroffizier inspire la terreur aux internés, c'est le dénommé Kuntz. Celui-là vivait pourtant en France avant la guerre, il était garçon de café à Montparnasse. De petite taille, le regard pervers, Kuntz fait durer les appels sous les prétextes les plus divers, parfois pendant des heures, même quand le compte est juste. Parmi les autres geôliers, un se signale encore à l'attention des détenus, c'est Andréas dit le boxeur, qui n'est autre que l'adjoint de Jaeger, un colosse dont le passe-temps favori consiste à simuler sans arrêt un combat de boxe, contre un adversaire réel ou supposé.
Les violences ne sont pas que physiques, les geôliers inventent aussi des subterfuges pour s'emparer des économies déposées par certains à leur arrivée au camp. On vole une bague à un prisonnier, on la revend à un autre à qui on rend pour la circonstance la libre disposition de ses fonds consignés au camp. Quelques temps après, le nazi s'empare de la bague entre les mains de l'acheteur, lors de la fouille qui précède la déportation. La revend et ainsi de suite.

À côté du camp central de Natzweiler-Strüthof situé dans le Bas-Rhin, où sont pratiquées la vivisection et la crémation, le territoire français compte deux autres camps qui servent pour le transit des déportés. Drancy est un ghetto où les Juifs arrêtés sont regroupés et entassés, jusqu'à soixante par chambre, avant d'être déportés à Auschwitz. Compiègne, c'est pour les non-juifs. Mais pour une fois, les nazis ne sont pas racistes. Ils font volontiers passer des Juifs par Compiègne si le besoin s'en fait sentir.
Le 12 décembre 1943 à trois heures du matin, mille cinq cents Juifs arrivent au Fronstalag, avant d'être dirigés vers les chambres à gaz. À part ça, c'est une tour de Babel : des communistes, des royalistes, des républicains, des bonapartistes, des démocrates, des bourgeois, des nobles, des prêtres, des pasteurs protestants, des Anglais, des Américains, des Hollandais, des Noirs, des Arabes, des Tziganes, des républicains italiens et espagnols livrés par Mussolini ou Franco, il y en a même qui sont arrêtés à la suite d'une confusion de nom et qui auront toutes les peines du monde à établir leur innocence. D'aucuns partiront quand même en Allemagne. En tout, 54 000 internés, dont beaucoup sont des résistants, entrent au camp entre juin 41 et août 44. Sur exactement 53 787 hommes, femmes et même enfants, 49 860 seront déportés et 2 300 massacrés sur place. On ne compte que 120 évasions en trois ans, et seulement 430 libérations.
Des faits comme ceux qui suivent arrivent tous les jours, surtout après l'inspection des hauts dignitaires nazis Brünner et Dannecker, venus tout exprès d'Allemagne pour faire de Royallieu un authentique camp de concentration, régi par la terreur, la barbarie et la corruption. Un jour, un détenu donne de l'argent à Andréas le boxeur, pour prix de sa complicité pour s'évader. Quand le malheureux est aux prises avec les barbelés, Andréas s'avance vers lui et le tue d'une balle dans la tête.
Un soir, une ambulance vient chercher cinq malades dont l'état exige une évacuation urgente vers l'hôpital, mais

comme il n'y a que quatre places dans le véhicule, le cinquième doit attendre près de la porte du camp qu'on vienne le chercher. Pris d'une soudaine folie, Jaeger lâche ses chiens sur le malheureux qui est taillé en pièces en quelques instants. Un SS peut renoncer au dernier moment. Un molosse, c'est inéluctable, il est dressé pour tuer sa victime qui sait qu'elle n'a aucune chance. Jaeger joue admirablement de cette peur ancestrale, mais il sait aussi à l'occasion, appuyer sur la gâchette.

La parole est à André Poirmeur dans *« Compiègne 39/45 »* (Édition Poirmeur à Compiègne) :
« Le 9 février 1943, un groupe d'internés méridionaux décida de s'évader et pour mettre toutes les chances de leur côté, imaginèrent de soudoyer les gardiens. Ces derniers, y compris Jaeger, conclurent le marché pour la somme de 300 000 francs à verser en espèces, en or et en bijoux qui fut effectivement remise. L'évasion fut fixée à minuit, les fugitifs devaient se frayer un passage à travers le réseau de barbelés, non loin du baraquement A1, et s'enfuir par la route de Paris. À minuit, après des heures d'attente, Jaeger coupa le courant, plongeant le camp dans l'obscurité totale. Deux Corses sortirent les premiers et, munis de cisailles, s'apprêtaient à couper les fils barbelés, tandis que quatre détenus attendaient près d'une fenêtre du A1, le cœur battant et deux autres à l'extérieur étaient prêts à les rejoindre. Brusquement, Jaeger rétablit le courant, les mitrailleuses et les mitraillettes entrèrent en action dans les faisceaux des projecteurs, braqués sur les malheureux. Deux hommes tombèrent aussitôt, un troisième, à genoux implorait le pardon et criait maman, maman. En vain, il fut abattu. Dans une épouvantable chasse à l'homme, les nazis se ruaient sur les fuyards et les abattaient sans pitié, à bout portant. Quatre s'affaissèrent sans vie, un cinquième, blessé, mourut le lendemain à l'hôpital, un sixième blessé lui aussi, évanoui, fut épargné : le revolver du nazi s'étant enrayé, il ne put lui donner le coup de grâce. »

Matricule 20922

Le Fronstalag 122 est un quadrilatère assez proche d'un carré mesurant 400 mètres de côté environ. Les façades ouest et sud, bordées d'un sentier, sont jalonnées par un mur. Les façades est et nord, respectivement bordées par la rue de Paris et la rue du Mouton, sont surmontées d'un treillage métallique, masqué de l'extérieur par une palissade de planches de trois mètres de hauteur. Voilà pour l'extérieur dont l'approche est gardée par de nombreuses sentinelles.

À l'intérieur, un chemin de ronde parcouru en permanence par des soldats en armes fait le tour du camp, tandis que des miradors placés aux quatre angles, ainsi que sur les côtés, équipés de mitrailleuses, surveillent jour et nuit ce qui se passe, aussi bien dedans que dehors.

Et comme si cela ne suffisait pas, les Allemands ont installé à l'intérieur du camp, près du chemin de ronde, deux réseaux parallèles de fils de fer barbelés et de chevaux de frise de 6 mètres de largeur qui forment un no man's land dont l'abord est rigoureusement interdit. La nuit, des faisceaux lumineux balayent sans cesse le périmètre. Malheur à qui est pris dans leurs rayons.

Une porte est destinée à l'entrée et à la sortie des internés. La grande porte principale est réservée aux Allemands. Elle ouvre sur un immense terre-plein de 230 mètres de longueur sur 160 de large, c'est la place d'appel autour de laquelle sont disposées les baraques, huit baraques pour le camp A, huit pour le camp B, huit pour le C, soit vingt-quatre baraques en tout. Vues de loin, elles sortent à peine de terre, avec leurs 60 mètres de long, leurs 15 mètres de large et à peine quelques mètres de hauteur. C'est pour ça que Poirmeur les compare à des maisons de poupée. Il a raison, sauf que dedans, on ne joue pas. C'est une discipline de fer. Les SS se promènent sans arrêt dans le camp, cherchant la plus petite occasion de provoquer et d'en découdre. Jaeger est omniprésent, il tourne en rond avec ses chiens qui n'attendent qu'un signe pour sauter sur un détenu et le dévorer. Pour échapper aux brimades, aux punitions, au cachot, un seul moyen, rester anonyme, passer inaperçu, raser les murs, réduire son personnage aux dimensions d'un matricule perdu dans la masse et rien d'autre.

En prison, il y a l'enfermement, insupportable, mais on est relativement protégé de l'hostilité des codétenus, aussi bien que des gardes-chiourme. Au camp, c'est le contraire, il y a un relatif espace vital où l'on peut, entre deux corvées, se mouvoir, jouer au ballon, se promener autour de la place d'appel, fumer, jouer aux cartes, mais il faut être sur le qui-vive sans arrêt, se garder de tout, des jaloux, des provocateurs, de ceux qui jettent sur des jeunes comme Christian des regards tantôt concupiscents, tantôt méprisants et dominateurs.

L'ambiance n'est pas bonne dans les baraques. Tout le monde se méfie de tout le monde. C'est pourri. Il y a des règlements de compte entre prisonniers, les meurtres sont fréquents. C'est la loi du plus fort. Les autorités du camp ne sont là que pour réprimer, pas pour faire régner, ne serait-ce qu'un commencement d'équité. Au contraire, les boches ne sont jamais aussi réjouis que lorsque leurs pensionnaires s'entre-tuent et se déchirent.

Les rixes et les disputes naissent souvent des marchandages et du trafic. Ici on reçoit plus de colis qu'à Saint-Quentin. Tout s'échange. Du tabac contre des cigarettes. Des cigarettes contre du vin. Du vin contre de la nourriture... Mais il n'y a pas que le troc. Certains ont de l'argent. Ils achètent ou ils vendent, une montre, une bague, un bijou... ils marchandent, c'est plus fort qu'eux. Preuve que le blindage et les fils de fer barbelés n'arrêtent pas la cupidité et la vénalité des humains.

Il est vrai que l'oisiveté pèse lourdement sur les comportements et découvre des penchants que les intéressés eux-mêmes ignoraient peut-être. Mais dans l'ensemble, c'est le spleen et la tristesse qui prédominent. Certains résistent mieux que d'autres. En pareilles circonstances, la sensibilité, la réflexion, l'analyse des événements, sont souvent des facteurs aggravants. Il y a aussi ceux qui ne croyaient en rien et qui se mettent soudain à croire. Ils vont dans la chapelle du camp.

« Ils vont prier, je ne sais quoi, peut-être la libération que le Bon Dieu va leur promettre. » (Christian).

Christian ne risque pas de faire du trafic, il n'a pas d'argent. Il est fumeur, mais il se garde de troquer la précieuse nourriture qu'il reçoit dans ses colis contre du tabac ou de l'alcool. Ses copains se sont procuré un système de fils électriques pour faire des résistances avec des petits morceaux de ferraille qui rougissent et qu'on plonge dans une casserole, pour faire chauffer la soupe et bouillir les légumes secs que parfois ils reçoivent. Ça se passe le soir mais il faut faire vite, avant l'extinction des feux car après, le courant est coupé.
Christian reçoit régulièrement des nouvelles de ses parents. Il reçoit également des colis, dont il ne pourrait se passer, compte tenu que la ration servie à Royallieu n'atteint pas 500 calories par jour. Les colis sont affichés le matin sur une liste nominative où figurent les noms des destinataires. On se présente avec sa couverture qu'on étale sur une table. Le préposé y déverse le contenu du colis et perce à l'aide d'une sonde métallique, les paquets qui sont à l'intérieur, pour contrôler qu'il n'y a pas d'objet prohibés, en premier lieu des armes. Il faut donc à tout prix faire savoir à sa famille qu'elle n'envoie ni confiture, ni marmelade, ni miel qui se répandent dans la couverture qui est bonne ensuite pour le lavage et le séchage, pendant qu'on dort sans couverture. De toute façon, une seule couverture ne suffit pas pour empêcher la déperdition de chaleur. Christian a beau dormir habillé, il a froid toutes les nuits. Le matin, on se lave à l'eau froide. Les pissotières sont dehors. L'hiver 43-44 ajoute aux conséquences de la faim et de la

malnutrition qui ruinent la santé de ces hommes menacés au surplus par des maladies infectieuses telles que la tuberculose qui est mortelle. Pour le moment, Christian n'a attrapé que des furoncles. Combien de temps encore sa robuste constitution le tiendra-t-elle à l'écart d'affections graves comme la fièvre typhoïde, la diphtérie, la pleurésie qui font des ravages dans la population des détenus ?
Royallieu est une tour de Babel nous l'avons dit, mais on n'y rencontre pas seulement tous les courants d'opinions et toutes les races. L'ensemble de ce qu'on appellerait aujourd'hui les catégories socioprofessionnelles y est également représenté. Sur la place d'appel, le médecin, l'ingénieur, l'industriel, l'officier, le prêtre sont au coude à coude avec le paysan, l'ajusteur, le boucher, le coiffeur... Certes, les gens se regroupent par affinité.
Des groupes entiers restent soudés suivant leurs origines, ethnique ou géographique, formant des blocs compacts, au voisinage desquels il ne fait pas bon se trouver, quand on est jeune comme Christian et qu'on ne peut pas y participer ? Mais on redevient seul face à l'autorité SS, au moment de l'appel, ou quand on fait la queue pour retirer un colis. Un jour, Christian consulte la liste des heureux bénéficiaires, et voyant que son nom figurait deux fois, se dit : « Chouette j'ai deux paquets »

Quand il se rend au bureau pour en effectuer le retrait, il aperçoit un homme d'un certain âge, avec des cheveux blancs, persuadé lui aussi d'avoir reçu deux colis. Pour une fois qu'un Allemand est de bonne foi, il faut le mentionner : le préposé à la remise des colis ne peut en effet remettre à la fois deux colis à Christian et deux à l'homme aux cheveux blancs. C'est alors que ce dernier se tourne vers le jeune homme et lui dit :
« Mais tu t'appelles comment, toi ?
– Je m'appelle Desseaux.
– Moi aussi » fait l'ancien, qui prend le jeune homme dans ses bras comme si c'était son fils ou son neveu.

Lui s'appelle Dessaux, D-E-2S-A-U-X. C'est un riche industriel dans l'agro-alimentaire. Il est le patron des VINAIGRES ET MOUTARDES DESSAUX à Orléans. Comme son jeune homonyme et malgré ses 65 ans, il n'a pas accepté la défaite. Le déferlement des troupes allemandes l'a fait sortir de sa réserve. Vu qu'il s'était déjà colleté avec les boches sur la Marne en 14-18, il aurait pu rester dans ses pantoufles et pourquoi pas, livrer des produits épicés aux Teutons.

Mais c'est ça un résistant, quelqu'un qui dit non, c'est pas possible, il faut faire quelque chose. N'était la différence d'âge entre Desseaux et Dessaux, la symétrie serait totale. Celui d'Orléans fait partie du même réseau que celui de Compiègne : le réseau Jean-Marie Buckmaster.
« Quel âge as-tu ? dit l'ancien.
– J'ai 17 ans.
– Eh bien dis donc ! »

Celui d'Orléans en est béat d'admiration.
« Elle sait que tu es là ta mère ? »

Et ils éclatent de rire ! Ils discutent aussi longtemps qu'ils le peuvent, chacun avec son colis sous le bras.
« Passe cet après-midi, on est plusieurs d'Orléans, tous des gens âgés, t'auras pas à te tromper. »

Dès lors, Christian sera moins seul. Presque tous les jours, les deux se rencontrent. L'ancien a pris le plus jeune sous sa coupe.
« Si on s'en sort, tu viendras à Orléans, tu vas voir comme on va fêter ça. »

Quelques mois plus tard, Dessaux est déporté à Buchenwald. Il résiste toute sa captivité mais il a tellement souffert, il est tellement affaibli qu'il meurt à Orléans, peu de temps après sa libération en 45.

L'après-midi qui suit, Christian va voir les Orléanais. Parmi eux, il y a un général Challes, général de brigade en retraite. Pas celui du putsch d'Alger, non plus qu'un officier de haut rang, parmi ceux qui ont conduit l'armée française à la défaite de 1940. Ceux-là ne sont pas ici. Ce jour-là, il serre également la main d'un certain Verschuren, prénom André ! Le destin est incontournable. Le futur roi du musette aurait aussi bien pu perdre la vie en déportation que faire danser la France entière après la guerre.
Christian était encore jeune en 1939 pour analyser la situation telle qu'elle s'est présentée à ce moment-là. Mais à Royallieu, il y en a qui sont plus âgés et que leur métier de journaliste, fonctionnaire ou avocat porte à réfléchir et à se dire que les Français ont été drôlement bernés.
Après avoir assisté sans broncher, successivement à l'occupation de la Rhénanie par la Wehrmacht, à l'annexion de l'Autriche et à l'agression contre la Tchécoslovaquie, pourquoi la France et l'Angleterre déclarent-elles la guerre à l'Allemagne quand celle-ci attaque la Pologne ? Fallait-il mourir pour Dantzig ? Supposons que oui. Encore eût-il fallu, alors, après lui avoir déclaré la guerre, attaquer l'Allemagne. Profiter qu'en 1939, les forces franco-britanniques alignaient 110 divisions, quand les Allemands, absolument pas prêts ne pouvaient en opposer 25.
« Je te déclare la guerre mais j'attends que tu m'attaques », telle est l'incroyable doctrine de la France à cette époque ! Après une courte offensive en Sarre, l'armée française s'arrête. C'est la "drôle de guerre" qui commence.
De temps en temps, un tir part de la ligne Maginot, s'en va heurter le blindage de la ligne Siegfried. Le coup d'après, c'est l'inverse. Ça dure comme ça de septembre 39 à mai 40. Le temps pour l'Allemagne d'achever sa préparation militaire, mettre au point sa stratégie, constituer ses unités blindées. Et le tour est joué.
On se demande laquelle de ces deux alternatives est la bonne ? Ou bien la défaite française était programmée, ou bien le niveau de notre état-major n'excédait pas celui

d'enfants de six ans, qui n'auraient jamais commis de pareilles erreurs quand ils jouaient à la guerre à la récréation de dix heures.

Les Grenoblois

Ils ne sont que quelques uns de Compiègne, face à des groupes nombreux qui s'efforcent de rester ensemble après leur arrestation. En général, Christian redoute ces groupes dans lesquels il est difficile de s'intégrer, à l'exception des Grenoblois, en qui il va découvrir quelques uns parmi ses plus fidèles amis.
Vers la fin novembre, Christian marche autour de la place d'appel avec ses compagnons Pic, Rossi, Camus, quand tout à coup, ils apprennent qu'il y a cinq cents personnes qui vont arriver. Même dans un camp de cette importance, l'arrivée d'un tel contingent, des jeunes pour la plupart, est un événement qui ne passe pas inaperçu. Ces gens vont apporter des nouvelles, on va savoir ce qui se passe à l'extérieur.
Cinq cents prisonniers qui sautent des camions, c'est impressionnant. Une foule. Pendant qu'on leur fait faire le tour du propriétaire, les commentaires vont bon train. Le bruit court que ce sont des résistants. Aussitôt installés dans leurs baraques, nos amis s'avancent vers eux et se mettent à écouter leur histoire.

Grenoble passe pour une ville où la milice tient le haut du pavé. Cette réputation sans fondement ne laisse pas d'exaspérer les milieux de la Résistance qui décident, pour lever une fois pour toutes l'ambiguïté, de frapper un grand coup. Une manifestation qui va avoir un retentissement d'autant plus considérable qu'elle est pacifique, destinée beaucoup plus à secouer les esprits (on dirait aujourd'hui un effet médiatique) qu'à bousculer les Allemands. Une manifestation qui dénote de la part des auteurs, un sacré culot mais qui va aussi leur coûter cher.

Le 11 Novembre 1943, les maquisards décident rien moins que de déposer une gerbe et des drapeaux au monument aux morts des Diables Bleus à Grenoble. Sitôt la cérémonie commencée, des gens accourent, n'en croyant pas leurs yeux, ni leurs oreilles car, outre les fanions et les étendards, une clique est également présente pour interpréter la sonnerie aux morts.
Aussitôt prévenus, les Allemands déclenchent une opération de grande envergure avec des fantassins et des automitrailleuses qui repoussent d'abord les manifestants vers la place Paul Mistral, avant de boucler le quartier et de rafler tout le monde, en tout mille personnes. Ceux qui arrivent à prouver qu'ils étaient de simples badauds sortant du travail, ainsi que les enfants et les vieillards, sont relâchés. Les autres, des résistants pour la plupart mais aussi des gens qui ont tenu à faire acte de citoyenneté, en ce 11 Novembre, en assistant à la commémoration du glorieux passé de leur pays, sont bouclés dans plusieurs établissements pénitentiaires de la ville, puis regroupés et envoyés à Compiègne.

« Ça fait du bien au cœur, les Français sont pas tous des salauds, c'est des gens qui ont du courage » se dit Christian, à propos de ces Grenoblois.

Parmi eux, Yves Santis, Martinelli, Georges Vivier, avec lesquels notre héros va se lier et dont on reparlera, car eux aussi connaîtront les affres de la déportation.

La belle

Comme beaucoup de lieux de détention, Compiègne est un réservoir dans lequel les nazis puisent lorsque l'état-major allemand réclame des otages. Ça se passe le plus simplement du monde. Le commandant du camp adresse une note au maire, lui ordonnant, quotidiennement ou presque, de réserver et de creuser tant de tombes pour tel jour.

C'est Jaeger, l'homme aux chiens qui désigne les otages, selon son humeur ou selon ses pulsions d'alcoolique. Il faut éviter à tout prix qu'il vous connaisse ou pire, qu'il sache votre nom. Il ne faut jamais le regarder. Votre visage doit lui être inconnu. Sinon, un regard qu'il juge déplacé et on peut être aussitôt inscrit sur la liste. S'ajoutant à tout le reste, se demander à chaque instant si on ne va pas servir d'otage a de quoi déstabiliser et rendre fou le plus équilibré d'entre nous. D'aucuns, estimant qu'ils n'ont plus rien à perdre tentent le tout pour le tout. C'est rare mais parfois ça réussit. Dans le camp, il existe un atelier où sont fabriqués des paillassons destinés à camoufler les avions au sol. Ce sont des Espagnols qui travaillent à cette tâche. Mais un jour, l'idée leur vient de se glisser dans les paillassons au moment du transport. Ils sont plusieurs à avoir réussi à s'évader de cette manière. Rendus furieux, les Allemands enfoncent des baïonnettes à travers chaque nouvelle expédition, en vain, il faudrait être bien sot pour réitérer tout de suite cette façon de s'enfuir.

La suite c'est André Poirmeur qui nous la raconte :
« La plus spectaculaire des évasions et la plus réussie fut relatée par Cogniot et Désirat qui y prirent part. Elle avait été menée de façon magistrale dans le plus grand secret puisque certains bénéficiaires n'en furent avertis qu'au dernier moment. Les auteurs du projet avaient réussi à mystifier le feldwebel en lui faisant admettre que le puisard voisin de la cuisine était engorgé (ils l'avaient bouché à la surface) et que l'odeur qui s'en dégageait et l'écoulement des eaux sales, non seulement incommodaient grandement les cuisiniers, mis dans le secret, mais menaçaient de provoquer des épidémies. Le feldwebel, persuadé qu'un nouveau puisard était devenu nécessaire par mesure d'hygiène, ordonna à quatre hommes de faire le forage d'urgence. Un puits fut creusé à trois mètres de distance du puisard incriminé, par deux mineurs du Briey et de Neuves-Maisons, lesquels, secrètement, amorcèrent un

tunnel en direction du mur d'enceinte. Ce nouveau tunnel recoupait l'ancien puisard qui devenait ainsi une décharge naturelle. Un gros tisonnier transformé en un ciseau à froid de 30 centimètres forgé sur le fourneau de cuisine, une truelle dérobée, un piochon de maçon fabriqué grossièrement constituaient un outillage de fortune. Deux hommes seulement travaillaient à la fois dans le nouveau puits, au ralenti, et cette lenteur n'était pas sans inquiéter le feldwebel qui venait fréquemment constater l'avancement des travaux. Son apparition était annoncée par des coups au sol et des chansons, et les mineurs affairés dans le tunnel cessaient immédiatement les travaux. L'Allemand ne voyait dans le fond du puisard que deux hommes épuisés mais qui s'arrangeaient bien pour masquer l'entrée du souterrain.
Afin de ne pas compromettre le projet d'évasion par une durée des travaux trop longue, il fallut se résoudre à terminer ceux du puisard dont la mise en service réjouit énormément le feldwebel et les cuisiniers qui ne tarissaient pas d'éloges. Les travaux reprirent à l'intérieur du bâtiment E2 dans un très petit local à l'Est de leur chambrée dans lequel les hommes découpèrent dans les règles de l'art une dalle de 0,70 X 0,50 dans le ciment du sol. Ils ouvrirent une trappe dans le plafond pour le passage d'un camarade chargé de disperser les vingt tonnes de terre provenant des nouveaux travaux. Après des semaines de dur labeur, suffoqués par le manque d'air et la chaleur dégagée par les lampes électriques dérobées au matériel, des hommes exténués arrivaient à l'air libre à la sortie d'un souterrain de 48 mètres de long et de 0,60 à 0,70 de section dont une quinzaine de mètres avaient été creusés en même temps que le puisard. Restait à établir la liste des bénéficiaires. Ce fut l'occasion d'une douloureuse délibération. Tout le monde admettait qu'un choix s'imposait, une évasion massive pouvait être fatale. À l'extérieur du camp, les FTP prévenus montèrent la garde auprès de la sortie du souterrain afin de piloter et d'aider les fugitifs. La date d'évasion était fixée au 18 juin. En cas d'accident, ma femme et moi

devions héberger les fuyards et, le cas échéant les blessés. Jacques Bourgeois, Robert Georgelin, Leroy le père et son fils Claude, Marcel Lefort se relayèrent en vain trois nuits de suite, à peu de distance des sentinelles allemandes. Leroy nous fit part de ses inquiétudes et de ses craintes quant à l'issue de l'aventure, mais le surlendemain, il nous annonçait que les évadés avaient choisi le moment le plus favorable pour s'échapper, et personne ne les attendait plus. En effet, alors que les nazis se remettaient de leurs libations du dimanche, les internés avaient organisé une grande fête au camp : on jouait Clochemerle ce soir-là et dans la journée, il y avait eu même une corrida, un jeu d'échec vivant, du sport mais le soir, des perturbations malencontreuses dans le courant électrique gênèrent les spectateurs, internés et gardes-chiourme. Cependant, elles furent mises à profit par 19 hommes qui s'enfuirent, accueillis à leur sortie du souterrain par un immense bouquet de blé vert qui s'agitait en attendant le dernier faucheur. Livrés à la liberté, ils se séparèrent, les uns partant vers Meaux, à travers la forêt, huit autres prenant le train au Meux, à 10 kilomètres de Compiègne, sans plus de façon.
Le lendemain, Jaeger déchaîné lança ses chiens sur la piste des fuyards, sans succès. Des généraux dont von Stulpnagel et un état-major d'officiers nazis vinrent enquêter sur place étant donné la personnalité des évadés et furent stupéfaits par le magnifique travail accompli. Le kommandant Pelzer et le feldwebel jurèrent qu'on ne les y prendrait plus et infligèrent des sanctions rigoureuses à l'ensemble des internés considérés comme complices : trois heures de marche par jour dans le camp, mise au secret, brimades de toutes sortes furent leur lot pendant plus d'un mois. La nuit suivante, un avion inconnu larguait à basse altitude ses bombes sur le camp, qui endommagèrent les bâtiments B1 et B2. Les internés ne bougèrent pas. Par expérience. Ils étaient persuadés qu'il s'agissait de représailles et que des gardes-chiourme les attendaient à la sortie pour les massacrer. Vraisemblablement. »

Si Poirmeur nous a détendu avec son histoire de puisard et ses dix-neuf évadés, il n'en va hélas pas toujours ainsi ; les évasions sont rares, pas plus de cent vingt en trois années. Même en y ajoutant les quatre cent trente libérations intervenues dans le même temps, ça ne fait pas beaucoup de fins heureuses parmi ceux qui entrent ici.

Appel général

Ceux qui partent n'ont pas besoin de savoir où ils vont ni ce qui les attend, l'idée même de la déportation est une souffrance qui ne préjuge en rien des conditions ultérieures de la détention.
À Compiègne, des convois rassemblent jusqu'à trois mille déportés. C'est au moment de la soupe de midi qu'on prévient tout le monde qu'un appel général aura lieu à 14 heures. À l'heure dite, l'entière population du stalag écoute dans un silence de mort, l'appel des numéros énoncés par le doyen du camp. Ceux qui sont appelés doivent retourner à leur chambre, faire un paquet des affaires qu'ils détiennent et l'apporter sur une table installée sur la pelouse. Ces affaires seront retournées à la famille.
Le lendemain, les déportés prévus pour le départ remettent argent, pièces d'identité, couteaux, papier à lettre, tabac, cigarettes, allumettes, vivres, et tous les petits effets personnels auxquels on est attaché, parce qu'ils renferment un peu de nous-mêmes, un peu de ceux qui nous sont chers, ou parce qu'ils symbolisent un événement, un passé, une époque. L'autorité nazie remet en échange, une carte où il est imprimé ces quelques mots : « Je serai transféré dans un autre camp, ne m'envoyez plus de colis, attendez ma nouvelle adresse ».

Puis a lieu une dernière fouille où les partants se présentent par dix, déshabillés et déchaussés. Ils se voient retirer tout objet interdit. Ils sont ensuite conduits au camp C pour y passer une dernière nuit, sur quelques brins de paille épandus sur le sol. Les bruits les plus fous courent. Les partants deviendront des travailleurs libres, bien payés, ils auront droit au courrier, ils auront des permissions, et bien d'autres avantages encore. Des lettres sont lancées à la hâte sur la chaussée, pour que les habitants les recueillent et les fassent parvenir. Ceux qui s'en vont serrent avec effusion et embrassent ceux qui restent. Le lendemain a lieu une distribution de vivres de route composée de 1200 grammes de pain, d'un morceau de saucisson savamment épicé qui les fera terriblement souffrir de la soif et d'un bout de margarine.

Passons une dernière fois la parole à Poirmeur qui les accompagne jusqu'à la gare.
« Par la rue de Paris, les déportés passaient au pied de la tour du Beauregard, dont les onze siècles d'existence furent les témoins de ces pitoyables marches aux enfers, capables d'émouvoir ses vieilles pierres. Parfois au passage, des infortunés avaient l'ultime consolation d'entrevoir une femme, un parent, un ami, avertis en hâte par un courrier clandestin, cependant que la population malmenée, refoulée, tentait d'escorter ces pauvres gens et adressait des signes d'espoir et d'affection. »

Christian

Le rituel ne change guère. Le 14 janvier 43, les SS donnent l'ordre à tout le monde de se rassembler à 14 heures, sur la place d'appel. Tombe comme un couperet dans la liste, le matricule 20.922 ! L'heure de ce que Christian croit encore n'être qu'un exil a sonné. On n'a pas le choix. Faut y aller. À Royallieu, on était tout près de sa famille, même si on ne se voyait pas, elle nous protégeait. Et puis, on s'était pris à rêver : les alliés ne tarderaient plus à venir nous délivrer. C'est vrai qu'en ce début 44, les choses évoluent rapidement, le sud de l'Angleterre ressemble déjà à un camp retranché d'où se prépare à appareiller la plus formidable armada de tous les temps. Mais les Allemands ont foi dans la détention d'armes nouvelles. Le Reich pour mille ans, c'est pas foutu. Ils y croient. Ils ont Wernher von Braun, superstar de la balistique qui va les sauver. De celuici on reparlera, tiens. En attendant, Montaigne avait bien raison de dire : *« Science sans conscience n'est que ruine de l'âme »*. Et les Allemands de continuer à déporter à tout va !

Ultime fouille. Ils sont mille cinq cents à se présenter en file indienne devant cinq ou six Allemands qui ont l'œil à tout. Ils fouillent dans les poches mais pas seulement. Un déporté qui n'a pas l'air bien, ils le font déshabiller complètement. L'un d'eux s'est logé un tube dans l'anus, dans lequel il a roulé une carte d'identité, une photo et quelques billets de banque. Découvert, il est pris à part, assommé puis battu avec une cravache, jusqu'au sang. Avant d'aller reprendre sa place dans la file. Vient le tour de Christian. Plus chanceux, il passe devant un militaire de la Wehrmacht qu'il a connu l'année dernière quand il travaillait à l'état-major. Le type n'en revient pas de le voir là.
« Ben, qu'est-ce que tu fais là ? lui dit-il.
– Je n'en sais rien » dit Christian.

En douce, l'Allemand le fait passer sans le fouiller. Sûrement un qui est là parce qu'il n'a pas pu faire autrement. Et dire qu'il y en a qui voient dans l'obéissance une vertu ! Vient enfin la distribution des vivres pour le voyage. C'est comme d'habitude : douze cent grammes de pain, un morceau de vourch salé à dessein, un bout de margarine. Pas d'eau !

À présent, les formalités du départs sont terminées. Ils retournent dans le petit camp où ils vont finir la journée et passer leur dernière nuit en terre française.
Demain sera le 16 janvier 1944.

5

LA DESCENTE AUX ENFERS

Les nuits passent ; ils ont plus de chocs et de plaies
Que les suppliciés promenés sur des claies
VICTOR HUGO

LE DESTIN D'UN HOMME comporte de surprenants détours. L'histoire en général n'est-elle pas la somme des histoires individuelles ? À l'inverse, le sort d'un individu dépend du contexte dans lequel il est placé.

Ce contexte, c'est le deuxième conflit mondial, que nous devons pourtant quitter, le temps d'une courte référence à ce qui s'est passé après la guerre.

Un jour, nous assistions à un spectacle son et lumière au pied des Pyramides. On apercevait les sommets de Gizèh, Khéops, Khéphren, Mykérinos éclairés, tandis que la belle voix de Jean Topard faisait resurgir de la nuit des temps, la fabuleuse épopée de l'Égypte ancienne. Moment inoubliable. Le lendemain, le guide nous apprit que ces géants de pierre avaient été édifiés pour servir de monuments funéraires aux pharaons, par des peuples d'esclaves ?

Si on regarde l'Histoire, combien de réalisations n'ont été rendues possibles que grâce à l'esclavage, dont le déclin est une des causes de la chute de l'Empire romain. La politique n'existe pas, ou elle n'est que le faire-valoir de l'économie. Les pires régimes, les idéologies les plus perverses ne visent finalement qu'à s'approprier les richesses au moindre coût. Quelle aubaine pour des dictateurs sans scrupules que d'avoir à leur disposition, une armée d'esclaves qu'on ne paie pas et sur lesquels on a droit de vie et de mort. Des stücke, comme disaient les Allemands.

Si les merveilleux guides coptes, francophones pour la plupart qui parcourent la vallée du Nil au service du tourisme, précisent que les pyramides du Caire, les temples de Louksor, les hypogées de la Vallée des Rois et des Reines, les colosses d'Abou Simbel ont été édifiés grâce à une main-d'œuvre d'esclaves, aucun guide ne vous dira en revanche, si vous visitez le site de Cap Canaveral, alias Cap Kennedy que les fusées porteuses de cette fin de vingtième siècle ont été fabriquées elles aussi par un peuple d'esclaves. Et pourtant...
Une capsule qui emmène des terriens par-delà le cosmos pour alunir en juillet 1969 sous les regards du monde entier, c'est merveilleux. On pourra faire des observations depuis l'espace, utiles à l'agriculture, détecter les richesses du sous-sol, localiser les zones de pollution et j'en passe. Un piéton dans l'espace : on rêve ! Ce monde merveilleux, tant attendu, le voici enfin. Plus de famines dans l'est africain, de frappes dites chirurgicales sur Bagdad, de missiles Scud sur Tel-Aviv, plus de bombes à billes sur Hanoi, de massacres au Rwanda, de déforestations massives en Amérique du Sud, plus d'hydrocarbures dans les océans et les mers, de purifications ethniques en Bosnie, plus d'invasions en Afghanistan, plus de maladies pernicieuses comme le Sida et le cancer. Et bien sûr plus de chômeurs. Au moins, les esclaves auront servi à quelque chose. On y a mis le prix mais ça valait la peine.

Il n'y a pas que les Américains. Il y a aussi les Soviétiques. Le Spoutnik en 57, Gagarine en 61, le chienne Laïka, Soyouz, les voyages prolongés en apesanteur où le système osseux se transforme peu à peu en gélatine, les exploits de notre Jean-Lou national, ça c'est Baïkonour. Encore, au pays de l'Oncle Sam, vous pouvez respirer un peu d'oxygène. Chez l'ex-camarade Tovaritch, c'est fini. Ce que la Russie soviétique a légué à l'actuelle Russie, c'est un désert, pas seulement économique et culturel, mais également écologique. À Mourmansk, un habitant sur deux est atteint d'un cancer. Tchernobyl, n'en parlons pas. Au bord des lacs sibériens, sur la Caspienne, les décharges nucléaires sont à ciel ouvert. Ici, les fusées porteuses n'ont servi à rien, qu'au prestige momentané de la défunte Union soviétique. C'est pourtant les mêmes esclaves qui les ont fabriquées. Il n'est pas jusqu'à notre Europe, la France en particulier qui n'ait jugé utile d'avoir sa quincaillerie spatiale, née dans la soute à bagages des savants nazis en fuite vers l'Occident. Seul parmi les grands de la technologie, le Japon n'est pas très performant dans les vecteurs spatiaux et pour cause, il n'était pas présent sur la montagne du Harz, en mai 45.

Sceptiques ? Lisez ce qui suit. Ce n'est ni un roman, ni un conte de fée. Une réalité implacable. Incontournable. Qui a avancé d'au moins un siècle la marche de Neil Armstrong sur le sol lunaire.

Voyage à Pitchipoï

Aller à Pitchipoï est une vieille expression tirée du Yiddish qui veut dire qu'on va quelque part mais on ne sait pas où. Qu'est-ce que tu fais dimanche ? Au lieu de dire je ne sais pas, un Juif répondrait : « Je vais à Pitchipoï ».

Quand on arrêtait les Juifs pendant la guerre, ils disaient, presque en plaisantant, loin de se douter où les emmenaient les trains de la gare de l'Est : « Je vais à Pitchipoï ».

Ils ne partaient certes pas de gaieté de cœur. Mais ils s'étaient résignés à l'exil. Puisque la dureté des temps l'exigeait. Au bout du compte ils reviendraient, en attendant ils devraient vivre loin de chez eux, travailler dur sans doute mais avec un salaire correspondant à leur labeur et des conditions d'existence normales. Un genre de kibboutz, qui sait ? Voilà pourquoi tant de Juifs se sont laissés embarquer sans méfiance. Puisqu'ils n'avaient rien fait.

De là aussi, l'idée parfaitement saugrenue selon laquelle les Juifs se seraient laissés immoler sans réagir. Dire que les Juifs ont été passifs est une des formes les plus insidieuses d'antisémitisme, parce que manipulée et inconsciente. Au fond, c'est un peu leur faute. S'ils avaient eu des chiens de garde, les policiers français n'auraient pas pu venir les arrêter. Si les hommes avaient refusé de montrer leur sexe, on n'aurait pas su qu'ils étaient Juifs. Si les femmes du Vel d'Hiv avaient crié un peu plus fort, on n'aurait pas pu leur arracher leurs enfants des bras. C'est le contraire qui s'est produit. Beaucoup de Juifs, en dehors des vieillards et des enfants ont préféré mourir les armes à la main, devenir des résistants, plutôt que d'être sacrifiés rituellement sur l'autel de la barbarie nazie, seulement parce qu'ils étaient Juifs.
Autre catégorie d'antisémites, plus dangereux encore parce que provenant des milieux intellectuels : les révisionnistes. Ceux qui n'osent pas se déclarer favorables à l'holocauste, disent que ça n'a pas existé. Il n'y a pourtant pas que les Juifs qui partent à Pitchipoï ; les autres aussi. Dans les mêmes wagons à bestiaux dépourvus de fissures pour laisser passer l'air. Voici d'ailleurs comment Christian a vécu ce voyage, au-delà de l'imaginable.

16 janvier 1944

Ils sont 2000 à partir vers 11 heures du matin du petit camp de Royallieu. Ils se dirigent, en rang par cinq, sur la gare de Compiègne. Les sentinelles réparties tous les cinq mètres, accompagnées de chiens policiers, empruntent les bords de l'Oise pour éviter le centre ville. Les SS seraient-ils devenus pudiques? On ne peut cependant éviter tout à fait les zones habitées ; les rideaux s'écartent discrètement derrière les fenêtres qui jalonnent le parcours. Compassion teintée de curiosité, certains prennent des photos.
Le groupe qui s'étire sur près d'un kilomètre passe au pied de la Tour de Beauregard. Cinq siècles après que Jeanne d'Arc y fut emprisonnée, il reste encore de la guerre de

Cent Ans, une statue équestre et des vieilles pierres mais qui ne peuvent plus rien contre les malheurs contemporains de la France ; l'ennemi héréditaire n'est plus l'Angleterre.
On franchit le pont sur l'Oise. Les guérites sont toujours là, avec leurs factionnaires, de part et d'autre du fleuve. Les Allemands se saluent, se congratulent. Soudain, le cortège s'arrête. Une tentative d'évasion ; quelqu'un s'est jeté dans l'Oise. Les Allemands attendent qu'il revienne à la surface et font un carton sur le malheureux, dont le sang colore un instant les eaux glauques, avant de disparaître à jamais. Le responsable comptabilise soigneusement le mort, car il doit y avoir le compte à l'arrivée.

On passe au Port-à-Bateau, et bientôt c'est la gare de Compiègne. Il y a beaucoup d'animation. C'est l'heure des trains. Le Bar du Nord, le café des copains. Reverront-ils jamais ces lieux où leur jeunesse venait à peine de commencer ? Ça gueule de tous les côtés, les chiens aboient. Le groupe est canalisé pour franchir l'accès aux quais entre deux barrières derrière lesquelles ont pu se rassembler, sans pouvoir être repoussés par les Allemands, les familles et les amis. René Desseaux est de tous les convois. Cette fois, il aperçoit son fils. Il en a les larmes aux yeux. Les deux hommes se font des signes. Ils parviennent à échanger quelques paroles : « Courage, dit René, surtout, n'abandonne jamais l'espoir ».

À côté de René, il y a le père de Camus. Il s'adresse également à son fils, debout aux côtés de Christian : « À bientôt ». Las, Camus ne reviendra pas. Il décédera à Dora. Dora ! Retenez bien ce nom.

Un important convoi ferroviaire stationne toutes portes ouvertes le long des bâtiments de la gare de marchandises. Trois plates-formes transformées en nids de mitrailleuse, deux voitures de voyageurs pour le personnel, si on peut dire d'accompagnement, le reste, des wagons à bestiaux, une vingtaine en tout qui attendent leur cargaison humaine. Parfois on dit : « C'est malheureux, voir ça au vingtième siècle ! ».

Le vingtième siècle ? On disait déjà cela au premier, Dieu venait de donner son fils unique pour sauver le monde ! On disait cela au second ; on disait cela au cinquième, au dixième, au seizième, celui de la Renaissance tenez ; au dix-huitième siècle, celui des lumières. Et c'est toujours la même chose. La mort toujours recommencée. L'homme est un chasseur. Il lui faut du sang. Celui des autres évidemment. Le nazisme est une explication nécessaire mais pas suffisante. Elle jette un voile pudique sur une réalité vécue par des êtres humains, quand d'autres êtres humains les chargent dans des bétaillères où la paille distille une odeur que les animaux savent reconnaître, quand ils grimpent dans la camionnette du boucher.
Les hommes eux aussi, réalisent qu'ils vont à l'abattoir. Les SS cognent à tout va pour les faire entrer dans ces cercueils à roulettes. Coups de crosse, coups de cravache, coups de pieds, il n'y a guère de différence entre leurs cris et les chiens qui aboient, sauf que les insultes sont crachées dans la langue de Gœthe. D'aucuns ont le visage ensanglanté par les coups, les infirmes, car oui il y a des infirmes, sont piétinés dans la bousculade et l'affolement qui précède juste la fermeture et le plombage des wagons.
Ceux de Compiègne sont parvenus à rester groupés.
Il doit y avoir une erreur. Attendez, je vais leur dire, ils ont pas dû se rendre compte : « Eh ! Faut ouvrir la porte. On n'a pas d'air. On peut pas voyager comme ça ».

Réponse : les lucarnes censées fournir de l'oxygène pour 25 hommes ou 8 chevaux sont obturées avec des plaques de fer et du fil barbelé.

Maintenant, l'obscurité est totale.

« Merde c'est vrai, ils parlent pas français, ils ont pas dû comprendre. Il y a quelqu'un qui parle allemand, là-dedans ? Dépêchez-vous, on étouffe. »

Le silence. La consternation.
Le temps de réaliser et tout est clair. Nous faire crever, c'est ce qu'ils veulent. Y en aura pas pour tout le monde. Sous peine de mourir étouffé, il faut à tout prix accéder aux interstices du wagon où arrive à pénétrer un mince filet d'air. La préséance et les civilités, même entre gens bien élevés, ce sera pour plus tard, si jamais on s'en sort. Pour le moment, il faut survivre. Plaintes, hurlements, imprécations, ils se bousculent, s'arrachent les vêtements, se jettent des coups de pieds, des coups de poings, s'étranglent. Déjà des victimes. Ceux-là n'auront plus besoin d'oxygène.
Dehors les SS rigolent, pendant que d'autres tassent le reste des bannis dans les autres wagons. La voiture d'à côté est un transport de matières premières, entièrement métallique. Pas d'interstices entre les bois, comme dans les wagons à bestiaux. Dans celui-là, pas de lutte pour la survie. Tous morts. Étouffés. Avant même que le funeste convoi ne s'ébranle et que le crépitement du rail ne vienne rythmer, le plus familièrement du monde ce voyage de l'apocalypse.

16 heures.
Malgré la mêlée, Christian a réussi à retrouver ses copains, Camus, Pic et Renard ; ils forment un petit groupe à part ; ils ont trouvé une fente vers la porte, qui laisse entrer un peu d'air, même un peu de lumière. Court répit. Autour d'eux, on continue de s'assommer, et de se débattre. Des cris : « J'étouffe ! », « Je vais mourir ! ».

La mort et la folie vont se partager une à une leurs victimes. L'infime quantité d'air frais qui arrive à pénétrer est d'autant plus vite consommée que l'agitation est grande. C'est alors qu'une voix s'élève, prêche le calme : « Sans cela, nous allons tous mourir » dit la voix.

C’est un curé du XIe arrondissement de Paris ; il en appelle à Dieu pour intercéder en leur faveur. Cette référence divine a le don de calmer l’agitation. On dirait que les murés vifs, bien qu’ils aillent chercher loin encore dans cette atmosphère raréfiée et dans la puanteur, chaque pulsation cardiaque, respirent mieux.

17 heures.
De légers tremblements agitent le wagon. C'est le départ. Aussitôt que le train se met à rouler, ils sentent venir à eux comme une manne. De l’air frais provoqué par le déplacement du véhicule leur parvient, en quantité trop faible pour qu’ils puissent se réoxygéner et retrouver leurs forces, mais suffisante pour survivre. Bien que couvert de sang, Christian, qui est non seulement animé par la rage de vivre mais s’efforce aussi d’analyser les événements et de réfléchir sur ce qui l’entoure, s’est aperçu que dans de telles circonstances l’oxygène était bien l’aliment premier. Que l’eau ne venait qu’après, pourtant, la soif va être terrible. Leur capsule qui ne préfigure en rien celle des futurs astronautes, conviendrait à peine pour une soute à bagages dans laquelle ils vont pourtant devoir résister pendant trois jours sans boire. Parmi les cas de mortalité, beaucoup seront dus à la déshydratation. Ils se débattront dans des souffrances atroces, avant que les lésions irréversibles dont ils sont atteints ne les plongent dans le coma puis la mort.

Christian se rend compte qu’il y a ça et là dans le wagon, des sources d’humidité. Il arrive à sucer de minuscules glaçons, issus probablement de la vapeur d’eau dégagée par les corps qui s’agitent, condensée ensuite sur les parois de la capsule puis durcie par le gel. Car nous sommes en hiver. Il neige. Il fait froid. D’après Victor Hugo, les soldats défaits du premier Empire avaient les entrailles des chevaux pour s’abriter du froid, pendant la retraite de Russie. En 1944, les partisans de la France libre n’ont pas, si j’ose dire, cette chance. Bientôt, ils seront déshabillés complètement et ils n'auront plus comme alternative que mourir de froid ou périr étouffés dans le magma des corps, agglutinés pour essayer de garder le sang chaud.

Les Espagnols

Dans le pays des droits de l'homme, nombreux sont ceux qui en 1936 n'ont pas envie de voir s'installer au pays de Cervantes, un régime intégriste, nationaliste et autocratique. Ils rêvent d'un corps expéditionnaire français en Espagne, dans lequel ils ne manqueraient pas de s'engager pour aller prêter main forte aux républicains assiégés par l'armée coloniale, aidée par les légions mussoliniennes et les blindés et les avions du Reich. Las, l'esprit munichois, ouvert à toutes les capitulations et tous les renoncements l'emporte, tant en Angleterre qu'en France. Le coq gaulois a rendu les armes. *« Qu'on nous foute la paix, une bonne fois pour toutes. »* chante Maurice Chevalier, quand il fait la tournée des popotes, pendant la drôle de guerre. L'esprit est au tandem, à l'accordéon et à la guinguette au bord de l'eau, pas aux bruits de bottes qui résonnent à nos frontières. La défaillance des démocraties oblige les initiatives individuelles à se grouper pour fonder les Brigades Internationales. Des personnages aussi considérables qu'André Malraux en font partie ; l'Union soviétique, seul état à participer es qualité à la guerre d'Espagne envoie des troupes mais ça ne suffira pas. Franco l'emporte. Résultat : des dizaines de milliers de républicains franchissent les Pyrénées. Beaucoup sont arrêtés à partir de 1939 et internés pour délit d'opinion. Nombreux à Royallieu, on les retrouve naturellement dans les trains de la mort en partance vers l'Allemagne. Les Espagnols forment un groupe dans le wagon de Christian. Toutes origines confondues, on ne rêve que d'une seule chose : s'évader. Seulement voilà, dans des situations pareilles, entre groupes ethniques différents, qui ne se comprennent pas, il n'y a rien ni personne pour fédérer les initiatives ni les énergies.

D'abord, il y a ceux qui sont partisans d'une évasion. Des jeunes pour la plupart. Les autres sont contre, les vieux en particulier, car oui, il y a aussi des vieillards parmi eux.

« Vous allez tous nous faire fusiller, disent-ils, nous on peut pas partir, on n'a plus la force ni la souplesse pour sauter du train en marche. »

Parmi ceux qui veulent s'évader, on voit rapidement se dessiner deux tendances. D'un côté les Espagnols, partisans d'une fuite par le plancher, quitte à ramper sous le wagon pour atteindre le dispositif de remorquage et les tampons. Objectif périlleux, acrobatique, exposé aux pierres concassées qui recouvrent le ballast. De l'autre les Français, qui veulent de préférence attaquer la porte, d'où il sera plus facile de sauter en marche, la nuit tombée.

La discussion tourne court, chaque groupe se met à l'ouvrage, vite car si on doit s'évader, c'est avant d'avoir franchi la frontière allemande. Après, ce sera trop tard.

Jusqu'à Soissons, c'est bon, se dit Christian. Il y a la forêt de Compiègne à côté, je connais, je trouverai du secours. Les candidats à la fuite sont plus préoccupés par les risques inhérents au caractère acrobatique et dangereux du saut en marche, à soixante à l'heure dans la nuit, qu'au risque de se voir repris ou tirés comme des lapins par les mitrailleuses postées sur les plates-formes. Et pourtant !

En attendant, il faut des outils pour travailler. Les cheminots de Compiègne, parmi lesquels il y a de nombreux résistants savent quand un convoi de déportés doit partir pour l'Allemagne. Ils cachent dans les rainures des wagons, un assortiment de lames, de scies à métaux, outillages divers, ciseaux à bois, lames de couteaux... tout ce qui peut servir à creuser, couper ou scier.

L'évasion par la porte est beaucoup plus facile mais l'ouvrage est un peu plus long. Les Espagnols sont arrivés à faire sauter le plancher avant que les Français n'aient achevé le percement de la tige de fer qui assure le verrouillage de la porte. Ils remettent le plancher en place jusqu'à la nuit.
Pendant ce temps, les limites du sordide continuent de reculer, une à une. Au fond du wagon, il y a un baril métallique, sorte de fût à essence aux bords coupants sur lequel est posée une planche. Le seau putrescent est vite rempli. Quand le train accélère ou prend un virage trop serré, le trop plein se déverse sur les malheureux qui sont à côté. Ils attrapent des haut-le-cœur. Les vomissures s'ajoutent aux excréments. Menaces, gesticulations, blasphèmes... Certains deviennent fous.

Le saut de la mort

Brusquement et au lieu d'attendre la nuit, avec peut-être un relâchement de la surveillance, un des Espagnols décide de partir en reconnaissance dans le trou du plancher, avec l'intention de revenir ensuite pour décrire aux autres la nature et les difficultés du parcours. Après avoir ôté les planches, il plonge la tête dans le trou, retenu par ses camarades. Christian, qui a donné un coup de main à l'ouvrage, est à côté. Mais au lieu d'explorer simplement et de remonter, l'Espagnol décide d'aller voir plus loin. Il descend sur l'essieu, puis disparaît. Il va ouvrir la voie et reviendra ensuite dans le wagon. Quand il se sera rétabli sur le tampon, il frappera selon un code convenu pour indiquer qu'il est sorti et que tout va bien.
Un temps qui paraît infini s'écoule avant qu'il ne frappe contre la paroi. Les partants commencent à s'équiper pour le saut. Le chemin de fer est parsemé d'obstacles de toutes sortes : aiguillages, arceaux, poteaux téléphoniques... Il faut l'énergie du désespoir pour sauter dans des conditions

pareilles. Des kamikazes. Seule la chance peut les aider mais ils y croient. Et pour le cas où ils iraient taper sur un de ces pièges, ils endossent, du moins ceux qui le peuvent, deux ou trois pantalons, plusieurs vestes ou plusieurs pullovers. Christian confectionne une espèce de turban avec un morceau de vieille couverture dont il s'entoure la tête.
Une heure a dû s'écouler quand l'intrépide Espagnol frappe enfin les trois coups convenus contre la paroi. Maintenant, ceux du wagon attendent fébrilement son retour. Seulement voilà, la voie ouverte vers l'insigne liberté ne comporte pas de retour. Ça passe, avec beaucoup de risques dans un sens mais pas dans l'autre. Ceux du wagon attendent, attendent... À nouveau, le temps paraît n'avoir plus de mesure. L'agonie s'achève pour beaucoup, sans que les autres n'y prêtent même attention. On rassemble ses dernières facultés pour l'ultime tentative.
Soudain, le bruit lancinant du rail disparaît sous le crépitement des mitrailleuses. Transi à cause du froid et de la neige, incapable de revenir sur ses pas, sentant qu'il ne tarderait pas à mourir, le fuyard a tenté le tout pour le tout. Il a sauté.
Depuis la plate-forme placée en queue de convoi, les Allemands vigilants le voient passer dans leur projecteur. Ils ouvrent le feu. Plusieurs rafales de 12/7 atteignent leur objectif, il est réduit en charpie. Pendant qu'ils ordonnent au train de stopper, ils continuent de tirer au hasard, ça pète de partout. Ceux du wagon s'invectivent : « On vous l'avait bien dit ! ».

Ils ne sont pas longs les frisés à savoir d'où est parti le fuyard. Quand ils veulent ouvrir le wagon où se trouve Christian, la tige de fer leur reste dans les mains. La porte était presque finie. Elle s'ouvre toute seule. Ça gueule, ça crie, ça tire en l'air. Les prisonniers étaient prêts à sauter, avec des couvertures, des pantalons doublés, des turbans... Les SS tapent dans le tas, puis les entassent dans un coin du wagon et les font se déshabiller. Les torches éclairent les vivants et les morts. Une vingtaine d'hommes déjà, restent allongés. Il en reste moins de cent, et dans quel état ! Retirer plusieurs pantalons et plusieurs pull-overs n'est pas chose facile sous les coups. Il faut faire vite.

Une fois déshabillés, entièrement nus, ils passent au nerf de bœuf, un par un. Il cognent aussi fort qu'ils peuvent. Éjectés du wagon, les voici nus dans la neige, les pieds ensanglantés par les cailloux qui affleurent sous la poudreuse. Ils les font courir à toute vitesse en direction du dernier wagon à bestiaux qui se trouve en queue de convoi. Le spectacle de ces esclaves qui courent comme des fous dans la neige en hurlant, nus comme au premier jour par cette nuit glaciale de janvier, paraît sorti d'un film d'épouvante. Encore, quel auteur ou quel metteur en scène serait assez démoniaque pour imaginer une séquence pareille ? Qu'est-ce qui a disjoncté sur la Terre pour que la civilisation bascule d'un seul coup dans l'horreur ?
Ils les font monter dans le dernier wagon où à la place de la paille, il y a une couche de Crésyl, des cristaux blanc destinés à désinfecter et à absorber le sang. Ce wagon avait été réservé pour entreposer les cadavres. Les Allemands ont l'habitude.
À chaque transport, c'est pareil, il y a des tentatives d'évasion qui se terminent presque toujours par un massacre. Il faut bien un endroit pour loger les morts. En plus, le Crésyl absorbe les odeurs ! Avant de plomber le wagon, les Allemands se livrent encore à un petit exercice de caractère sadique sur leurs victimes. Ils s'amusent à faire des moulinets avec leurs fouets.

« Il y a ceux qu'on tire pour monter, les âgés, les fatigués, les malades, les estropiés. Il y a ceux qui pleurent, ceux qui gémissent, ceux qui saignent. Il y a ceux qui essayent de rester courageux. Les gars, ils tapaient au hasard, ils faisaient des moulinets là-dedans. »

17 janvier.
Si tous n'ont pas encore perdu leurs facultés mentales, la folie va pourtant devenir collective. Quelqu'un lance l'idée de faire un bloc au centre du wagon pour ne pas mourir de froid. Alors le plus macabre des ballets, jamais imaginé va commencer.

Pendant deux jours sans arrêt, ils tournent autour du cercle par-dessus les morts, en grelottant, en claquant des dents. Quand ils n'en peuvent plus d'avoir froid, ils essayent de pénétrer dans les corps agglutinés, pour éviter que leur température ne tombe au-dessous du seuil fatal. Mais une fois dans la masse, ils sont écrasés par le nombre. Il y en a qui meurent étouffés. Pour sortir, il faut soit se frayer un passage à travers une forêt de jambes, soit se hisser sur les têtes et les épaules qui forment un ensemble tellement compact qu'on peut y marcher. A-t-on jamais vécu pareille tragédie ?
La bagarre est générale. Christian a le visage ensanglanté. Il a reçu des coups qui lui ont fait éclater les lèvres. S'avisant qu'ils ne sortiraient pas vivants de cet univers de cinglés, ils se positionnent à cinq ou six pour se tenir chaud. Combien de temps encore va durer cet enfer ? On ne sait pas. On ne sait même pas où l'on va. Mais il faut tenir. Chaque minute qui passe est maintenant une victoire sur la mort. Le rêve est la dernière chose qu'ils peuvent caresser. Par moment, Christian se prend encore à croire qu'au bout du voyage, il y a peut-être ces fameux camps de travail avec des conditions de vie décentes. Ce n'est qu'un mirage.Pour le moment, tout est sens dessus dessous. L'humanité marche sur la tête. L'esprit divague, aux confins du possible et du probable. Le sommeil et la veille sont inversés.
Quand pour la première fois depuis 48 heures, Christian parvient à trouver quelques minutes de sommeil, c'est pour croire qu'il s'éveille et que tout ça n'était qu'un cauchemar. Allongé par terre, il n'est pas bien long à se réveiller, à

cause du froid. Il cherche la descente de lit. Il la trouve. Elle est chaude. En revenant à lui, il se rend compte qu'il est debout sur un corps.

La logique des bouffons

Tant que le train était en France, il y avait des tentatives d'évasion. Presque à chaque demi-heure, il stoppait sur des rafales d'armes automatiques qui ne laissaient aucune chance à ceux qui tentaient de s'enfuir. On entendait les Allemands courir et les chiens aboyer.
Depuis qu'on a franchi le Rhin, c'est fini. Plus personne ne songe à quitter la galère, dans des eaux infestées. Ne sachant pas où ils vont, ils n'espèrent plus qu'en la fin de ce voyage et de l'hallucinant calvaire.

Au soir du 17 janvier, un souffle d'espoir caresse un moment la pensée de ceux qui n'ont pas sombré dans la démence. En ralentissant, le train a les vibrations et les bruits caractéristiques d'une entrée en gare. C'est Trèves. Aussitôt le wagon est ouvert et on les fait descendre, toujours nus, sur le quai bondé de voyageurs. Des salauds, tous des terroristes, ces gens des pays occupés. Obligés de les déshabiller pour ne pas qu'ils prennent la fuite. On ne leur veut pourtant aucun mal, on veut seulement les faire travailler un peu.

Les Allemands sont humains, et ils vont le prouver. Vous saviez que ça existait la croix rouge nazie ? Des infirmières s'approchent et offrent des boissons chaudes aux sous-hommes déshabillés et ridicules. Sacré coup de bluff, n'empêche, rien de tel pour rassurer l'opinion allemande sur les visées humanitaires du pouvoir national-socialiste. Dans le genre grotesque, ils n'en ratent jamais une. Parfois, ils se marquent des buts sans s'en rendre compte. Avec eux, la logique est toujours menée à son terme, quitte à faire dans le bouffon.

Exemple : dans l'Allemagne exsangue des derniers mois de la guerre, Hitler s'avise que l'Allemagne a de plus en plus besoin de bras pour faire tourner une économie ruinée par l'absence de travailleurs, envoyés de plus en plus jeunes et de plus en plus vieux sur le front. Mais aussi que la réserve d'esclaves n'est peut-être pas inépuisable, qu'il serait temps de les ménager un peu.
La plus élémentaire des démarches aurait dû consister à améliorer le quotidien des déportés afin de les rendre plus productifs. Leur donner un peu à manger par exemple. Trop simple. Consultés sur ce point, les sages du régime (ça existe), rendent des conclusions tout en finesse : il faut créer des bordels dans certains camps, pour le repos des travailleurs !
À Dora, un lupanar est ouvert où les clients sont convoqués d'office. Alignés face aux filles, ils baissent leur pantalon au coup de sifflet. Bien sûr, pas un seul de ces cachectiques n'arrive à bander, devant les péripatéticiennes de la grosse Allemagne. Y parviendraient-ils qu'au moindre coït de travers, ils écoperaient de vingt-cinq coups de gummi sur les fesses en les comptant, à haute voix et en Allemand, c'est le règlement, avant de remonter leur froc.
Tous des PD, se disent les autorités. On a bien fait d'en faire des esclaves.

18 janvier

Quand ils descendent de leur wagon à Trèves, ils se disent qu'on va leur rendre leurs habits. Niet. Après le show publicitaire qui vient d'avoir lieu et dont la presse locale se fera l'écho servile le lendemain, les sous-hommes remontent tels quels dans leur soute, que des crapauds et des serpents refuseraient d'occuper.
Ceux qui sont encore un peu valides aident les autres à monter sous une pluie de coups de trique. Il faut encore essayer de tenir ; ce voyage s'arrêtera bien un jour. Leur instinct leur tient lieu de gouvernail.

Le magma de chair se reforme. La ronde infernale se remet à tourner, à tourner sans cesse. Ils ont la dysenterie. Ils n'arrêtent de claquer des dents que pour vomir. Ils pataugent dans les excréments, l'urine, le sang et les vomissures que le Crésyl n'absorbe plus.

« Buchenwald, vous connaissez ? Enfin je veux dire, vous avez entendu parler ?
– Encore heureux, ça fait 50 ans qu'on ne parle que de ça.
– Certes ça fait 50 ans, mais on ne sait peut-être encore pas tout. Il y a bien un mystère qui entoure, aujourd'hui encore, la disparition d'Hitler.
– Vous exagérez, pour une fois je pense que tout a été dit et écrit sur la réalité des camps, pendant la guerre.
– Dora, vous connaissez ?
– C'est où ça ?
– Ah ! Vous voyez que vous ne savez pas tout. Mais vous n'êtes pas le seul, pour ma part, je viens juste d'apprendre, 50 ans après tenez, l'existence de Dora. Nous en reparlerons vous voulez ? Pour le moment, occupons-nous de Buchenwald.
– Quel rapport ?
– Vous savez, à partir de là, tout devient irrationnel. Alors n'ayons pas peur des mots ; Buchenwald si vous voulez, c'est la maison mère, Dora la succursale. Enfin pas n'importe quelle succursale. À Dora, les Allemands ont fait creuser un tunnel gigantesque ; 60 kilomètres de galeries. Immense, les trains y pénètrent.
– Pourquoi ce tunnel ?
– Ah ça vous allez voir !
– Vous n'allez pas me faire croire qu'un ouvrage pareil a pu être caché à l'opinion.
– Caché ? Non, mais tout est dans la manière de présenter l'information. Vous savez, l'Histoire ça se manipule. De l'aveu même des nazis, Dora était « *l'enfer de tous les camps de concentration* » mais chut ! n'en parlez pas, les Allemands y préparaient l'arme secrète.

– Quelle arme secrète ?
– Comment, vous n'êtes pas au courant ?
– Enfin, vous racontez l'histoire d'un homme, Christian Desseaux, ou bien vous faites l'historique de la guerre et de la déportation ?
– C'est l'histoire d'un homme, mais vous voudriez qu'on parle des effets sans parler des causes ? Si Christian est en train de vivre, ce que Dieu merci peu d'hommes ont vécu, c'est bien à cause de la guerre non ? En plus, le sort particulier de Christian va dépendre justement, pour lui et pour d'autres, des besoins logistiques des Allemands pour fabriquer l'arme secrète, et vous voulez qu'on n'en parle pas ? Tout à l'heure, j'ai parlé du programme Apollo et du voyage dans la lune. Bientôt vous allez comprendre. »

Buchenwald

Le train ralentit. La vapeur se décompresse d'un seul jet, comme si la locomotive poussait un ouf de soulagement. C'est la fin du voyage.

Ceux qui survivent n'ont pas le temps de se demander dans quel lieu maudit les a emmenés ce train de l'enfer. À nouveau, c'est la bagarre pour accéder aux espaces d'air pendant les longues minutes qui précèdent l'ouverture du wagon. Le wagon s'ouvre enfin. Nullement apitoyés, on dirait au contraire que les SS sont excités par la misère qu'ils découvrent. Ils se mettent à cogner dans le tas avec des gourdins. Comme si l'hécatombe ne leur suffisait pas. Vingt morts et les blessés gisent dans les souillures. Quelques uns ont perdu conscience ou n'ont plus la force de se lever : ils sont achevés d'une balle dans la tête. Le même sort attend certains dont la température s'est abaissée au-dessous de 30°, et qui sont de toute façon perdus.
Sur le quai, d'étranges hommes en tenue rayée s'agitent autour des chariots qu'ils ont amenés avec eux pour charger les cadavres. Alors commence le bilan du désastre.

Quatre cents morts. Mille cinq cent quatre-vingts survivants. Dix-neuf évasions, c'est pas beaucoup. L'obersturmführer va pouvoir être félicité.

Après la guerre

Parce qu'il y a eu dix-neuf évadés dans ce convoi dit des vingt mille, une foule énorme est rassemblée un dimanche des années cinquante dans le Parc des Princes de Paris. On attend, d'un moment à l'autre, le vainqueur d'une grande classique aujourd'hui disparue du cyclisme professionnel. Le public en délire se lève pour accueillir, derrière son derny, Bernard Gauthier qui donne les derniers coups de pédale de Bordeaux-Paris.
Bernard Gauthier n'a pas inscrit son nom au palmarès du Tour de France, car il n'était pas un grimpeur. Mais avec quel panache en a-t-il animé les étapes ? Ce fut un grand champion. Quel destin, pour lui et pour un autre coureur cycliste, Émile Baffert, quand le 16 janvier 1944, ils sautèrent du train qui les conduisait vers la mort !

Dans la confusion qui entoure l'arrivée, Christian parvient à regagner son wagon d'origine pour récupérer ses habits. Le spectacle est dantesque. Pêle-mêle, les victimes des fusillades ont été jetées sur les vêtements. Tout de suite, il réalise qu'il ne pourra pas retrouver les siens. Il prélève au hasard un pantalon, une chemise, une cape et des chaussures, puis revient parmi son groupe.

« Les vêtements étaient pêle-mêle, pleins de sang, pleins de lambeaux de chair. Comme notre wagon avait servi pour loger les dépouilles de ceux qui avaient été tués lors des tentatives d'évasion, c'était terrible à voir. Il y en a un qu'avait la tête fracassée, la cervelle sortait. Quelle détresse et avec ça, la soif insupportable. Tandis que je récupérais des vêtements et des chaussures, j'ai réussi à sucer deux ou trois glaçons, ça m'a fait du bien. » (Christian).

« C'est affreux, la détresse humaine dans ces moments-là. En sortant du wagon, nous étions dans un état incroyable. À côté de nous, des fous échappés d'un asile auraient pu passer pour de respectables bourgeois. À Trèves, il y en a qu'ont vomi du sang, puis ils sont devenus fous et nous ont tapé dessus. J'avais les lèvres à moitié arrachées. » (Christian).

Une nouvelle fois rassemblés avec les triques et les chiens, les rescapés dont la moitié au moins sont encore nus, sont poussés sous une grille où de grosses lettres en fer forgé apparaissent : *« Arbeit macht frei »* (Le travail, c'est la liberté).

Un peu revigoré par le sang qu'il sent de nouveau couler dans ses veines, Christian qui ne se résout jamais au pire croit une nouvelle fois que voici peut-être, envers et contre toutes les apparences, ce fameux camp de travail qu'on a tant souhaité et où il sera possible de vivre décemment, en attendant la libération.
La vision qui s'offre à lui, tout de suite après le fait déchanter. Ils passent devant un homme debout sur un tabouret, bâillonné, les yeux révulsés, une corde autour du cou, les mains attachées derrière le dos, c'est un gibet. Quand il n'en pourra plus, il tombera et se pendra lui-même. Il est là pour l'exemple. À ses pieds, une pancarte : *« On ne s'évade pas de Buchenwald »*. Le martyr avait tenté de fuir.

La mort civile

Les rescapés du train maudit savent donc qu'ils sont à Buchenwald. Tout à l'heure, le chef de block, un politique allemand interné depuis 1933, leur expliquera qu'ils sont dans un camp de concentration. Il leur dira ce que sont le travail, les corvées, la discipline. Il leur brossera bien d'un ton cassant le tableau de la vie au camp, mais d'une manière telle qu'ils pourront se croire simplement au bagne.

On ne leur dira pas que la vie concentrationnaire vise à extraire en quelques mois d'un homme et au moindre coût, c'est-à-dire sans soins ni nourriture, le potentiel de travail et l'énergie de toute une vie. Que d'ici peu ils seront des vieillards usés, en voie d'extinction, dont on continuera pourtant à se servir, sans le moindre répit, jusqu'à ce que la mort les prenne.

D'habitude, la mort physique précède la mort civile. Ici c'est le contraire. La mort civile, c'est tout de suite, en arrivant. Quand ils passent à l'identité, c'est justement pour s'en voir privés et recevoir à la place un numéro d'ordre qui les accompagnera seul jusqu'à leur disparition.

C'est pas fini, on ne saurait gommer efficacement un individu sans lui ôter ce par quoi il se singularise le plus par rapport aux autres : le système pileux. Jusqu'ici, il y avait des bruns, des blonds, des noirs, des châtains, des poilus, des barbus, des moustachus. Désormais, plus de marques extérieures par quoi on se distingue, par quoi on plaît ou on déplaît. On les pousse dans une salle où d'étranges tondeuses électriques branchées au plafond sont dans les mains des homme rayés : ce sont les coiffeurs de Buchenwald. En moins de temps qu'il ne faut pour le dire, les déportés juchés sur des tabourets sont rasés, de la tête aux pieds. De si près qu'ils pousseront des cris de douleur, tout de suite après au contact du désinfectant sur leur peau ensanglantée.
Ils sautent alors dans des bacs glacés avec du Crésyl. Toujours sous le contrôle des SS prêts à leur jeter la tête sous l'eau, si jamais ils ne s'immergeaient pas complètement.
Après vient la douche, froide évidemment. Avouez qu'il faut un sacré tempérament pour résister à ça.

Mais une dépersonnalisation réussie ne saurait avoir lieu sans toucher au vêtement. Pour achever et parachever la prise de contact, on leur jette des vêtements humides : un

pantalon, une veste, un calot, une capote, rayés, ainsi qu'une paire de sabots. Pas de sous-vêtements. Cette fois ce sont de parfaits clones. C'est ce que voulaient les Allemands.
Aujourd'hui, on se croit des as en communication. Erreur. Les nazis ont tout inventé : la propagande, la duplicité, l'amalgame, la désinformation, la manipulation. Ils ont compris, Goebbels en tête, l'ascendant que pouvait avoir le pouvoir moderne s'il savait utiliser, guider, canaliser l'opinion. Tout cela sans la télévision, qui n'existait pas à l'époque ! Maintenant, on leur donne du fil et une aiguille pour coudre sur le revers de la veste, le triangle rouge des politiques, la lettre F qui veut dire France et le numéro matricule. Christian a reçu le numéro 41.096.

6

L'INITIATION

Leur crâne est à la pierre aveugle ressemblant
La neige les modèle avec son linceul blanc
VICTOR HUGO

À BUCHENWALD, tout commence par la quarantaine. La quarantaine c'est le petit camp, à côté du grand camp. Comme si les nouveaux devaient d'abord se débarrasser des germes dont ils sont porteurs, de civilisation peut-être pour ne pas contaminer les autres.

Pour gagner le petit camp, on se met en rang par cinq. Interdiction de parler. Phénomène incroyable, presque insolite, quelqu'un a attrapé le fou rire dans les rangs. En voyant son copain engoncé dans son pyjama rayé et son mützen sur la tête, il n'a pas résisté. Et comme le rire est communicatif, c'est bientôt tout le groupe qui éclate de rire. Moment intense, formidable, sublime revanche sur des tortionnaires médusés qui pour une fois ne disent rien et se contentent d'être ridicules.

Christian, ses amis de Compiègne et maintenant ceux de Grenoble sont conduits au block, une simple baraque en bois, sans toilettes ni chauffage. C'est là que le chef de block va leur tenir un discours pour les mettre au courant des us et coutumes de la déportation. Ils sont trois par couchette, avec une couverture chacun et quelques brins de paille pour matelas.

On devine que la promiscuité est, elle aussi un supplice. Mais la fatigue est telle, après ce voyage, qu'ils ne tardent pas à dormir.

Avant de fermer les yeux, Christian revoit la scène qu'il a vu se dérouler à la gare : un SS poursuivant un type nu et qui, l'ayant attrapé, l'a tué à coups de gourdin.

Demain sera le 20 janvier 1944.

Quelques ablutions, à six heures le matin en ce premier jour de déportation, précédant la distribution des vivres, la première mais aussi la dernière jusqu'au lendemain : un morceau de pain, un doigt de margarine, une rondelle de saucisson. Quelqu'un recommande à Christian de tout manger maintenant, pour ne pas se faire dérober la nourriture. Le camp est infesté de voleurs, qui se recrutent presque uniquement chez les Russes et chez les Polonais. Les Ruskov et les Polacks, comme les appellent les déportés occidentaux, écœurés par la veulerie et la brutalité de ces gens qu'on dirait à peine sortis des hordes d'Attila. Quoi qu'il en soit, Christian n'a aucun mal, mais vraiment aucun à venir à bout des quelque trois ou quatre cents calories qui composent cette ration quotidienne.

Rassemblement. En rang par cinq. Direction la carrière. Quelle carrière ? Une carrière pas loin du camp. On y extrait le calcaire.
La pierre : une matière première essentielle pour une économie de guerre mais voilà, ça coûte cher. Il faut l'extraire, puis la transporter. C'est un travail pénible. L'idéal serait de le confier à des hommes dont ni le salaire ni la peine n'entrent dans les coûts de production. Les Allemands ne sont pas bêtes. Ils y ont pensé. Mais c'est tellement dur le travail de la pierre qu'il vaut mieux commencer par là. La fameuse quarantaine vise donc à utiliser les déportés à la carrière pendant le mois qui suit leur arrivée, pendant qu'ils sont encore frais.
La carrière en question comporte plusieurs veines, plus ou moins superposée, reliées entre elles par un sentier ascendant et en lacet.

Pendant que les uns sont occupés à l'extraction, en général les punis, les autres transportent les blocs jusqu'à la gare de Buchenwald où ils sont chargés sur des wagonnets. Entre la carrière et la gare, il y a deux kilomètres. Un chemin de croix au bout duquel il y a la mort.

Le travail commence à six heures le matin et se poursuit, sans la moindre pause jusqu'à dix-huit heures. Les hommes sont admis à s'arrêter, et à condition d'aller vite, uniquement pour satisfaire un besoin naturel.
Douze heures d'affilée, pourtant ne croyez pas qu'ils sont quittes à dix-huit heures, qu'ils vont pouvoir goûter une soirée entre copains. Non, l'arrivée au camp signifie que les tracasseries de toutes sortes vont commencer, de nouvelles corvées, des coups, des invectives, des poursuites, des cris, des insultes, et surtout, et surtout, les appels. Rassemblés sur la place d'appel, ils vont rester là des heures, sous la pluie, sous la neige, dans le froid, jusqu'à ce qu'il y ait le compte. Le compte n'est-ce pas ? Il faut qu'il y ait le compte.
Si un déporté décède pendant le comptage, ce qui arrive presque quotidiennement, son voisin immédiat doit le relever et le tenir debout, jusqu'à ce qu'il y ait le compte. Non, vous ne rêvez pas. Mais revenons à la carrière.

Le parcours, entre la carrière et la gare est jalonné de SS, tous les dix mètres environ. Le monstre nazi se mord la queue en mettant presque autant de gardes-chiourme qu'il y a d'esclaves. Ce ne sont pas des SS de haut rang. Il ne sont pas gradés. Ce ne sont même pas des Allemands. Parfois la SS s'ouvre aux étrangers. À la carrière, ce sont des Ukrainiens. Le rôle de ces Ukrainiens : des tueurs. La mort, c'est leur boulot. Écrasé sous le poids de la pierre, le déporté se voit en outre gratifié, à chaque passage ou presque d'un coup de nerf de bœuf pour aller plus vite. Malheur à celui qui perd l'équilibre et tombe. Il ne se relève pas . Battu à mort.

Un jour, Christian perd l'équilibre avec son bloc sur le dos. Le SS se précipite, le rate et se tourne vers le suivant. Il parvient à se redresser et continue. Une fois encore, sa force et sa jeunesse l'ont sauvé.

« Ça les démangeait. Un sur cinq, ils foutaient un coup de cravache, même si tu n'avais rien fait. Pareil quand ils voulaient tuer un type. Fallait surtout pas les regarder. Passer avec sa pierre le plus vite possible. »

À l'arrivée à la gare, les pierres sont pesées au coup d'œil. La SS est payée au tonnage. À la carrière, il y a donc *un ober quelque chose* qui vérifie la grosseur des blocs prélevés par les bagnards. Si l'un d'eux prend une pierre trop petite, c'est qu'il triche. C'est du sabotage parbleu ! Alors ils se mettent à deux pour ramasser un gros caillou et lui foutre sur le dos. Si par malheur il trébuche, il ne se relève pas. Ils lui écrasent la tête avec le bloc. Quand un homme meurt en chemin, le suivant doit le ramener. Les morts de la journée sont mis en tas au pied de la falaise. Le soir, ils sont ramenés au camp à dos d'homme. Quand il y en a trop, on les met sur une charrette.

N'allez pourtant pas croire que les SS sont moroses. Que ce qu'on leur fait faire leur déplaît. Pas le moins du monde. Entre deux saloperies, ils rigolent, ils plaisantent, ils s'amusent. Leur passe-temps favori ? Se faire un déporté en le poussant du haut de la falaise. Le malheureux s'écrase dix mètres plus bas, tué net. Quand il ne l'est pas, on l'achève en lui fracassant le crâne à coups de cailloux. Ils font ça avec les plus faibles, ceux qui sont au bout du rouleau ; ils ont tôt fait de les repérer, ceux dont le rendement est insuffisant.
L'ultime fatigue se manifeste souvent le matin. Il arrive qu'un déporté s'écroule en arrivant à la mine. Il n'en peut plus, n'arrive plus à se mettre debout. Il est exécuté tout de suite, à coups de pieds ou à coups de matraque.

Dans ce qui n'est pas une besogne mais un plaisir, le plaisir de faire souffrir et de donner la mort, il n'y a pas que les SS. Nous verrons un peu plus tard comment fonctionne la déportation, avec l'entrée en lice d'un personnage essentiel dans la hiérarchie des camps : le kapo.
Les kapos de la carrière sont des tueurs professionnels. Par exception et alors que la gestion de Buchenwald est aux mains des politiques (triangles rouges), le petit camp par où séjournent les déportés pendant le mois de leur arrivée est resté aux mains des droit commun (triangles verts). Ce sont les pires. Dans le civil, c'étaient des assassins. Condamnés comme tels, les nazis ont pensé qu'ils seraient à leur aise dans les camps de concentration où ils pourraient donner libre cours à leurs pulsions criminelles. Ils ne se sont pas trompés. Les nazis ont inventé les premières sociétés humaines qui fonctionnent selon des règles fondamentales qui s'appuient ouvertement sur la perversion et le mal.
Ils ont également pensé qu'en tant que subalterne, lui-même interné, prisonnier d'un système dont il risquait de ne pas sortir vivant, le kapo se montrerait zélé, prompt à faire plaisir à ses maîtres en ajoutant son propre zeste de cruauté dans l'exécution des bas ouvrages. Là non plus, ils ne se sont pas trompés. Les nazis sont décidément de grands communicateurs, à l'affût de toutes les turpitudes pour les exploiter, les amplifier, voire les institutionnaliser.

« La mort, c'est le quotidien. Dans les box, on se réveille, le déporté à côté est mort. Les déportés meurent aussi sous l'eau froide. Il faut surtout pas aller à l'infirmerie car on est activé à la mort. » (Christian).

Car le comble de la dérision, dans ce champ clos de la déjection et du pourrissement, c'est effectivement l'infirmerie. Le revier comme ils disent. Encore un aspect du totalitarisme imbécile qui cherche toujours à sauver les apparences. Vous voyez bien que les nazis sont humains. Au lieu de laisser mourir les prisonniers, ils les envoient à l'infirmerie.

Les pseudo-médecins et les pseudo-infirmiers qui sévissent au revier ne sont en fait que les supplétifs d'un système qui vise à éliminer tout individu momentanément ou définitivement inapte aux cadences. Et quand par extraordinaire, un de ces pseudo-médecins veut faire son travail, les SS et les kapos se chargent de le saboter.

« J'ai vu un déporté qui avait une jambe cassée. Au revier, ils lui ont mis une attelle. Ils lui ont fait une prothèse pour qu'il puisse marcher. Ensuite j'ai vu le kapo lui casser sa prothèse à coups de matraque parce qu'il ne marchait pas assez vite. » (Christian).

Dans le domaine sanitaire, la palme revient sans conteste aux latrines. Une tranchée de 40 mètres sur 3 mètres de profondeur, partagée en deux dans le sens de la longueur par un échafaudage soutenant une poutre. De chaque côté de la poutre, une planche pour s'asseoir, cul à cul avec celui de l'autre côté. Cinquante déportés de chaque côté, le spectacle est extraordinaire. Certains sont pris de nausées et dégueulent. Mais l'état d'épuisement est souvent tel que d'autres vont aux chiottes pour avoir juste cinq minutes de répit. Ils s'y donnent parfois rendez-vous, malgré l'interdiction de parler. Mais le kapo veille. Il arrive en trombe et fait lever tout le monde. C'est le sauve-qui-peut général, avec la culotte par terre et la dysenterie aux fesses.

L'horreur culmine en ce domaine, quand vient la corvée de chiottes. Il y a des kommandos à merde, qui opèrent à mains nues. Ils prennent la merde avec des seaux et remplissent de gros bidons à deux poignées très lourds, baptisés les cubes.
Les malheureux préposés à cette besogne attrapent toutes les maladies, du typhus à l'hémoptysie, en passant par la gangrène, les abcès, les ulcères et la fièvre typhoïde. Une blessure dans cette saleté et ils n'en réchappent pas. Les "cubes" sont transportés dans les jardins des SS. Les kom-

mandos sont harcelés pendant le transport par les chiens qui mordent, au gré et à la fantaisie de leurs maîtres. Car les SS ont leurs maisons, tout près du camp. L'officier responsable de Buchenwald possède une magnifique villa avec un parc et des arbres qui composent un tableau idyllique, l'hiver sous la neige. Le silence n'y est troublé que par intervalles lorsque les cris d'un supplicié parviennent jusque là. Comment des relents de culture, l'amour de la musique par exemple ou des fleurs arrivent-ils à cohabiter avec la barbarie ? Y a-t-il une culture apprise, reçue comme une leçon et une culture ressentie, révélée par la sensibilité ?

« À quoi pense l'Allemand quand il va se reposer ? Le peuple allemand, un des plus cultivés d'Europe. La culture voisine avec l'horreur. Il va tuer un gosse dans la journée, puis rentrer chez lui le soir et demander à sa femme si les enfants ont bien travaillé à l'école. Ou bien il va lui dire, alors, tu t'es trouvé des beaux tatouages ? » (Christian).

La femme du commandant du camp a été surnommée "la chienne de Buchenwald". Si par malheur, un déporté arrive avec des tatouages sur la peau, il est pratiquement condamné. Repéré à l'entrée, il est invité à se présenter nu devant elle. Compte tenu de sa collection mais aussi des possibilités de revente, elle décide que telle peau l'intéresse ; l'homme est mis à mort sous le premier prétexte, sa peau est découpée, les tatouages traités pour fabriquer des lampadaires et des abat-jour. Il existe aussi le commerce des têtes. Il y a des réducteurs de têtes. Désossées, réduites puis traitées, elles servent comme bibelots pour orner une corniche ou une commode.

« Aujourd'hui, il y a ceux qu'on appelle pudiquement les néo-nazis ou les néo-fascistes. Je voudrais savoir ce qui différencie les anciens des modernes. Vous qui avez transformé les erreurs en dysfonctionnement, les aveugles en non-voyants, les chômeurs en demandeurs d'emploi. Technocrates de la sémantique. Répondez ! Ça veut dire quoi néo ? »

Au moment de son arrestation, Christian était un superbe athlète de 80 kilos. Au bout d'un mois, il en a déjà perdu 15. Ce qui est grave, c'est pas tant la perte de poids que la manière dont cette perte s'est accomplie. Tout du muscle. Il ne mange plus rien et doit fournir un labeur inimaginable. Heureusement, cette fois, il en a terminé avec son transport-kommando de cailloux. Mais que va-t-il devenir à présent ?
Les familles des déportés n'ont plus de nouvelles depuis longtemps. Chez Desseaux, on scrute les informations de Londres, *"les Français parlent aux Français"*. Le salut ne peut venir que de là. Pour le moment, rien. Seulement des messages codés.
On apprend la fusion des trois principaux mouvements de Résistance sous l'égide du CNR (Comité national de la Résistance). Désormais, l'AS, les FTP et l'ORA ne font plus qu'un : les FFI (Forces françaises de l'Intérieur). C'est le noyau dur de la France combattante, sans compter tous ceux qui se sont regroupés, en Angleterre et en Afrique pour former des unités régulières comme la première armée française du général de Lattre de Tassigny ou la division Leclerc.
Les FFI comptent maintenant 140 000 hommes qui jouent un rôle considérable, l'équivalent de 15 divisions, dira plus tard Eisenhower. Du baume au cœur des parents, mais ça n'enlève pas leur angoisse.

Sur place, les séances de piqûres continuent. Elles ont lieu le matin. Personne n'a jamais su ce qu'ils mettaient dans les seringues. Les bruits les plus divers circulent. D'aucuns affirment que c'est un fortifiant, pour pallier au défaut de nourriture. Tu parles ! Il en meurt des dizaines tous les jours. D'autres disent que c'est pour les rendre stériles. Si c'est pour leur apporter des soins, nous voici de nouveau face à l'absurdité. D'un côté on les vaccine, de l'autre on les tue. Quoi qu'il en soit, les piqûres ont lieu au mépris des règles les plus élémentaires d'hygiène. C'est la même aiguille non stérilisée qui sert pour tout le monde, elle n'est jamais essuyée.

Qu'est-ce qui attend maintenant notre jeune héros à l'issue de sa quarantaine, dans le petit camp de Buchenwald ? Depuis trois jours, il ne va plus à la corvée de pierre.

« Un ancien m'a prévenu. Faut pas traîner dans le camp. Les Rouskov et le Polacks risquent de te tomber dessus. On est dans un milieu de races qui se bouffent. » (Christian).

C'est ça aussi, le milieu concentrationnaire. C'est comme dans les rues mal famées, on agresse, on détrousse, on dévalise. On assomme, on tue un déporté pour le déshabiller et lui voler ses vêtements. Il se peut qu'un simulacre d'enquête soit ouverte par les SS, mais jamais avec la volonté d'aboutir. Que leur importe qu'un Russe tue un Tchèque, un Polonais, un Italien. Au contraire. Ils se frottent les mains, ils rigolent quand leurs ennemis en décousent.
Le moindre mal serait que Christian fût affecté dans le grand camp. Il paraît qu'il y a moins de merde, beaucoup vont travailler dans les usines de Weimar, non loin de là.
Ce qu'il faut éviter, à n'importe quel prix, c'est Dora. Certes, les fausses nouvelles n'arrêtent pas de se succéder, aussitôt contredites. Il est pourtant des rumeurs dont la permanence indique un fond de vérité. Comme par exemple la réputation de Dora. Cette seule évocation éveille la terreur chez ces réprouvés, pourtant habitués aux pires ignominies.

Regards compatissants et condoléances attristées accompagnent ceux qui sont désignés pour Dora. Plus tard il deviendra autonome mais depuis son ouverture, le camp

de Dora est rattaché à Buchenwald. Il n'a pas de crématorium. Des camions bourrés de cadavres arrivent chaque jour à Buchenwald, pour y être incinérés. L'affreuse réputation de Dora vient aussi de là.
Camus dit à Christian : « Tu sais, faut pas qu'on aille dans un kommando de transport, dans le genre d'ici, sinon on est foutu. Dans trois mois, c'est la mort. Faut se dire spécialistes. Moi je serai dessinateur. Toi, tu n'as qu'à dire que tu es tourneur-ajusteur. Comme ça on ira dans une usine ? Tu verras, on sera mieux traités ».

Christian écoute le conseil de son aîné et quand arrive un contremaître, chargé de recruter des spécialistes, tous deux se portent volontaires.

Le départ a lieu dès le lendemain, en camion. Le trajet dure une heure. Le camion s'arrête dans un lieu sinistre. Le ciel est rempli de nuages bas. Il neige. Le sol est recouvert d'une boue épaisse. C'est la fin de l'après-midi. La nuit va tomber. Au fond d'une clairière, un gros trou noir, avec une lumière au milieu. DORA !

7

DORA

ou

LES NOCES DU DIABLE

Ceux qui vivent, ce sont ceux qui luttent, ce sont,
Ceux dont un dessein ferme emplit l'âme et le front,
Ceux qui d'un haut destin gravissent l'âpre cime
Ceux qui marchent pensifs, épris d'un but sublime
VICTOR HUGO

JUSQU'ICI, le Diable était resté célibataire. On l'appelait le Prince du Mal. Dieu sait pourquoi vers le milieu de ce siècle, il décide de se marier et de devenir roi. Il ne choisit pas n'importe qui pour épouse. Une nation.

Pourquoi l'Allemagne ? Le peuple allemand n'est ni pire ni meilleur que les autres. Le Diable voit-il dans les Germains, une propension à la discipline et à l'obéissance propre à faciliter la réussite de ses desseins ? Ou bien son omniprésence lui fait-elle découvrir, dans la pègre autrichienne des années vingt, le bras séculier dont il rêvait comme premier ministre, sorte de fossile réincarné du temps où rivalisaient les sémites et les aryens pour la possession de l'Orient ?

Dans tous les cas, il sied de donner à pareille cérémonie, la grandeur et le retentissement qu'elle mérite. Il sied aussi de la faire durer plus qu'il n'est coutume chez de simples mortels. Cela se passe à Dora.

Le Souverain des Catacombes a choisi parmi sa cour les plus grands spécialistes, chargés d'élaborer le protocole le plus diabolique jamais imaginé. Comme dirait Régine Desforges, *le Diable en rit encore.*

Le camion s'immobilise et les occupants en sont extraits sous les insultes et sous les coups. Une grande animation paraît régner dans la grotte. Des traînées de vapeur fugaces, des volutes de fumée, des grondements souterrains s'en échappent, comme si des choses terribles se passaient à l'intérieur.

Pas encore complètement destitués de leur rang d'homme, les nouveaux arrivants sont saisis d'épouvante, lorsqu'ils voient venir à eux, un de ces mutants décharnés qu'une caricature maladroite a surnommé les musulmans. L'os temporal et le nez effilés, les yeux globuleux et hagards enfoncés dans d'énormes orbites vidées de leur chair, la peau squameuse et verdâtre, cet être n'est déjà plus qu'un transfuge parmi les vivants.
Il s'avance d'un pas lent vers le groupe et s'enquiert des victimes décédées pendant le transport. Un autre de ces anthropomorphes se tient à quelque distance, à côté d'un chariot. Mais le trajet de Buchenwald à Dora n'a pas fait de victimes. Pourchassé par une sentinelle, il a le temps d'adresser une mise en garde en français, à Christian : « Ne regarde jamais un SS en face, passe ton chemin le plus vite possible, tiens-toi au milieu des rangs, jamais sur les bords... », ... il a à peine fini sa phrase qu'un formidable coup de matraque sur la nuque s'abat et le tue net. Son squelette est aussitôt déshabillé et jeté sur un tas, en attente d'incinération.

Un prénom pour une de ces jolies femmes romantiques, blonde aux cheveux longs d'outre-Rhin. Dora !

Une île et une presqu'île

Aux confins de l'Allemagne et de la Pologne, une île sauvage et inhabitée : Usedom. À sa pointe septentrionale, une presqu'île peuplée de poules d'eau et de canards sauvages, seulement fréquentée avant la guerre par des chasseurs : Peenemünde. Si un site a jamais mérité d'être appelé le bout du monde, c'est bien Peenemünde. Perdue dans la Baltique.

« La presqu'île est idéale pour y abriter une base secrète », dit Wernher von Braun, un jeune ingénieur qui vient de soutenir une thèse sur les réacteurs à combustible liquide, au capitaine Dornberger, futur stentor de la Wehrmacht qui approuve.

Les premiers coups de pioche sont donnés dès 1936. C'est donc à Peenemünde que va débuter la mise au point et la fabrication des armes nouvelles, une étape importante dans la stratégie du IIIe Reich. Grâce à elles, les Allemands espèrent non seulement renverser le cours de la guerre, mais aussi partir à la conquête de l'espace et asseoir leur domination sur le monde. Mais que sont donc ces armes secrètes, d'autant plus redoutées par les Anglais que leurs savants sont eux-mêmes à la pointe de la recherche aéronautique ?

Jusqu'ici, les bombes étaient chargées par des avions pilotés, qui s'en allaient déverser leur cargaison et qui revenaient ensuite à leur base. L'idéal ne serait-il pas de disposer de lanceurs autonomes, bourrés d'explosifs qui iraient se jeter eux-mêmes sur leur proie ?
C'en serait terminé des batailles aériennes et des lourdes pertes subies par l'aviation allemande. On a les explosifs, on connaît le radioguidage, reste à mettre au point la propulsion à grande vitesse d'engins capables d'échapper à la DCA et à la chasse.

À la différence de leurs alliés japonais, les Allemands ne sont pas des kamikazes. Ils tiennent à leur peau, parbleu ! Ils mettent au point, grâce à Wernher von Braun, les armes V. Le V1 tout d'abord, une torpille en forme d'avion sans pilote, de conception assez rudimentaire, catapultée à partir d'une rampe de lancement. Cette arme ne marque pas d'avancée technologique décisive. Au contraire, l'engin baptisé A4 est une fusée qui décolle par ses propres moyens en prenant appui sur l'air. C'est l'invention du siècle, elle ouvre l'ère de l'astronautique. La fusée A4, autrement dit le V2 n'est rien moins que le véhicule de l'espace, celui qui, après quelques perfectionnements, conduira Armstrong et Aldrin sur la lune.
Lancés par milliers sur l'Angleterre, ces engins qui font aujourd'hui rêver tant d'hommes, comme des enfants ébahis au matin de Noël, ont débuté leur carrière en tuant 14 000 personnes, en blessant 25 000 autres et en détruisant plus d'un million de maisons. Mais ce ne sont que quelques uns des méfaits accomplis par les joujoux du bon père de la fusée Saturne. Avant d'aller piquer du nez sur Londres ou sur Anvers, ces pétoires sont à l'origine, au nom de la science on va le voir, de l'un des crimes le plus odieux commis contre l'humanité : Dora. Une géhenne que l'imagination peut à peine concevoir, dans laquelle Christian pénètre, à l'âge de 17 ans, ainsi que 59 999 autres damnés de toutes nationalités, principalement des Russes et des Français. C'est la raison pour laquelle mon récit balance sans arrêt entre macrocosme et microcosme, entre ce qui se passe autour de mon personnage et dont l'énoncé sec serait comme une pièce sans décors, et les péripéties, les palpitations d'un monde soudain livré à la folie.
En attendant, neuf cent soixante-deux Français venant de Compiègne arrivent à Buchenwald le 27 juin 1943 où ils sont d'abord placés en quarantaine, à l'extraction et au transport des blocs de calcaire. Ils découvrent, comme Christian, les affres, l'agonie et la torture, menacés au

moindre prétexte, voire sans prétexte du tout d'être battu à mort par un vert et de s'en aller en fumée dans le four crématoire. Ou d'être "sélectionné" pour aller au block des "expériences médicales". On immerge un déporté dans un bac où flottent des glaçons pour voir au bout de combien de temps surviendra la mort. On en tire de précieux enseignements pour les aviateurs allemands abattus au-dessus de la mer du Nord. On stérilise, on émascule, on inocule des maladies. On brûle au phosphore. On injecte de l'essence par intraveineuses à des malheureux qui meurent dans des convulsions épouvantables.
À Buchenwald, comme dans beaucoup de camps, les déportés vont travailler le matin au son d'un orchestre de cirque. Plus tard dans la journée, les cordes remplacent les cuivres, quand les condamnés à mort sont baladés dans des chariots, avant d'être pendus ou étranglés publiquement, au son d'une musique tzigane.
Le 7 juillet : appel spécial. Six cents d'entre les 962 sont désignés pour partir. Dieu sait où, dans quel enfer ? Départ en camion jusqu'à Weimar. Puis trois jours et deux nuits de train, direction plein nord. Ils arrivent aux abords d'un enclos, entouré de barbelés électrifiés. Ils pénètrent à l'intérieur et marchent jusqu'à un immense bâtiment neuf où ils sont logés par chambres de cent à cent cinquante. Peenemünde !

Pour ces Français déportés à Peenemünde, c'est une nouvelle vie qui commence, dont la moindre des surprises n'est pas, dans ce centre d'expérimentations ultra secret des aéronefs du dernier cri, une amélioration des conditions d'existence très sensible par rapport à Buchenwald. La discipline y est rigoureuse, pas davantage. C'est à peine si deux SS roumains passent leur temps à débusquer les tire-au-cul pour les rouer de coups. Ils ont un régime basses calories mais reçoivent quand même légèrement plus qu'avant : café le matin, soupe, pain, margarine à midi, soupe le soir. Un luxe inouï : le repos du dimanche après-midi !

Une partie d'entre eux est affectée aux corvées de toutes natures, les autres, appelés spécialistes (les Allemands adorent ce terme), reçoivent une mission à l'usine pilote, selon qu'ils sont mécaniciens, ajusteurs, électriciens... Comme on ne leur a rien dit sur l'activité et la nature des objets fabriqués ici, ils sont suffoqués lorsqu'ils aperçoivent pour la première fois, une énorme torpille munie d'ailerons à la base, mesurant vingt mètres de hauteur et deux mètres de diamètre : c'est la fameuse fusée A4, autrement dit le V2.

Une organisation de résistance et de sabotage se met rapidement en place dans laquelle se retrouvent quelques uns ayant noms Croizat, Berthereau, Blanchard, Fourquet, Jabinsek, Gaudel, Largouet, Chahon, Dunouau, ainsi que d'autres. La marge de manœuvre relative dont ils paraissent disposer leur a-t-elle permis de fabriquer un poste émetteur et de communiquer des renseignements à Londres ?
Il paraît que c'est sur des rapports établis par la Résistance française, confortés par des reconnaissances aériennes, que les Anglais ont appris l'existence de Peenemünde, où l'on mettait au point des missiles capables de détruire leur pays, lesquels seraient bientôt fabriqués en série, grâce à des chaînes de montage automatisées.

Le führer veut qu'on en fabrique neuf cents par mois et que pour inaugurer le tir, une pluie de cinq mille V2 s'abatte d'un seul coup sur Londres.

Les Anglais prennent l'affaire très au sérieux. C'est le propre gendre de Winston Churchill, Duncan Sandys qui est nommé rapporteur unique d'une enquête approfondie destinée à faire le point des connaissances sur la fabrication des armes V en Allemagne. Quand les conclusions de l'enquête parviennent au premier Britannique, ce dernier décide de bombarder immédiatement Peenemünde. L'attaque est baptisée opération Hydre. Elle a lieu dans la nuit du 17 au 18 août 1943.

L'attaque de Peenemünde

L'opération Hydre est un des raids les plus importants effectués pendant la Seconde Guerre mondiale. La mise au point n'est pas simple. L'éloignement de Peenemünde ne permet pas à la chasse britannique de couvrir ses bombardiers, exposés de ce fait aux représailles des Messerschmitt. Une opération de diversion est conduite par une escadrille de Mosquitos qui fonce droit sur Berlin, dès 22 heures. Les stations de repérage sont trompées par des leurres. L'état-major allemand croit à une attaque de grande envergure sur la capitale du Reich, faisant suite au pilonnage des grandes villes telles Cologne ou Hambourg. Il mobilise sa chasse autour de Berlin, laissant le champ libre à six cents bombardiers de la RAF qui s'en vont déverser pendant ce temps, dix-neuf cents tonnes de bombes sur la presqu'île et ses usines.

Les pertes en vies humaines sont importantes, surtout parmi les travailleurs étrangers, volontaires ou requis. Il y a trente déportés parmi les victimes. Les dégâts matériels quant à eux sont considérables. La cité des savants, l'usine pilote de fabrication en série, les prototypes et les bancs d'essai sont détruits ou endommagés. N'empêche, les travaux et la mise au point des engins ne subiront que six à sept semaines d'arrêt.

Mais la nuit du 17 au 18 août 43 restera comme un cauchemar pour les dirigeants. *« Une nuit de feu »* dira Dornberger qui n'en finit plus de pleurer son beau Peenemünde. Le chef d'état-major de la Luftwaffe Jeschonneck est rendu responsable de la catastrophe et se suicide. Quant à Hitler, on dit qu'il a eu si peur qu'il est resté éveillé toute la nuit.

La fabrication en série du génial vaisseau aura bien lieu, malgré tout. Mais ce ne sera plus à Peenemünde. Ne demeureront ici, que la matière grise et les bureaux

d'études. Les déportés de Peenemünde retournent à Buchenwald. De là, ils sont dirigés sur Dora. Une énorme surprise les y attend.
Nous sommes le premier septembre 1943.

Le Harz

On a exagéré l'influence que pouvaient avoir les fusées sur un renversement de dernière minute de l'équilibre des forces au profit des Allemands. D'un point de vue scientifique, il n'y a pas de doute que la mise au point du V2 est une révolution. Mais pour passer au stade industriel, il eût fallu plus de temps. On est obligé de raisonner quantitativement. En huit mois, les Allemands n'arrivent à expédier sur l'Angleterre, grâce aux V1 et aux V2, que trois mille tonnes d'explosifs. C'est le tonnage de bombes déversé dans une nuit par l'aviation américaine sur des villes comme Dresde, Cologne ou Hambourg.
À côté du réalisme froid d'un Churchill, les dirigeant nazis apparaissent comme des paltoquets qui se laissent griser et guider par leur vision fantastique d'un monde à leurs bottes. Mais après le déplorable incident de Stalingrad comme ils disent, et le déluge de bombes qui s'abat sur leur pays, ils sentent la nécessité d'offrir de toute urgence à leur opinion publique, une perspective capable de lui remonter le moral. Il faut aller vite. Dans leur précipitation et leur aveuglement, ils laissent déposséder la Wehrmacht et la Luftwaffe de la direction des armes nouvelles au profit d'Himmler qui lorgnait depuis longtemps sur le projet pour constituer un empire qui ne fût pas simplement allemand mais avant tout SS.
Le contrôle et la fabrication des V1 et des V2 va donc passer et ce sera l'erreur, sous l'égide de la SS, qui contractera désormais seule avec l'industrie privée. C'est le bras droit d'Himmler, un brillant technocrate du nom de Hans Kamler, l'architecte des chambres à gaz qui devient numéro un pour tout ce qui concerne les armes secrètes.

Après le bombardement de Peenemünde, il faut d'extrême urgence transférer l'usine de montage dans un lieu tenu secret, à l'abri des attaques aériennes. Seule solution : creuser pour que les projectiles ne puissent pas l'atteindre. Un petit massif de moyenne montagne situé en Allemagne centrale, dans un périmètre compris entre Kassel, Hanovre, Leipzig et Magdebourg : le Harz. Point culminant : le Brocken, 1 142 mètres. Ville principale : Nordhausen.

Bucolique, boisé, vallées étroites, petites bourgades, l'endroit ne manque pas de charme. La roche affleure sous une mince couche de terre. Des falaises sous lesquelles il est possible de creuser. D'ailleurs, il existe déjà des galeries où l'on extrayait naguère le quartzite pour recouvrir les routes. Les propriétaires de la clairière où débouche le tunnel de cette ancienne mine sont expropriés. Il ne reste plus qu'à procéder à l'excavation et l'agrandissement des galeries pour installer les usines. C'est Dora !

Premier septembre 1943

Peenemünde a été bombardée dans la nuit du 17 au 18 août. La décision n'a pas tardé. Le kommando de résistants français refoulés, dont nous parlions il y a un instant est parmi les premiers sur le site.
Ce sont les pionniers. Ils attaquent la roche à main nue, avec des marteaux et des burins ! Il était plus facile d'acheminer des esclaves que des marteaux piqueurs qui eux, ne sont pas encore arrivés.

La période qui va du 1er septembre 43 à mai 44 est la pire de Dora. Les SS, Kammler à leur tête sont les maîtres absolus du projet. Ils contrôlent à la fois le complexe industriel de fabrication appelé Mittelwerke et l'ensemble concentrationnaire appelé Mittelbau, destiné à fournir une main-d'œuvre gratuite en même temps qu'abondante de déportés loués aux firmes privées.

Avant de retourner au récit des Compiègnois et des Grenoblois, voici quelle a été la vie de ces premiers forçats, presque tous des Français.

Au premier septembre 1943, il n'y a rien. Quelques baraques pour les SS et c'est tout. Les déportés couchent à même les éboulis, à l'intérieur du tunnel obscur, froid et humide. Ils grelottent et se retournent sans cesse sur un parterre glacé dont chaque aspérité leur cisaille le dos. La nuit est courte, six heures de sommeil à peine. Lever à quatre heures. Douze heures de travail. Le reste ? Formalités, tracasseries de toutes sortes. Rassemblements impromptus. Corvées. Fouilles. Et bien sûr les appels.
Un cérémonial. Un rite calculé d'attentes immobiles, des heures sous la pluie , dans la boue, le froid, le brouillard... Interdiction de faire un geste. Ici les bastonnades sont meurtrières. Ça dépend si c'est une punition officielle, la schlague assortie de vingt-cinq coups de gummi ou de fouet. Ça suffit pour faire éclater la peau et gicler le sang mais le déporté s'en sort. Mais si c'est une colère spontanée piquée par un de ces triangles verts tout puissants à Dora, la tripotée n'a de cesse que le dément ne sorte des transes où l'a mis sa soif de tuer.

C'est horrible à voir, disent tous ceux qui ont assisté à un massacre ? La victime se love, se tord, hurle, implore jusqu'au bout un pardon qui ne viendra pas. Une fois au sol, elle est achevée à coups de pieds dans la figure. Deux déportés sont désignés au hasard pour déshabiller le corps et le jeter sur le tas le plus proche.
Les kapos rouges de Buchenwald ont fait évincer les verts qui se retrouvent tous à Dora. Ces droits communs, assassins, criminels, malades mentaux, tiennent des SS le pouvoir de frapper et s'ils le veulent de tuer.
Il s'agit rappelons-le, de créer de toutes pièces un camp de concentration et un complexe industriel souterrain qui va devenir le plus moderne d'Europe.

Les travaux dureront de septembre 43 à mars 44. Une fois terminé, l'ensemble comportera :

- deux tunnels en forme de S allongé, orientés Nord/Sud, d'une longueur de 1 800 mètres ;
- 46 galeries transversales, hautes de 8m50, larges de 12m50, longues de 150 mètres ;
- une galerie médiane parallèle aux tunnels, entre les galeries 20 à 45.

L'ensemble est destiné à recevoir les ateliers de production et les chaînes de montage des V1 et des V2, les bureaux administratifs et les bureaux d'étude de la Mittelwerke, ainsi que les usines Junker qui construisent des avions.

Tel est Dora, d'abord simple kommando d'extermination du camp de Buchenwald puis, à partir du 1er novembre 44, camp autonome, possédant son propre four crématoire.

Dora est l'un des camps les plus redoutables, sinon le plus redoutable de l'Allemagne nazie ; dans tous les cas le plus redouté. Car si la conspiration du silence a fait qu'aujourd'hui encore, Dora est mal connu, voire ignoré du grand public (il ne fallait pas altérer le mythe de la conquête spatiale en avouant publiquement que le prédécesseur de la fusée Saturne, le V2, exposé à la NASA (!) a été construit par des légions d'esclaves soumis à l'immonde), les déportés eux, ils connaissent.

La réputation de Dora franchit les murs les plus épais, passe à travers les réseaux les mieux barbelés. Même dans le quadrilatère de l'horrible, Buchenwald, Dora inspire la terreur. Quand un damné est désigné pour y partir, on se persuade jusqu'au dernier moment qu'il s'agit de Laura, autre kommando rattaché. Hitler a effacé tous les tyrans qui l'ont précédé. Mais il n'est pas seulement un dictateur, fait pour disparaître. C'est avant tout un système de pensée, articulé sur les divagations délirantes de son esprit, exposées dans MEIN KAMPF. La justification de l'horreur postule sa planification. Les SS sont des techniciens. Ils exigent du rendement et de l'efficacité. C'est pourquoi il y a plusieurs sortes de camps.

On distingue les camps de concentration, conçus pour faire mourir lentement des hommes en exploitant leur force de travail, et les camps d'extermination, où la sélection expédie les nouveaux arrivants vers une mort immédiate. Dans cette dernière catégorie, on trouve Auschwitz. Les Juifs, hommes, femmes, enfants de tous âges, vieillards, ne quittent leur wagon putride que pour pénétrer, sous prétexte de désinfection, dans les chambres à gaz.
Dora fait partie de la première, avec les circonstances aggravantes du travail de minage et d'excavation, dans l'obscurité et l'humidité du séjour prolongé sous la terre, et du black-out entretenu autour des fusées. Nul détenu ne doit sortir vivant de Dora. Les travailleurs libres, allemands ou étrangers se retrouveront un jour, enfermés avec les déportés, en raison du secret des lieux.

Du 1er septembre 43 au mois d'avril 45, soixante mille détenus de toutes nationalités sont descendus dans cet enfer sur terre, victimes expiatoires d'un laboratoire d'expérimentations spatiales dont les chroniqueurs frappés d'amnésie ne parlent jamais. Les lois de la balistique et de la gravitation universelle ne sont pourtant pour rien dans le fait que Wernher von Braun ait été membre du parti national-socialiste. Sur les soixante mille, huit mille cinq cents sont français.

Combien de morts ? Dix-huit cents par mois, en moyenne. Les convois d'arrivants couvrent à peine les décès. Sans compter ceux qui, les derniers temps, viennent de l'est. Pour les soustraire à l'avance des troupes soviétiques, les Allemands les mettent dans des trains à destination de Buchenwald-Dora, debout des jours dans des wagons découverts, en plein hiver, sans eau et sans nourriture. Pas un seul ne parvient à destination.
Ce sont des trains entiers de morts qui arrivent à Dora, déchargés comme de vulgaires marchandises. Le crématoire ne suffit pas. Il faut dresser des bûchers. Une pile de

cadavres, une pile de bois, et ainsi de suite. La calcination des corps, la chair grillée, provoquent une fumée et des odeurs de fin du monde.

Chronologiquement, l'existence du camp de Dora se divise en trois phases. La première, de septembre 43 à mai 44 où la Mittelwerke et le Mittelbau sont édifiés à partir de rien. Les déportés sont sous la dépendance des verts. Cette période est terrible. Puis vient une période de relative amélioration, sous la pression des industriels, de mai à octobre 44. On continue à sévir et à pendre mais les soupes sont plus épaisses, les conditions sanitaires s'améliorent, le repos du dimanche après-midi est institué, une monnaie de camp est créée pour les plus méritants. Une cantine, un cinéma de propagande et un bordel (vous avez bien lu) sont ouverts.

La troisième période commence avec l'autonomie du camp, dès novembre 44 et jusqu'à la fin. Elle se traduit par une nouvelle aggravation et de nouvelles répressions, équivalentes sinon pires qu'aux premiers temps. Après avoir été remplacés un temps par les politiques, les triangles verts sont de retour.

Le forage

Dans les premiers temps de Dora, le camp extérieur n'existe pas encore. La vie se passe toute entière dans les galeries souterraines. On y travaille, on y dort, on y mange, on y meurt. Tout le monde est manœuvre, soit pour travailler à la construction du camp, soit pour percer et élargir les galeries du tunnel. Un ancien déporté, rescapé de Peenemünde et de Dora témoigne : « Des alvéoles sont creusées dans la paroi pour y dormir, en attendant l'arrivée des châlits. Elles sont occupées vingt-quatre heures sur vingt-quatre, tantôt par l'équipe de jour, tantôt par l'équipe de nuit. On y dort dans l'humidité de la paroi qui suinte et le vacarme des explosions que l'écho n'en finit plus de répercuter de galeries en galeries. L'odeur des seaux posés au bout de chaque rangée est insupportable. Le bruit des marteaux piqueurs, des machines et des locomotives accentue le dérèglement du système nerveux, qui confine à la folie. Les SS et les kapos accélèrent les cadences, des gueulements répétés, des coups dans tous les sens, des détenus écrasés comme des insectes, à coups de pierres, quand ils ne vont pas assez vite. Une folie. Creuser, creuser, sans jamais s'arrêter, toujours plus vite.

Juchés sur des échafaudages, les forçats tiennent les outils de forage à bout de bras, jusqu'à ce qu'ils tombent d'épuisement. La fracture d'un membre est dramatique. Elle entraîne l'évacuation vers le revier d'où partent les terribles convois de sélection. De nombreux déportés, au bout de leurs forces, momies debout, sont écrasés sous les rails et les machines outils qu'ils transportent. Qu'importe, les nouveaux arrivants remplacent ceux qui meurent, avant de mourir à leur tour. Mais ce n'est pas tout, il faut encore que les malheureux se gardent des morsures des chiens excités par leurs maîtres.

Il est interdit de boire. Motif : il n'y a pas d'eau potable ! Dès qu'un SS a le dos tourné, on lape la moindre flaque de boue, on lèche une paroi qui condense ou qui suinte. On récupère le goutte à goutte d'une locomotive à l'arrêt. Résultat : la dysenterie et le typhus s'ajoutent aux privations, aux plaies, aux abcès, à la vermine, aux poux qui courent par milliers sur la peau, au pus qui cerne les yeux, pour achever de désagréger les corps qui s'entassent sans relâche, avant d'être jetés dans le camion du crématoire.

Les mines qui explosent répandent une poussière ammoniacale qui ruine les poumons. Un halo de brume entoure l'éclairage diffus de cette vision de l'enfer.

Il n'est que les SS, rassurés par la perspective d'une victoire finale de l'Allemagne, grâce aux armes nouvelles, pour trouver des raisons de se réjouir et de se distraire. Leur passe-temps favori ?

Repérer un déporté juché sur un de ces cuveaux putrescents placés à chaque travée des dortoirs et pousser le malheureux dans la merde. Ils rient aux larmes, quand ils voient le désespéré, plus désespéré que jamais, ne sachant où aller pour se nettoyer, se rouler par terre pour enlever les souillures. Une misère physiologique effroyable. Ils font dans leur pantalon. C'est la dernière manifestation du désespoir et de l'abandon qui précède de peu la mort. »

Le système concentrationnaire

C'est dans cet univers de putréfaction délétère que Christian débarque le 20 février 44, avec ses amis de Compiègne (Camus, Rossi, Renard...) et de Grenoble (outre Martinelli, Santis et Vivier il y a là, sous les ordres du kapo allemand Racht, Édouard Bordet, Victor Rosello, Roéro de Cartance, Gaillard, Pierre Kioulou et Chevalier...). Tous vont être intégrés à des kommandos souterrains pour la tâche d'édification du Mittelbau et de la Mittelwerke qui sera achevée en mai.

Dora n'est encore qu'une dépendance de Buchenwald, par conséquent ils gardent leur matricule et descendent le jour même à la mine. La plupart ne reverront jamais le soleil. Avant de raconter la vie de Christian dans l'enfer, il est bon que nous en décrivions sommairement le contexte. Il est indispensable également, ceux qui me font l'amitié de me lire le comprendront, d'inclure quelques notions techniques sur la déportation, quelques définitions qui aident à comprendre le fonctionnement d'un KL, en allemand Konzentrationslager, traduisez : camp de concentration.

On a beaucoup écrit, on écrira beaucoup encore sur la cruauté. Je ne voudrais choquer ici aucune sensibilité. Mais je suis personnellement convaincu qu'élevées au rang de système, la cruauté et la violence ne sont que les alibis d'une politique qui comme toutes les politiques, vise à dominer et à s'approprier les richesses.

Les promoteurs de la solution finale n'ont pas dû croire un seul instant à la réussite de leur plan. Ils n'ignoraient pas que la communauté juive la plus nombreuse et probablement la plus riche était celle des États-Unis. Que par conséquent il était impossible d'éliminer les Juifs de la planète.
Naguère, j'avais une amie juive qui me disait : « Tout passe par l'économie. On ne comprend rien au monde si on fait abstraction de cette donnée capitale ».

L'économie

Pour alimenter ses desseins, il fallait que l'Allemagne fît revivre, sous des prétextes pseudo-philosophiques, l'institution de l'esclavage. Les nazis se sont inventé un ennemi racial, les Juifs, qui fournissaient une main-d'œuvre et une énergie gratuites, en même temps qu'ils se voyaient confisquer leurs biens. L'entreprise a d'autant mieux prospéré que de pogromes en pogromes, les Juifs servaient depuis des siècles de boucs émissaires et d'exutoire des malheurs sociaux. D'autres ennemis sont venus grossir le noyau central : les résistants, les communistes, les tziganes...

L'esclavage, revu et corrigé par les techniciens du Reich hitlérien est une savante institution qui s'auto-nourrit. Toujours le souci d'efficacité. Pourquoi se salir les mains dans des tâches qu'on peut déléguer aux esclaves eux-mêmes ? Ils sont pas fous les Allemands. Ils savent qu'ils vont trouver au sein même des communautés à réduire, les artisans de leur politique, les cadres chargés de gérer, administrer s'il le faut, terroriser leurs semblables. Cela étant, peut-on en vouloir à un communiste allemand enfermé depuis l'avènement d'Hitler en 33 d'avoir accepté le rôle de kapo, sans quoi il serait mort depuis longtemps ? Les kapos rouges n'ont rien à voir avec les dingues qui arborent le triangle vert. Mais venons en au système concentrationnaire, autogéré par les victimes.

Chaque camp est placé sous l'autorité extérieure des SS. Mais la gestion interne est placée sous l'autorité d'un chef appelé lagerältester. Quand je vous dis que les SS sont des gens super-organisés : selon l'importance du camp, il y a un lagerältester zwei, chef de camp en second.
Placée sous l'autorité directe du lagerältester, on trouve ensuite la police assurée par des lagerschutz. Les détenus sont appelés des häftling. Quand les häftling rentrent dans leur block, endroit où ils dorment, ils sont placés sous l'autorité d'un chef de block. Les häftling sont souvent appelés, plus péjorativement encore des stücke, littéralement des morceaux et dans le jargon des camps, des unités de compte. Parlons maintenant des kommandos. Ce terme désigne tantôt une unité de travail, chargée d'une tâche déterminée, tantôt l'annexe d'un camp principal. À ses débuts, Dora est un kommando de Buchenwald. Devenu camp principal, Dora contrôle à son tour, deux kommandos : Ellrich et Hartzungen.
À la tête d'un kommando il y a le kapo, assisté d'un vorarbeiter et d'un schreiber (celui qui écrit). Selon l'organisation des camps, les SS s'appuient tantôt sur des politiques (triangles rouges), tantôt sur des droit commun (triangles verts). Il y a enfin le meister qui est un civil allemand occupant des fonctions de chef d'équipe ou de contremaître.
Pendant que nous sommes dans les définitions et la terminologie, rappelons quelques mots tels que l'arbeitstatistik ou bureau de la main-d'œuvre, le bunker qui veut dire la prison, la Mittelwerke qui est la société chargée de la fabrication des armes secrètes, le Mittelbau qui désigne le camp de concentration de Dora, le revier qui est l'infirmerie et enfin le schonung, accordé avec une parcimonie extrême puisqu'il s'agit d'une exemption de travail.
Tout commence le 30 août 44 avec l'arrivée d'un groupe de deux cent cinquante détenus en provenance de Buchenwald. Vers 14 heures, le convoi débouche au pied d'une colline boisée. On aperçoit dans le lointain, la ville de Nordhausen. Paysage digne de l'Allemagne romantique. Si

des SS ont jamais adouci leur comportement, c'est bien ce jour-là. Ces messieurs sont mécontents de l'accueil qui leur est réservé, à tel point qu'ils se désintéressent de leurs prisonniers ! Ceux-ci pourraient s'échapper mais où aller, avec une tenue rayée, dans un pays hostile et quadrillé par les volksturm, gardes territoriaux ? Le soir ils sont conduits dans une galerie humide où les cailloux leur servent de literie pour cette première nuit à Dora.

La vie quotidienne

Deux mondes se côtoient sans jamais se rencontrer. D'un côté le génie scientifique, les fusées, les tuyères, les carcasses métalliques dressées en station verticale dans la rutilante Mittelwerke ; une communauté de savants, d'ingénieurs et de techniciens ; des ateliers, des bureaux d'études, des bureaux administratifs, des laboratoires, une technologie, des industries de pointe... Quand la France fabrique encore des camemberts et des boîtes de petits pois, l'Allemagne entre déjà dans l'an 2.000 !
Le problème, c'est qu'elle manque de main-d'œuvre. La Bérézina d'un côté, Waterloo de l'autre, son énergie musculaire est absorbée par les champs de bataille. Le temps des victoires éclair peut revenir, grâce aux fusées mais qui va les fabriquer ? Les esclaves parbleu ! Les pays occupés en sont pleins. Pèlerins de la misère et de la désespérance, ils arrivent par milliers, troupeau décharné, vieilli, hésitant, êtres cernés par tous les maux de la création, cohorte du malheur et du sacrifice, résurgences de l'enfer que la mort qui ricane autour d'eux s'apprête à cueillir. Oui, il en arrive des cargaisons de toute l'Europe, principalement de France et de Russie. Les Français sont des résistants ou des communistes, des politiques en tout cas, des triangles rouges. Ils savent pourquoi ils sont là. Parmi eux, beaucoup d'intellectuels. Les Russes et les Polonais par contre sont de simples prisonniers de guerre. La Résistance choisit ses sujets, sélectionne les âmes. La mobilisation générale, elle,

ratisse plus large. L'enfer comme le reste, a sa lie. Les occidentaux, Français, Belges, Hollandais, quelques Italiens, sont agressés, détroussés, tués par les slaves, qui chassent en bandes, comme les loups. Une fosse insalubre, humide, obscure, où gigotent des crotales enchevêtrés. La rivalité des races et des nationalités est exacerbée dans un climat de haine totale, de mensonges entretenus et de délation.
L'entreprise des SS ne vise pas seulement à éliminer physiquement leurs ennemis. Il ne suffit pas d'exercer sur ces derniers, des sévices que l'imagination même se refuse à envisager. Ils veulent démoraliser, terroriser, avilir, abolir l'homme et sa conscience. Le paradoxe, la contradiction et l'illogisme font partie de leur stratégie. Ceux qui sont musiciens se voient offrir des places privilégiées pour prix de leur participation à l'orchestre de Dora, dont les accents accompagnent, sur les airs les plus joyeux, l'effroi et l'agonie des pendaisons et des garrottages. Dans cet univers des ténèbres, la place d'appel est décorée pour Noël et illuminée d'un immense sapin, au pied duquel les malheureux sont occupés à transporter des charges énormes, par un froid sibérien, l'après-midi du 25 décembre.

La terreur

La terreur fait partie du quotidien. C'est l'ordinaire de cette main-d'œuvre d'esclaves martyrisés, qui se consume et se dissout dans la saleté et le désespoir.
Un des sommets de la cruauté : les pendaisons publiques auxquelles tous, y compris le personnel civil allemand, sont tenus d'assister. Gare à celui qui tournerait la tête pour ne pas regarder les convulsions de ceux à qui on a d'abord ligoté les mains derrière le dos et attaché les pieds. Au début, certains condamnés avaient insulté le bourreau avant de mourir. Les SS en avaient été choqués ! Ils ont ordonné que les victimes soient réduites au silence. On leur passe un bout de bois dans la bouche, attaché derrière la nuque avec un fil de fer. La sentence de mort est pronon-

cée devant l'assistance, dans toutes les langues. La cause en est le plus souvent le sabotage ou la tentative d'évasion. Pour les autorités du camp, c'est soir de fête. Les officiers ont revêtu leur tenue de parade, galons, décorations, croix gammées ; les bottes noires parfaitement cirées, luisent dans les projecteurs. Ils vont, ils viennent, fument de gros cigares, rigolent, s'interpellent, expriment leur jouissance, comparent ceux qui gigotent jusqu'au bout avec ceux que la mort a pris tout de suite. Pendant que l'orchestre joue des airs tziganes ou de corrida.
Les bourreaux, ce sont les kapos. Ils attachent la corde au cou du condamné, après avoir fait monter ce dernier sur un tabouret. Sur ordre d'un SS, les tabourets sont éjectés, tandis que l'orchestre joue de plus belle. Parfois les exécutions ont lieu dans l'usine. Le cérémonial se déroule en présence des kommandos rassemblés, des SS, des officiers, du personnel civil. D'après le témoignage du matricule 14784, von Braun lui-même a assisté à des pendaisons dans le tunnel de Dora, avant d'être admiré et porté aux nues par toute l'Amérique. À l'usine, il n'y a pas de tabouret. Par brochettes de six, de quinze, ou plus, les suppliciés sont accrochés à des palans électriques, relevés lentement pour ralentir le passage vers la mort qui peut durer de longues minutes. Ceux qui sont petits de taille sont déjà sur la pointe des pieds, la figure violacée et les yeux exorbités, quand les plus grands sont encore debout sur leurs jambes ! Quand les spasmes ont cessé, quand ils ont fini de lancer leurs jambes en l'air, les pendus sont décrochés. Parfois, ils vivent encore. Un kommando spécialisé est chargé de les transporter au crématoire. Pendant l'entracte, les officiers s'adjugent un verre de schnaps. Ils commentent le spectacle, en espérant que la suite sera aussi bien que le début. Les prochains suppliciés ont assisté à la pendaison et à l'agonie de leurs camarades. À leur tour, ils sont accrochés aux palans électriques. Après chaque série, les kommandos ont l'obligation de défiler en tournant la tête vers la potence, sous peine de schlague.

Les pendaisons sont les seuls moments où les SS ne sont pas chiches, à propos des heures de travail perdues. La production s'arrête complètement, pour l'exemple. Curieusement, la potence est un châtiment réservé à ceux de l'est, les Polonais, les Russes, les Ukrainiens, parfois les Tchèques... Les occidentaux condamnés à mort ont l'insigne privilège d'être fusillés ! Aucun Français n'a été pendu à Dora. Les premiers fusillés furent des Italiens. Après avoir déclaré la guerre à leurs associés d'hier, des bersaglieri sont capturés à Trieste. Au lieu d'être envoyés dans des camps de prisonniers, les Allemands vexés que leurs alliés de l'Axe les abandonnent (les Italiens ont changé de régime), les expédient à Dora. Avec leur esprit latin et ne sachant pas dans quel cratère ils avaient atterri, ces Italiens refusent de travailler, se référant à la Convention de Genève sur les prisonniers de guerre ! Sept d'entre eux sont fusillés, les autres reçoivent l'habit rayé, sans comprendre ce qui leur arrive. Très peu survivront.

Le revier

L'existence d'un *revier*, autrement dit d'un hôpital, ou d'une infirmerie est a priori surprenante, dans un milieu de mort programmée. Le revier est en fait un alibi. Chauffeur de taxi dans le civil ou bien maçon, n'importe qui peut soigner, panser, opérer... Les interventions ont lieu sans anesthésie. Elles servent souvent de prétexte à des incompétents ou des sadiques pour faire souffrir, torturer, activer la mort de patients sans défense. Parfois, on y relève mais c'est rare, des actes médicaux authentiques. Le revier est commandé par le médecin chef SS Karr. Aussi surprenant que cela paraisse, il est humain, mais il a beau pousser des coups de gueule et s'insurger quand un kapo vient jusque sur son lit de mort frapper un malade, il ne peut pas grand chose contre une meute de détraqués, ivres de sang.
Pour être admis au revier, il faut avoir au minimum 39° de température. Tous les jours, une file de détenus épuisés

tentent d'y trouver refuge, dans l'espoir d'obtenir vingt-quatre ou quarante-huit heures de répit. S'ils sont refoulés, malheur à eux. Ils sont accusés d'avoir voulu saboter le travail. Le sabotage, ça ne pardonne pas on le sait. Surveillés par les kapos, ils sont abattus au premier prétexte.

Les kommandos du ciel

Le revier est utilisé à des fins bien plus inimaginables encore. Etant donné que Dora ne possède pas de chambre à gaz, les autorités ont inventé le moyen d'éliminer les malades et les blessés, dès qu'ils sont en trop grand nombre. Après la sélection, ils les rassemblent, en pleine nuit sur la place d'appel. Formalités, tracasseries de toutes sortes, ça dure jusqu'au petit jour. Immobiles par des moins cinq ou moins dix de température l'hiver, avec des fièvres qui dépassent souvent 41°, ceux qui ont résisté jusque là sont mis dans des trains, leur faisant croire qu'ils vont être envoyés dans un camp de repos. Direction : Bergen-Belsen. "Expériences" médicales et vivisection. L'unique rescapé de ces kommandos du ciel (il y en eut des milliers), parle de l'amusement des SS qui poursuivent à travers les baraques et attrapent une par une leurs victimes, se livrent à des actes sadiques sur elles avant de leur faire une piqûre d'essence dans les veines. À Dora aussi, on sort par la cheminée. Le crématoire est ce par quoi, principalement, se distingue un camp central de ses annexes ou kommandos. Au début, Dora dirige quotidiennement ses morts par camions entiers vers Buchenwald, pour y être incinérés. Puis Dora s'affranchit, devient "majeur". Il a son crématoire ! Même si parfois celui-ci n'a pas un rendement suffisant pour faire face à la situation. Alors on dresse des bûchers.

« Toutes ces malheureuses dépouilles étaient destinées au four crématoire. Ce dernier était aménagé à proximité du camp, dans un baraquement dominé par une haute cheminée, crachant sans cesse ses volutes de fumée noire et épaisse ; tout autour, un vitrage opaque pour mettre à l'abri des regards indiscrets la sinistre besogne qui s'accomplit à l'intérieur. Ah ! cette odeur de chair grillée qui nous prend continuellement aux narines, c'est pour nous un supplice chaque fois renouvelé, qui nous fait évoquer le martyre de nos camarades et l'horrible perspective que le sort peut nous réserver, d'un moment à l'autre. Du reste, ce four était trop exigu pour dévorer dans son lugubre foyer, tous les restes que la camarde lui vouait quotidiennement. Aussi, tous les jours, des camions apportaient à Buchenwald les corps qui ne pouvaient être consumés et, de l'aveu d'un camarade dijonnais préposé à leur réception, le nombre de ces derniers atteignait certaines semaines 3 ou 400. » (témoignage Arvet - Plaquette Dora Mittelbau 1 - D).

Le four crématoire est à côté de la morgue. Là on distille la quintessence de l'horreur. On fabrique des extraits d'immondices, des concentrés de balayures qui mettront des siècles à se dissoudre. Dans la puanteur des excréments, la pestilence et la décomposition des cadavres de typhus et de dysenterie, un déporté muni d'une tenaille et d'un marteau défonce les mâchoires et récupère les dents en or. Quand il a terminé cette abomination, un SS contrôle l'extraction. La charogne est poussée du pied sur un tas.

22 octobre 1994

Ça m'arrive rarement mais ce soir-là je zappe. Je tombe sur une émission de Nicolas Hulot. Rétrospective de la conquête spatiale. Chapeau cet homme-là. Rien qu'en regardant Ushuaia, on devient intelligent. C'est ça, communiquer. Si vous avez de la salade à vendre, c'est le moment. Et ça marche. Wernher von Braun, héros de l'espace ! Selon la télévision française. Dora, l'enfer de tous les camps, de l'aveu même des SS jugés après la guerre, personne ne connaît ? Tout au plus, un complexe de main-d'œuvre rebaptisé Mittelbau 1 où paraît-il les gens n'étaient pas très

heureux ! Black-out des chroniqueurs et des historiens. Silence des bouquins sur la déportation. Le piège tendu par les aristocrates du mal avec la bienveillance des puissances de l'argent, a bien fonctionné.
Que les Russes n'aient rien révélé du passé de Gröttrup, bras droit de von Braun, père de la fusée Vostok, passe encore. En matière de transparence et de démocratie, on a fait mieux que les Soviétiques. Les goulags ne le cèdent que de peu aux Konzentrationslager. Mais que les Américains n'aient rien dit des conditions dans lesquelles ils ont, en mai 45, récupéré von Braun, ce scientifique génial, mais scientologue inculte, complice des crimes contre l'humanité, laisse pantois. Puisqu'on vous dit que l'aventure spatiale ne doit rien aux nazis ni à leurs esclaves. L'homme dans le cosmos, d'accord c'est inutile mais c'est beau, vous n'allez tout de même pas gâcher ça ! Einstein qui n'avait pourtant rien fait de mal a regretté de ne pas s'être fait plombier. Von Braun que Christian a vu personnellement à Dora, rien, pas un regret, pas une excuse. Pauvres déportés de Dora ! On vous avait déjà pris la vie. Vous aviez déjà servi de cobayes pour la science. Voilà qu'on vous retire la mémoire. Même le cinéma s'y est mis. Dans le film *I am aiming at the stars*, Hollywood vole au secours du savant nazi, passé selon le scénario, directement de Peenemünde aux premières lignes américaines. Dora n'a jamais existé !
« Si tu aimes le massacre collectif, mais si ta peau t'est chère, deviens un savant mon fils. C'est le seul moyen aujourd'hui de commettre des meurtres impunément. Être un politicien fauteur de guerres n'est plus un métier sûr de nos jours Si tu perds, ils te pendront. Si tu es un général vaincu, tu iras en prison. Mais si tu es un savant, que tu sois vainqueur ou vaincu, tu seras honoré. Tes ennemis te convoiteront. Ils lutteront entre eux pour t'avoir, sans se soucier du nombre des leurs que tu auras tués. » (J. Jœsten - The Nation).

8

SI DORA M'ÉTAIT CONTÉ

La pluye nous a debuez et lavez,
Et le soleil dessechez et noirciz :
Pies, corbeaulx nous ont les yeulx cavez
Et arraché la barbe et les sourciz.
FRANÇOIS VILLON

CHRISTIAN a à peine seize ans quand il entre dans la Résistance. Son engagement est fougueux, profond, sincère, naïf aussi. Les adultes, ils calculent. Ils mesurent le risque. Certains, pas tous heureusement, mesurent aussi leur intérêt. Y aller coûte que coûte, avec pour seule perspective l'honneur de la France, ou attendre et voir comment le conflit va tourner, pour être sûr qu'on ne s'est pas trompé ? L'engagement, même tardif est utile, mais il n'a pas le même sens. Les premiers à s'être dressés et à dire non, de Gaulle en a fait les *compagnons de la Libération*. Cette noble confrérie rassemble les esprits forts de l'époque.

Malheureusement, on a oublié les jeunes. Il y en a qui ont été arrêtés par la Gestapo, quand ce n'était pas la police française, bien avant 17 ans. Au lieu d'apprendre à décliner le datif et le génitif sur les bancs du lycée, pour se préparer à devenir des hommes, ils sont partis apprendre à décliner le salut nazi dans les camps de concentration, le *mützen ab*, calot rayé dans la main droite tendue en l'air, garde-à-vous à chaque passage d'un SS, d'un kapo ou d'une huile civile.

L'oraison funèbre d'André Malraux à Jean Moulin m'a personnellement ému aux larmes. Le lyrisme du ministre de la Culture planait ce jour-là sur des sommets qu'on n'atteindra plus jamais. Pardonnez-moi cependant si je ne parviens pas à réprimer l'idée que tout cela se passe toujours entre chefs. Christian a reçu des citations, la croix de guerre, la médaille de la Résistance. C'est justice. Mais il y a une chose qu'on a oublié de rendre à ces enfants perdus dans la tourmente, c'est leur jeunesse. Je n'arrive pas à comprendre cette ségrégation pratiquée à l'encontre des jeunes. Encore moins quand elle émane des milieux gouvernementaux. Il me paraît parfaitement injuste qu'une médaille ne soit pas venue récompenser les jeunes résistants, tous ceux qui, mineurs, ont sacrifié leur jeunesse, leurs études, parfois aussi leur vie pour le pays.

Si tu passes trois mois, tu as une chance...

Christian arrive à Dora le 20 février 44. Il passe trois mois à creuser, soulever, pousser, tirer, porter... L'usine est achevée en mai. Il est appelé comme "spécialiste" pour ajuster les pièces de la fusée.
Son meister, autrement dit son contremaître, est un civil allemand nommé Heinrich, originaire de la Rhénanie. Un ancien de la guerre de 14. Blessé à Verdun, puis prisonnier des Français dont il a gardé un bon souvenir. Il a été bien traité. Réformé en 39, il n'est pas parti au front. Il est inscrit au parti (sans cela, il n'aurait pas de travail) mais il n'a pas l'âme d'un nazi. Il se prend d'amitié pour Christian ; grâce à lui, ce dernier arrive à trouver, du moins pendant la journée, des espaces de liberté qu'il met à profit pour prendre des notes qu'il cache dans la doublure de ses habits rayés. Déchiffrer ces notes n'est pas chose facile. Il y a des bouts de carton, des morceaux de sacs de ciment, des vieux journaux... Il faut les interpréter, 50 années après ! Mais quelle richesse pour parfaire le récit de sa vie de déporté et illustrer les pages qui vont suivre.

L'arrivée

L'apocalypse. C'est gris. Tout est gris. Le ciel est gris. C'est plein de boue, plein de neige. Il nous font sauter des camions. On ne sait pas où l'on est. On aperçoit cette petite lumière au fond. Alors là, on sait que c'est Dora.
Avant de mourir, le déporté m'a dit : « Reste au milieu des rangs ! » Mais c'est difficile. Tout le monde la veut, cette place. Il suffit d'avoir été une fois sur les bords, puis de voir les chiens s'amener sur vous... Quand ils lâchent les chiens, les Allemands, ils sautent sur les déportés, les chiens. C'est une histoire pour se retrouver au revier, le mollet en moins. Parce que, par la suite, quand on va remonter du tunnel pour aller dans les baraques, on va toujours avoir les chiens.
On était des bagnards par l'uniforme. Mais c'était pire. Je ne sais pas comment expliquer. Des hommes perdus. On n'était plus rien. On était rien.
Ça grouille. Le kapo nous embarque. Il ne va pas nous dire : « Attention, les p'tits, faites gaffe ! » On est une cinquantaine par kapo. On arrive sur le boulot. Ce n'est même pas un chantier. C'est la merde. On attaque le boulot tout de suite. Pour commencer, j'ai porté des poutres. Tout ça nous a fait prendre l'équipe de nuit. Donc on n'allait pas dormir avant le lendemain.

C'est quoi, trois mois ?

Il fallait que l'on évite de boire, mais on avait tellement soif ! Toute cette poussière qu'on avalait ! On avait une grosse soif. On buvait de l'eau de partout. L'eau qui s'écoulait des rigoles, parfois de la boue, l'eau des locomotives, il y a de la flotte qui coule de chaque côté. On disait là, la flotte, elle est bonne, elle est passée par les chaudières. Alors qu'au contraire, elle était encore plus empoisonnée que les autres flottes. Alors on buvait, moi, j'en ai bu parce qu'on ne peut pas ne pas boire. On est obligé de boire.

Tous les jours, on est avec des déportés qui vont mourir. La solidarité, je n'en ai pas eu. Il y avait des curés qui disaient la messe en cachette. Ils prenaient des risques énormes pour cela. S'ils s'étaient fait prendre, ils les auraient pendus. Mais me demander si j'avais besoin de quelque chose, ça jamais ! Faut compter que sur soi-même. En tout. Essayer d'éviter les coups. On ne pouvait pas toujours les éviter, ce n'est pas vrai. On recevait des coups, quand ils arrivaient comme des malades, à taper dans le tas, si on était là, on prenait avec. Même si on n'avait rien fait. Le SS, il fallait qu'il passe sa rage de détruire.
Il meurt quatre à cinq cents hommes par jour. Mais ça ne fait rien, ils sont automatiquement remplacés par des nouveaux arrivants. Pendant trois mois, on va connaître un enfer dingue. Rien à bouffer. Rien à boire. Dormir à l'intérieur du tunnel. L'atmosphère qui brûle les poumons. Les hurlements, les cris. Les agonisants. Le bruit, les explosifs qui pètent, les locomotives qui passent, les wagons qui déraillent. Les outils, les marteaux piqueurs. C'est une folie !
Il y a des rails, moi je m'en rappelle, on était au moins vingt pour les soulever. À vingt, on a du mal. En définitive, il y en a que la moitié qui lève. Les autres font semblant. Il y a ceux qui tombent. Ils ont intérêt à se relever vite, vite, vite, et à se remettre sous le rail ; il y a le kapo qui est là. Quelquefois, pour le plaisir, ils nous font lever le rail pour le mettre sur l'épaule. Alors, s'il n'y a pas un ensemble, il y en a qui se font écraser par la ferraille.
On vient de porter des rails, d'un seul coup, il faut prendre une brouette et pelleter. C'est la merde. Il n'y a rien d'organisé. Faut faire attention à tout. À chaque instant, on peut être écrasé par un wagonnet.
Puis il y a les coups. Sans arrêt on nous tape dessus. On prend des coups à droite, à gauche... Ils voient tout de suite les hommes qui ne bossent pas. Pour pisser, c'est un problème. Ils nous rentrent dedans presque à chaque fois, de peur que l'on fasse semblant pour gagner trois minutes. Il y

a les bétonnières. Il faut tirer les wagons. Il n'y a pas de chevaux. Il y a ceux qui poussent, ceux qui tirent, pour amener du ciment, des produits, des matériaux, des chargements d'outils, des planches, des madriers, des poutres. Il faut aussi faire les étais.
Il meurt énormément de déportés sous les coups, on ne sait pas pourquoi, l'homme n'aura rien compris. Souvent on dit : « Il est bien tranquille ». Parce qu'il ne va plus connaître cette misère, cette survie que l'on va avoir. Toujours sous les menaces. Puis, il y a les déchargements de trains. Ca vient de Peenemünde. On va apprendre que l'usine de Dora va devenir l'usine de fabrication des V 1 et des V 2. Dora remplace Peenemünde. Il est mort des milliers d'hommes là-dedans. Ça va vite à creuser. Les SS les usent. Une vie, ça fait trois mois. C'est comme les abeilles, elles vivent six mois l'hiver et trois semaines l'été, tellement elles travaillent. C'est les fameux trois mois.

Pendant que nous, on travaille au percement, au déblaiement des gravats, des poutres, des rails, des objets de toutes sortes, il y a d'autres équipes qui installent les machines. Nous on voit des machines sortir des wagons. Là aussi, ils ont de gros risques. J'ai vu des hommes qui n'avaient pas eu le temps d'enlever la main, la machine leur a écrasé les doigts. Il y a plein d'accidents comme ça. Il y avait d'autres équipes qui installaient des grues, qui posaient des rails au plafond avec des palans, des crochets pour lever les fusées. Le reste, c'était ripé par des détenus, avec des barres de fer. Il y avait vingt-cinq hommes les uns à côté des autres.
Avec tout ça, dans cette grosse cohorte d'esclaves, on côtoie les morts, on marche sur les morts, on passe pardessus les morts, on mange à côté des morts, on voit ceux qui tombent à côté, ceux qui n'arrivent pas à se relever, qui poussent des plaintes, ceux qui pleurent, on travaille avec un massacre à côté qui se fait continuellement, on craint à chaque instant que ce soit notre tour, on a peur de trébucher. Le SS, il vous tombe dessus tout de suite, il vous

esquinte... En général, si un homme n'arrive pas à se relever, ils le finissent. Quand ils l'ont achevé, il y en a qui le prennent et qui le mettent sur le tas. Il y a toujours ici ou là un tas de cadavres. C'est comme les tas de fumier à la campagne. Je voudrais survivre, rien que pour pouvoir raconter. Jamais les gens n'y croiront. Dans mon secteur, il va y avoir des montagnes de cadavres. Moi je n'avais jamais vu des montagnes de cadavres. Et puis, casser la croûte à côté !

Il y avait des kommandos qui ne faisaient que ça : porter les morts. Ils les appelaient les tottentrenger. Ca m'est arrivé combien de fois ! On a porté des cadavres. On prenait deux bouts de bois, on mettait trois, quatre cadavres dessus, ils étaient vides, creux. On allait les transporter sur un autre tas, plus loin. Là ils les prenaient pour les amener au crématoire.

Il y avait un crématoire au camp mais il était trop petit pour tout brûler. Il y avait un crématoire de campagne, c'est-à-dire un crématoire qui suivait les Allemands. Ils appelaient cela un crématoire de campagne, comme une popote, à la place c'était un crématoire pour brûler des hommes. On a vraiment souffert, les plaies, les coups, les blessures. À force d'être dans l'obscurité, pendant trois mois, et d'avoir les yeux brûlés par l'ammoniac, j'avais du pus dans les yeux ; le matin, mes paupières ne voulaient pas s'ouvrir. On étaient épuisés, vraiment épuisés. En plus, les Russes qui nous tombaient dessus, les Polacks qui nous tombaient dessus. On a beaucoup souffert. De tout. Moi j'ai attrapé la dysenterie.

J'avais une grosse dysenterie. J'arrivais à me faire brûler un peu de bois pour faire du charbon de bois que je mangeais pour me couper. La dysenterie, dans le tunnel, c'était la pire des choses. Si l'on n'arrivait pas à l'arrêter, on se vidait, complètement.

S'essuyer ? On ne s'essuyait pas. Il aurait fallu prendre du papier à sac de ciment ! Parbleu ! On était depuis longtemps passé au-dessous de cette hygiène élémentaire. Là,

quand on avait des grosses dysenteries, on avait, c'est le cas de le dire, la merde et le sang dans le pantalon. Moi, j'ai toujours essayé d'être propre, mais ce n'était pas facile. C'était terrible car, quand on a la dysenterie, on a tout le temps envie de déféquer, ça dure des heures mais on ne peut pas rester longtemps, le kapo nous fait lever sous les coups. C'était un temps limité aux chiottes. En plus, j'avais le typhus. Des taches noires et des plaies sur tout le corps. Je n'ai pas voulu aller au revier.
On était tellement bouffé par les poux, des gros poux blancs de corps, ça on en avait partout, sur le crâne, ils courraient sur la figure...

L'atelier de l'Espace

Mon Allemand... mon meister, il prenait peur en me voyant. Les civils allemands se plaignaient de cette pourriture. Eux ils en avaient une peur bleue du typhus. Quand il fallait qu'il me parle, il ne pouvait pas rester à deux mètres. Alors, il voyait les poux marcher. Des fois, il me disait : « Regarde, t'en as plein ! ». Il était écœuré. C'est affreux, les poux. Pour dormir, on n'en parle pas ! À l'usine, je fais ça... ça tombe tout par terre, même sur la machine.

Un jour, vers la fin du mois de mai 44, sur le coup de 21 heures, Christian marche au pas pour aller dormir, quand le kommando s'arrête brusquement pour écouter l'annonce faite par un interprète : « Les numéros qui suivent doivent sortir des rangs ».

Quand il s'entend appeler par son numéro 41.096, il frémit d'inquiétude, se demandant ce qui va lui arriver. Il n'est pas tout seul ; d'autres sortent également des rangs. C'est pour s'entendre dire qu'ils sont nommés à l'usine, comme spécialistes. Sur les conseils de son ami Camus, il s'était improvisé tourneur ; c'est le boulot qu'il va exercer désormais, mais Heinrich n'est pas dupe. Tout de suite, il voit

qu'il n'est pas tourneur mais il ne dit rien. Quand au pauvre Camus, il reste au terrassement, on n'a pas besoin de dessinateurs ! Les deux amis se séparent. Plus jamais ils ne se reverront.
Dès le lendemain, le kapo les conduit à l'usine, la fameuse Mittelwerke et les remet au meister. La vie change. Plus de brouillard, plus de poussière, ses yeux malades, cernés de pus s'améliorent. Christian a une sacrée résistance. Beaucoup de ses camarades n'ont pas pu tenir.
En même temps que la Mittelwerke, on a construit des baraques pour les déportés, à l'extérieur du tunnel. Mais ils n'y dorment pas encore. Au début, Christian continue de coucher dans son dortoir putride, au tunnel. Des piles de cadavres jalonnent le parcours pour aller et venir de l'usine.
« On va continuer à les voir, les morts, mais on n'est plus avec eux. »

Il m'emmène à un tour parallèle, le meister. Il parle un peu français, il se rend compte que je ne suis pas du métier. Il est là à côté de moi, il me dit, mi-allemand mi-français, de le mettre en marche. Deux boutons, un rouge, un noir, j'appuie sur le noir, ça marche, il me fait gut gut ! Ça n'a pas été plus loin. Puis il y avait une manette. Il voit que je ne sais pas travailler. Il me dit de prendre un chiffon et de nettoyer le tour, en attendant qu'il revienne. Il s'en va avec les autres déportés. Il revient un moment après. Les hommes, il ne faut pas qu'ils restent à ne rien faire. Il faut qu'ils balayent... Le meister revient : « Il va falloir faire quelque chose, t'es pas tourneur ! ».

Il me dit de prendre des outils et d'aller les faire affûter. Ça se passe dans la matinée où je suis arrivé. Je vais trouver Roger Martinelli, un déporté, pour affûter :
« S'il te plaît... ?
– Tu peux pas le faire ?
– Je ne sais pas.
– Je vais te le faire, attends un moment. »

Je bricole en attendant. « Fais des étincelles, comme ça on voit que tu travailles. ». Je reviens avec les outils affûtés. Le meister me dit : « T'es pas tourneur du tout, je ne peux pas te laisser sur cette machine. Viens avec moi au fond de ce hall, il y a des tours automatiques, tu vas travailler dessus. »

Il y a des gros tours. Il y a seulement à pousser la ferraille de temps en temps. Ces tours fabriquent des petites pièces pour la fusée. C'est des trucs de précision, il faut constamment avoir le pied à coulisse pour vérifier les pièces. Là je vais y rester longtemps, six, sept mois. Le tour fait six mètres de long. C'est des sacrées pièces, des lingots qui arrivent avec un palan. Pour un simple aller, je passe deux heures. La lampe me chauffe car il fait froid dans l'usine. Je n'ai pas grande fatigue. J'ai le temps de réfléchir, de penser. Je pense souvent à ma famille, mon père bien sûr mais aussi mes frères. Que sont-ils devenus ? Quand le meister vient me voir, je ne suis pas très bien dans ma peau, alors je lui chante la Marseillaise ou l'Internationale, je la connais par cœur. « Allez terroriste, faut pas chanter trop fort, me dit le meister, si les SS t'entendent ! ».

Tout le temps que je suis dans le tunnel, il dépose toujours dans mon coffre à outils, un bout de pomme et un peu de tabac. À la fin, je fais des briquets pour les chefs. Le boulot n'est pas crevant mais les SS surveillent et chronomètrent. Le temps que l'on passe à travailler, ils ne nous battent pas, sauf si l'on fait une connerie.
Les civils voient tout ce qui se passe dans le tunnel. Les pendaisons. Il y a plein de pendaisons. Là, ils trouvent le moyen d'arrêter la production. Il y a aussi des civils qui vont voir. C'est recommandé. Je n'y ai jamais vu mon meister. Il se fait mal voir. Les pendaisons ont lieu l'après-midi. Ça se passe vers les quatre, cinq heures ou un truc comme ça. Il y a tellement de déportés qui vont être pendus ! On voit souvent ces pendaisons, c'est vrai que ça marque l'esprit. Tout le monde dit : « Ça ne nous arrivera

pas à nous, ils ne pendent pas les Français, ils les fusillent » (c'est le bruit qui courait).

Pendu dans ces conditions-là, le déporté souffre. Parce qu'il est étouffé, il n'est pas pendu. Nous, il faut que nous regardions la lente suffocation, jusqu'à ce qu'il ait fini de gigoter. Les pendaisons, elles durent vachement longtemps, le déporté danse et puis tout le truc, il sait qu'il va mourir, il essaye de survivre. Moi je ne savais pas qu'on était si long, même par étouffement, à mourir. Ca dure une éternité ce truc-là. Et quand ils redescendent les palans qu'ils ont montés, il y en a qui gigotent encore. Ils les finissent à coups de tabourets. Ils les tuent là, enfin ils les tuent... ils sont là pour être tués. Après on retourne au travail, on est là, on est obligé de penser à ça, le spectacle que l'on a vu. C'est des hommes comme nous. C'est peut-être des Russes, c'est peut-être des Polonais, il y a toutes sortes de mélanges dedans, mais on les a vus, souffrir et mourir, on dira que l'on est habitué, mais on a beau être habitué, on y pense sans arrêt. On se dit que demain sera peut-être notre tour. On ne sait pas ce qui va se passer. Justement, c'est ça, cette hantise journalière et nous, grâce à notre travail, c'est ce qui nous permet de survivre un peu. On a passé une journée sans recevoir de coups !
Notre grande discussion, c'est est-ce que l'on va se sortir de là ? La première des choses c'est manger. On parle de bouffe. On fait des repas somptueux : du poulet, des steaks saignants, du vin rouge. Je fais la connaissance d'un déporté de Troyes, un violoniste, il doit avoir environ trente-cinq ans. Il s'appelle Jean. Avec lui, on se raconte des choses formidables. On boit de ces cafés ! On mange de ces tartines ! De temps en temps, on se mitonne un bon civet de lapin. On arrive à se nourrir, à parler de ces choses-là. Lui était au contrôle des pièces, il avait un travail bien, pas crevant du tout, assis, lui aussi, il fait du sabotage. Il jetait des pièces bonnes, il sélectionnait les pièces défectueuses. On se serait fait prendre, on aurait été pendus.

Mon meister n'a jamais été méchant avec moi. Il faisait semblant de gueuler quand il y avait un SS dans les parages. Il m'aimait bien, il venait avec des papiers dans les mains. Il faisait semblant de parler des papiers, puis il me disait : « Tu connais les nouvelles ? ». Car lui il n'avait que la radio allemande.
Nous on avait des nouvelles de l'extérieur. Certains Français arrivaient à capter la radio anglaise, depuis le revier ou la dentisterie. Il y avait de la résistance dans le camp. On savait où en étaient les Russes et les Américains. C'était la Résistance du camp qui renseignait, grâce à la BBC. Quand ils ont débarqué sur le sol de France, on l'a su tout de suite. C'est moi qui l'ai appris au meister. Eux n'avaient que les nouvelles filtrées par la propagande nazie. « Ils ne passeront pas », alors qu'ils étaient déjà installés en Normandie. Quand il est arrivé, le matin, je lui ai dit tout de suite :
« Krieg, fertig.
– Warum ?
– Anglais, Américains, Kommen Frankreich.
– Non ce n'est pas possible !
– Ah, je fais, si, si, à midi vous le saurez. »

Il revenait, il faisait une gueule d'enterrement. Après il change. Ils ont pris un coup. À part les SS, eux, la veille de voir les Américains, ils disent encore qu'ils vont gagner la guerre. Mais ils ne sont pas tous comme mon meister. Il y a des salauds, il y a des brutes. Il y en a qui n'en ont rien à foutre de tous ces résidus de déportés. On est des terroristes. C'est le mot à l'Allemand.

À chaque fois qu'il y avait un truc qui était pour nous, je chantais l'Internationale, parce que ça les emmerdait, alors que la Marseillaise, comme ils n'aimaient pas les communistes... C'était de l'anticommunisme à cent pour cent. Ils disaient : « Ce n'est pas possible, ce gars-là, un Français, il chante l'Internationale ! ».

Ce n'est pas une protection, ça n'existe pas ce mot-là, mais je dois quand même l'intéresser le meister. Si lui a été sauvé quand il était jeune par les Français, peut-être qu'il fait sa BA en disant, je vais l'aider. Souvent il m'a demandé si j'avais peur de mourir. Je lui ai expliqué ce que j'ai fait. Je lui ai dit comme ça, lui aussi, s'il avait été dans l'autre camp et que nous on l'ait occupé, il aurait cherché à faire quelque chose contre l'occupant. Il y a beaucoup d'Allemands qui ont réalisé. Ce n'est pas pour ça qu'ils nous aimaient.
Quand on a aperçu von Braun, j'étais avec mon ami de Troyes, qui était au contrôle des pièces. Il y avait des dizaines d'officiers autour. Il y avait des généraux, avec des cols rouges, ça m'a toujours frappé ; ceux-là c'étaient des SS, mais sûr qu'il devait aussi y avoir des types de la Wehrmacht.

Notre pain quotidien

Quand il entre à l'usine, Christian est encore en contact avec ses amis de Grenoble, avec lesquels, de temps en temps, il peut discuter. Il a fait la connaissance d'un certain Leyman qui est le fils du directeur du Châtelet à Paris. Quand ils se rencontrent, c'est pour se dire que ça recommence, on repart pour une nouvelle journée. Après l'euphorie consécutive au débarquement, quand on croyait que les Alliés seraient là le lendemain, on est retombé dans la torpeur, rien ne saurait désormais plus les sortir du cloaque dans lequel ils pataugent, jour après jour. La désespérance est à son comble quand, en décembre 44, les blindés de von Runstedt contre-attaquent dans les Ardennes et font le siège de Bastogne.

Chaque jour nous rapproche de la mort, nous en avons conscience. On n'a pas d'illusion. Si la guerre dure dix ans, nous on sait qu'on en a pour trois, quatre mois, tout au plus. On meurt de toutes les maladies. Ce qui est à

craindre, c'est les blessures. C'est tragique. Au revier, on se fait manger par les Russes et les Polonais. Ces Slaves nous en veulent jusqu'à la mort.
Après la journée de travail, on retombe dans notre système concentrationnaire, quelque chose de jamais vu, la mort omniprésente, je ne sais pas comment on pourrait dire ça, moi, c'est la mort par tous les côtés. À tout instant, on est obligé de penser à la mort. Il y a peut-être quand on va s'endormir, on est tellement abruti. Puis il y a le bruit, ça creuse toujours dans le tunnel. On a soif surtout, la journée c'est terrible, on boit le matin, on boit le soir, c'est tout.
Quand on va être dans les baraques, on a un endroit où l'on peut aller se laver. D'ailleurs ils vont être sévères pour l'hygiène, si l'on peut dire. Mais les hommes sont tellement malades, on est tellement dans un état de pourriture qu'on a beau se laver, il faudrait se laver régulièrement, on est couvert de pustules, de boutons, de furoncles, il faut économiser l'eau, donc on ne peut pas rester tranquille sous une douche, même froide. On ne peut pas tout se laver, profiter parce que ça va faire du bien, non, là on fait une consommation de flotte, ça ne va pas être normal. Les kapos arrivent en gueulant, en criant, les responsables de blocks tout ça, tout le monde court, à moitié à poil, c'est une débandade. Ils ne nous laissent pas un moment en paix. Les seuls moments que j'ai eus, c'est des moments que j'ai pris sur mon sommeil.
C'était surtout l'été ; ça m'est arrivé l'hiver aussi, d'ailleurs un jour ça a été impressionnant, j'étais avec un camarade, la nuit on apercevait Nordhausen, la lumière qui éclairait la ville, à sept ou dix kilomètres, j'étais dans la neige, je m'étais accroupi, je regardais et d'un seul coup, j'ai entendu les chœurs russes, des Russes qui chantaient, ça m'a fait une impression ! Parce que chez les Russes c'est sûr... en général, c'était des militaires qui se retrouvaient comme ça en bagnards. Ils ont ramassé un peu n'importe quoi, en Ukraine et dans tous ces coins-là, mais il y a beaucoup de prisonniers de guerre en uniforme de bagnard.

D'ailleurs, à Buchenwald, ils vont en tuer un paquet. Je ne sais pas s'ils n'en tuent pas vingt mille... des soldats russes ! Il y a des Russes qui sont sincères dans leur foi. Des pirates, on en a toute la journée, le Russe pourri, le Polonais pourri, mais à côté de cela, j'ai discuté avec deux, trois Russes, on discutait un peu de tout puisque, là-bas, on se parlait presque dans toutes les langues, il fallait essayer de se comprendre. Nous on était obligé de l'apprendre, l'allemand.

Je m'isolais souvent. Je me retrouvais avec mes copains de Grenoble, puisque l'on était au tunnel ensemble, on se retrouvait des fois à la baraque ensemble, Martinelli, Vivier... Santis aussi mais lui après il n'était plus avec nous parce que, comme il s'était évadé dans l'hiver, ...

C'est l'hiver 44/45. Rigoureux. Il fait un froid. Quand il y a les camions... et les wagons de cadavres qui arrivent, enfin au départ c'est des vivants, mais quand ils arrivent à Dora, ils sont tous morts. Allongés dans le fond des wagons, ils viennent d'Auschwitz, ils évacuent à l'avance des Russes. Ils évacuent tous ces camps-là. Eux ils s'en foutent, que ça soit des wagons ouverts ou fermés, ils savent qu'ils arriveront morts. C'est ce qui nous attend souvent, le soir. Quand on sort du tunnel, que l'on croit que la journée est finie, c'est déjà neuf heures du soir, on y est depuis sept heures le matin, on sort de là et on se dit : « Bon c'est fini, le travail ». On sait qu'il faut encore deux bonnes heures, trois heures pour atteindre notre baraque et que l'on va avoir tous les trucs...

D'un seul coup, ils nous tombent dessus, il faut monter dans les wagons, il faut jeter les cadavres par-dessus bord et, quand on a vidé tous les wagons, on se met en rangs, ça c'est dans la gare de triage de Dora, à la sortie du tunnel. Eh bien les cadavres, ils sont là, on ne s'en occupe plus, mais nous, après, on va les voir. Ils vont rester des jours et des jours, heureusement que c'est l'hiver, ils sont raides, quand on les jette par-dessus bord, ils cassent, mais ils sont déjà tout maigres. Moi, je me rappelle, il y en avait un, ils

avaient oublié de lui prendre son cache-nez ! Un cache-nez ! Je lui ai pris, je me le suis planqué dans la veste, plein de neige, plein de glace et tout, mais je savais qu'il allait sécher, alors j'allais avoir un cache-nez à moi !
On déchargeait les cadavres, puis après, ils nous rassemblaient et on montait au camp, on passait le portail du camp. Ensuite on arrivait sur la place d'appel, il fallait se rassembler, pour qu'ils nous recomptent, et quand ils avaient compté des dizaines de fois, sous la neige, sous le froid, ceux qui tenaient encore debout, direction les baraques, alors on se remettait en rangs et crac on partait jusqu'à la baraque.
Il y a quelque chose qui va se passer aussi. Un déporté, il fait partie de notre kommando, c'est un jeune qui est venu travailler au STO en Allemagne. Qu'est-ce qu'il a fait dans son usine ? Je n'en sais rien, toujours est-il qu'il s'est retrouvé en tenue de déporté et lui, il avait le triangle noir de saboteur. Et ce jeune, sa famille continuait à lui envoyer des colis, ses colis le suivaient jusqu'à Dora. Alors lui, je me suis toujours rappelé son nom, il s'appelait Leclerc et c'était un grand. Il se tenait raide, un jeune, il devait avoir 25 ans. Alors, il passait devant nous, on l'appelait : « Leclerc, Leclerc ! ». Lui, il savait que c'était un colis ; on le revoyait passer avec un colis sous le bras. Il avait peur car, plusieurs fois, il s'est fait piquer tout son colis par les Russes. Alors on lui disait : « Leclerc, donne-nous chacun un petit bout de quelque chose parce que tu vas te faire tout voler par les Russes. » Mais non, il passait en serrant son colis et, arrivé vers sa machine, moi je l'ai vu faire, il se mettait à manger. Il y a des histoires, tous les jours, comme ça, dans le tunnel. Le revier était à l'extérieur, sur les hauteurs, le camp est là. Il y a le crématoire qui est là, nous on a souvent la fumée qui nous revient sur nos baraques. Alors ça sent le brûlé, les odeurs de la chair grillée, on les a subies ; on voit des bouts de peau qui foutent le camp par la cheminée et qui nous reviennent dessus en voltigeant, quand ils activent de brûler les déportés morts.

Moi, quand j'ai un moment de libre, je vais pour essayer de trouver à manger. Nous, notre camp est fermé, mais on arrive à passer dans le camp d'à côté. Il y a les cuisines, il y a plein de déportés squelettiques en train de fouiller les ordures. Moi j'ai ramassé des épluchures de pommes de terre, des épluchures de rutabagas, car on récupérait, on faisait chauffer un peu d'eau dans une boîte de conserve et on se faisait de la soupe. Tous les jours, on a l'horreur. Ce jour-là, j'aperçois des SS qui noient un déporté dans une cuve de merde.

On passe à côté des V 2. On nous rassemble soir et matin pour entrer et sortir du tunnel, à côté des V 2, on les côtoie, on voit des déportés travailler dessus. C'est des chaînes. On voit des coups de gummi, des déportés qui hurlent, des Allemands qui gueulent, des SS qui frappent, et nous on marche au pas cadencé, il y a le kapo qui gueule : « Links... links... Gauche... gauche... ».

C'est une folie, il y a ça, il y a les grands chefs qui passent, il y a von Braun qui se balade dans le tunnel, qui voit tout, c'est dingue, c'est une fourmilière de cadavres, de morts, de gens qui savent que c'est leur dernier jour, les chiottes, les merdes, des hommes qui portent la merde, il faut bien la sortir cette merde, alors il y a des corvées de merde. Tous les jours c'est ça... tous les jours... Mais j'ai pas cette chance d'être planqué au revier, ou à la dentisterie, ou comme planton dans un bureau. Je vais chercher des épluchures, je me débrouille pour survivre.
On sait pas ce que c'est que se déshabiller, d'ailleurs, on ne se déshabille pas, parce qu'on va se faire voler les vêtements par les Polacks. Il y a de tout, ça grouille, les poux, les puces... Au dortoir, il y en a qui gueulaient parce que je leur balançais les poux dessus. Secouer les poux, c'était un côté d'hygiène car ceux qui étaient parvenus à l'état de musulman ne s'occupaient plus d'eux-mêmes, ils étaient arrivés au bout de tout, ils allaient mourir dans leur salope-

rie, de toutes les épidémies, toutes les saletés qui peuvent exister. Au dortoir, il y avait ceux qu'avaient pas la force d'arriver au quatrième niveau. Moi j'avais toujours la peur qui me poursuivait de la merde des autres. J'avais vu ça à Buchenwald, dans les box, les hommes qu'étaient dessous, ils recevaient tout. Quand l'homme il lui prenait une colique, il y avait des fentes, l'homme qui dormait dessous, il prenait la merde de celui du dessus. C'est la raison pour laquelle je dormais en haut. Mais souvent j'y trouvais des cadavres. Ils avaient trouvé la force de grimper, puis ils étaient morts d'épuisement.
Quand il y avait le rassemblement, que le kapo avait tapé vingt fois sur le bout des pieds de l'homme, que l'homme il se levait pas, c'était qu'il était mort. Lui, il enlevait pas le mort. Car il savait qu'il allait être tout pourri, dégueulasse, c'était les hommes de corvée qui allaient sortir les morts. Le kapo lui, il déduisait sur sa liste. Je nettoyais la planche. Quand j'arrivais au lit et qu'il y avait un macchabée à ma place, je le poussais car je voulais coûte que coûte récupérer ma place, je lui faisais faire deux ou trois tonneaux, je lui foutais une paillasse dessus pour sentir moins mauvais.
Mais j'ai tout vu. Je les ai vus quand ils plantaient des entourages de fleurs, là où ils pendaient les déportés !
J'ai fouillé les ordures pour trouver des épluchures. Chaque fois qu'on passait devant des Polacks ou des Ruskovs, j'insiste parce que c'est hélas vrai, on se faisait insulter.
Des curés, il y en a qu'ont réussi à célébrer la messe, en cachette. Par contre, aucun prêtre n'est jamais venu me demander ce que je foutais là à dix-sept ans. Un peu d'aide, un peu de réconfort, de la part des adultes, ça m'aurait pourtant fait du bien. Mais jamais personne n'est venu. À cet âge-là, on intéresse personne, pourtant on a encore besoin de ses parents.
Les camarades ? Moi je les ai vus vous savez, j'ai vu leurs yeux, leur tête, les paroles qui arrivaient plus à sortir, ensuite je les voyais mourir. La Résistance est une chose, une période, la déportation, c'est quand même autre chose.

Il y a tellement, tellement de cadavres ! De camarades, d'amis, de copains, de proches, d'éloignés, j'ai marché dessus, sur les cadavres des Juifs, on déchargeait des wagons, on était bien obligés de monter dessus, de jeter ça dehors...

Le meilleur ami de l'homme

On a tout le temps vu les SS accompagnés de chiens. Ils lâchent les chiens sur les hommes qu'ils poursuivent. Dans le tunnel, il y a toujours les chiens ; j'ai vu ces chiens mordre des déportés, fallait voir les plaies qu'ils avaient, c'était un danger vous savez, le chien. Si on était mordu, parce que le pantalon il était plutôt léger, on avait vite un mollet d'enlevé ; tomber sur des chiens comme ça, fallait voir ça, c'était des dingues ces chiens, des fois pour faire peur, quand on montait pour aller dans le camp, ils entraînaient leurs chiens. Ils avaient des gros matelas, lourds vous savez, ils excitaient leurs chiens, les chiens trouvaient le moyen de choper le matelas, qui pesait je ne sais combien de kilos, et ils le jetaient en l'air ! Ils faisaient pareil avec les déportés, quand ils en avaient reçu l'ordre de leurs maîtres.

Quand ils entraînaient leurs chiens, ils les laissaient bouffer, alors j'ai toujours eu peur, une morsure de chien et c'était le revier. Et après Bergen-Belsen ! Il y avait les bergers allemands et il y avait les dogues, aussi furieux que les bergers, dressés pour bouffer le déporté. Il y en a eu beaucoup, beaucoup qui sont morts par les morsures. Les sentinelles avaient toutes des chiens. Là si un déporté voulait essayer de se barrer, il lâchait le chien, le chien nous reconnaissait tout de suite, il connaissait notre uniforme, et là le déporté il se faisait bouffer entièrement vous savez. Dingue. Des malades...
Des fois, un cinglé lâchait son chien, juste parce qu'il avait vu un type qui lui plaisait pas, il lui disait tu vas, après il y

avait le bruit qui courait qu'un déporté s'était fait tuer par un chien, c'est pour ça que les places dans le milieu de la colonne, elles étaient chères pour notre existence.

Tuer un mec, deux mecs, c'était comme ça pour s'amuser...

On savait qu'il y avait des convois qui partaient pour Bergen-Belsen, c'était tous les éclopés, malades, accidentés. C'était des grosses quantités. Ils vidaient le revier. Ils attendaient d'en avoir mille. Ils aimaient ce chiffre-là.
De toute manière, ça a toujours été ça, eux ils tuaient par grosses quantités, tuer un déporté, deux déportés, c'était comme ça pour s'amuser. Mais en tuer mille, c'était de l'industrie. Ça les intéressait. Des fois on disait : « Tiens ! T'as pas vu Georges ou t'a pas vu André, ils étaient partis pour des "camps de repos" ».
Quand ils brûlaient, ils récupéraient tout, même la graisse, pour faire du savon. C'est pourtant pas qu'on en avait beaucoup, de la graisse ! Les cendres ils en faisaient de l'engrais. Dans le crématoire, tout ne brûle pas, il y a l'os du bassin ou une histoire comme ça qu'on a du mal à brûler, ils broyaient le reste des os. Ils regardent bien dans les dents. Si il y a des dents en or, un bridge un machin comme ça, eh bien ils le récupèrent. Si il avait encore des cheveux, ils les récupèrent. Ils en font des chaussons de sous-marinier, des choses comme ça. Une fois le déporté mort, ils vont tout récupérer, ils laissent rien au hasard. Les gars des corvées de cadavres ils ont du boulot vous savez, il faut qu'ils ouvrent la bouche, ils cassent la mâchoire, ils ont des grosses tenailles pour sortir toute la mâchoire. Ils récupèrent tout du corps.
Une fois, j'ai vu quand ils étaient en train d'arracher les dents. C'est quand j'avais été voir Camus. J'étais à côté, alors j'ai tout vu ! C'est avant de les passer au crématoire. Il y a un tas de cadavres à côté du four, il y a des moments ça atteint des tas énormes, il y a peut-être, je sais pas moi, à la

cadence où ça peut arriver, on a les camps d'à côté, Ellrich et Harzungen, eux ils ont pris la succession de Dora au début. Eux ils meurent... ils meurent... faut voir. Les déportés, ils cassent ils ne vont pas voir à l'intérieur avec une lampe, combien il y a de dent ; crac ! ils cassent tout, ils enlèvent tout.

Ils ne récupèrent pas que ça, les Allemands. Quand les macchabées arrivent d'Auschwitz, par milliers, dans le paquet, il y a des handicapés, il y en a qui ont des guibolles artificielles ou des bras, alors on récupère des montagnes de jambes artificielles et tout ça, ils les mettent dans des hôpitaux militaires, et quand ils ramènent des Allemands estropiés, des jambes coupées, des guibolles en moins, des machins comme ça, toutes ces prothèses-là vont servir pour leurs militaires qui rentrent infirmes.

Ils ont tout récupéré. Ils ont donné tout ça à l'armée allemande parce qu'il n'y a que dans les convois de Juifs qu'ils peuvent récupérer. Moi si j'avais été impotent, résistant avec une guibolle en moins, ils ne m'auraient pas emmené, ils m'auraient fusillé tout de suite, ils n'auraient pas emmené un déporté inapte. Nous, on est pour travailler, ce n'est pas pour anéantir une race. D'ailleurs, quand on part, on ne sait pas où l'on va. On s'attend à des camps de travail où l'on reste dans nos affaires, dans nos vêtements. Un des plus mauvais moments que l'on passe, c'est l'arrivée à Buchenwald. Bon, on est déjà à moitié nu puisque l'on a fait la moitié du voyage à poil ! Et ils vont nous tondre, nous couper tout ce qui est poils apparents, sous les bras, partout. Quand ils vont nous passer dans les bains de Crésyl, on a mal, ils nous ont écorchés, avec leurs tondeuses. Alors là ça fait drôle, se retrouver comme ça tout nu, plus de poils, ni sur la tête, ni sous les bras, ça fait... comment je pourrais expliquer ça, ça transforme un personnage, vous savez. Après ils nous donnent des uniformes de bagnards, et puis ce numéro matricule, c'est là où l'on se retrouve... on se regarde tous... on a même un tic nerveux à se voir dans l'état que l'on va être... en bagnard...

ça, on ne l'avait jamais pensé... le matricule qu'il faut que l'on se couse... On va se retrouver comme ça et puis alors, ça gueule, ça gueule déjà depuis que l'on est arrivé. On est sorti des wagons, ils nous tapent, ils en tuent... Et eux, ils savent ce qui va nous arriver... dès le départ de Compiègne, alors à partir de là, il ne prennent plus de gants, vous savez.

Battling Desseaux

L'histoire se passe durant la première période, lorsque Christian et ses amis creusent le tunnel. C'est l'heure de la bouffe. Le kapo passe à côté et lui dit : « Va avec untel, chercher la soupe ». Il y a deux gros bidons de soupe à rapporter, aussi lourds qu'eux, plus lourds qu'eux ! Il faut aller chercher ces bidons à l'entrée du tunnel. Car ceux de l'extérieur n'ont pas le droit d'entrer dans le tunnel. Les bidons sont munis d'anneaux. Ils les portent avec deux gros bâtons. Ils amènent les bidons à l'endroit où ils travaillent.

« Quand on était désigné pour porter la soupe, en récompense d'avoir porté les bidons, on avait le rab du rab de l'archi rab au fond, si les kapos en laissaient ! Le fond était épais, le dessus, c'était de la flotte. Le truc classique, c'était la boîte de conserve pour boire la soupe et encore, il ne fallait pas se la faire piquer, fallait l'attacher à la ceinture. Le gars qui donnait la soupe, en général, c'était le vorarbeiter, pas le kapo. S'il voyait ma tête, alors il allongeait un peu la louche au fond, puis il mettait un peu des rutabagas, des machins comme ça, deux trois trucs dedans, il y avait des épluchures, il y avait un peu de tout là-dedans. Qu'importe, ça m'est arrivé combien de fois de fouiller dans les ordures pour trouver des épluchures. On les lavait un peu et on se faisait, quand on pouvait bien sûr, une soupe dans la boîte de conserve, car elle servait à tout, la boîte de conserve. »

Arrive le moment où, la distribution terminée, le kapo fait signe à Christian de prendre le bidon pour racler le fond. On ne voit ça que chez des esclaves : mettre la tête dans le bidon et manger avec les mains. Deux Russes s'approchent en regardant Christian manger la soupe avec le creux de sa main. L'un d'eux se penche et lui sort la tête du bidon.

« Sur le coup, je n'ai pas cru que c'était un Russe, j'ai cru que c'était le forarbeiter ou le kapo. »

Quand il sort et se retourne, un des Russes bondit sur la gamelle, jette Christian par terre et plonge dans la cuve. Christian se relève, l'attrape et le sort à son tour de la cuve. Le Russe lui en allonge une. Christian riposte d'un coup de pied... et c'est la bagarre, contre deux Russes.

« Ce n'était pas des squelettes qui se battaient mais presque, des affamés... Ça avait ameuté tout le monde. Les copains Martinelli et Vivier étaient là, ils assistaient, ils regardaient. »

On ne peut comprendre ces hommes si l'on ne prend pas en compte le contexte dans lequel ils se battent. Ils se battent à mort, pourquoi ? Pour la vie. Finalement, Christian a le dessus contre ses deux adversaires. Un troisième russe veut venir à la rescousse, il en est empêché par le kapo. C'était une lutte sanglante, à mort, vous savez. Même les SS sont venus voir. Ils n'ont rien dit, ils ont laissé faire pour voir comment ça allait tourner. C'était la première fois qu'un Français ne se laissait pas faire par les Russes. Un Français qui se battait contre les Russes, c'était une rareté ! Car on me l'a dit, c'est une folie, tu as osé te battre contre des Russes ! Ils vont te prendre dans un coin, ils vont te faire la peau. Les Russes, ils nous tombaient dessus, ils nous volaient, ils nous pillaient... Entre eux, les Polonais, les Tchèques, c'était dingue, il fallait voir, des fois il y avait des morts, des tueries entre eux. Moi mon père m'a toujours dit : « Mon fils, si tu as un problème, tu ne discutes pas, tu rentres dedans ». C'est vrai que pour la bouffe, on se serait tué. Mais entre Français, ça n'existait pas, un Français ne pouvait pas voler un Français. Mais eux, les Russes, ils se volaient, ils nous volaient. Les Polonais, ils nous volaient, les autres aussi nous volaient, mais rarement des Italiens, rarement des Belges ou des Hollandais, il y avait même deux, trois Suisses. Il y avait beaucoup de Hollandais, beaucoup de Belges. Des Italiens, il y a eu la moitié de l'armée Badoglio. Ils se sont tous fait prendre par les Allemands, en uniforme. Ils sont arrivés à Dora. Ils croyaient qu'ils allaient devenir des prisonniers de guerre italiens. Dans les trois jours qui ont suivi, ils se sont retrouvés en bagnards, ils ont gueulé, ils ont hurlé et tout. Là, ils sont rentrés dans les Italiens, ils en ont fusillés, je ne sais pas combien.

La mort de François Camus

À Buchenwald, au petit camp, Camus et moi avions décidé, à cause des bruits qui couraient sur le camp principal, de ne pas rester ici ; il n'était pas bon pour les jeunes de rester dans ce camp. Il valait mieux risquer de partir en Kommandos, travailler à l'extérieur. Après bien des réflexions, nous avons pris conscience que notre survie ne dépendait que de ce choix : quitter au plus vite ce camp de Buchenwald. Au petit camp, nous étions en quarantaine dans l'attente que les SS décident de notre sort ; il y avait les coups, les grosses corvées et surtout la carrière qui, elle, était une tueuse d'hommes. Il fallait partir.
Un jour de février, sous la neige, un groupe de SS et de civils, des responsables du camp, avaient fait demander par un interprète que les spécialistes en tous genres, se trouvant dans le petit camp, viennent immédiatement se présenter et décliner leur spécialité. Camus et moi nous nous sommes présentés, puisque c'était notre idée, Camus serait dessinateur, moi-même tourneur sur métaux.

Nous étions sûrs de notre choix, nous pensions avoir calculé toutes nos chances. Notre seule idée était de quitter les box puants où nous dormions avec les têtes d'agonisants qui dépassaient, nous regardant, peut-être leur regard nous disait-il adieu. Dans notre grande détresse, nous allions devenir des souillures conditionnées.
Une tempête déferlait sur le camp, la neige en gros flocons nous fouettait le visage. Camus et moi avions très froid, nos yeux nous disaient le martyr que nous étions en train de vivre. D'un seul coup, les SS s'activèrent dans des gueulements énormes, les kapos commencèrent à balancer des coups de gummi, en un instant nous nous sommes retrouvés dans des camions bâchés, François et moi, nous étions debout au fond de la remorque. Il y avait une dizaine de camions, des sentinelles SS nous surveillaient, leurs mitraillettes prêtes à tirer. La bâche fut descendue, nous étions dans l'obscurité.

Le trajet allait être long, long, sur cette route infernale, la bousculade, les virages... à chaque instant nous risquions de nous renverser. Les conditions de ce voyage étaient dures, infernales, dans le froid, la crainte, les chocs, les hurlements, debout des heures. La fatigue nous usait, le moral était au plus bas, se mettre assis était impossible. François et moi nous nous regardions et nous comprenions dans quelle galère nous nous étions installés.
Quand soudain le camion se mit à ralentir, j'ai pensé que notre voyage allait se terminer, nous nous sommes, Camus et moi, tenus par la main, nous savions qu'il ne fallait pas quoi qu'il arrive se quitter. En rien de temps, sous les gueulements et les coups de matraque qui tombaient dans tous les sens, nous nous sommes retrouvés enfoncés dans la neige et la boue jusqu'aux chevilles.
La neige tombait, le temps était sombre, lourd, triste, ça sentait la mort, un détenu se trouvait là, le visage squelettique, creusé par la souffrance, le costume de bagnard en loque. Nous ne savions pas encore où nous étions. Pour-

tant la question était posée. Il n'y avait qu'un endroit que personne n'avait osé même imaginer un seul instant, le pire, celui dont tout prisonnier de Buchenwald parlait, jurant de ne jamais y mettre les pieds, car d'avance l'espoir de s'en sortir était nul, alors la réponse fut une entière tragédie, François et moi nous nous sommes regardés, les yeux mouillés de tristesse et d'angoisse. Au fond, vers la montagne, brillait dans un trou, un petite lumière qui allait nous absorber dans un instant, sous les bruits, les gueulements, les matraques, les bousculades, les chiens aboyant de toutes leurs forces... nous pensions... Dora... Dora... le tunnel de la mort.

François et Christian font un long trajet ensemble à Dora. L'époque du tunnel. Un jour Christian est appelé à l'usine comme tourneur-ajusteur. François reste au transport-kommando, les poutres, les matériaux, le percement... Sa santé se dégrade. Miné par la dysenterie. Il reste debout, immobile, hagard. Il ne veut pas aller au revier. Ses épaules ressortent sous sa couverture qu'il ne quitte plus.

« On s'est connu dans le réseau Buckmaster. On s'aimait bien, on s'est suivi, la prison de Compiègne, Saint-Quentin, Royallieu, Buchenwald, c'est lui qui m'a dit faut pas rester ici. »

Un matin, le kapo tape vingt coups sur les sabots de François, allongé dans le dortoir : pas de réponse.
Christian file au crématoire pour essayer de le voir avant que les flammes ne l'emportent. François vénérait sa famille, souvent il lui montrait les photos de sa sœur qu'il avait pu sauver. Il les avait cousues dans une pochette, sur sa chemise. Christian veut essayer de récupérer les photos.
Il n'arrive à la morgue que pour s'entendre dire qu'il est déjà passé. Il ramasse une poignée de ses cendres encore chaudes et les jette en l'air !

Le crématoire

Le préposé, celui qui est chargé de la sale besogne du crématoire, est un déporté polonais. Il peint le numéro matricule sur la dépouille de chaque déporté, avant d'enfourner le corps dans le brasier lugubre. En général, le gars finissait au crématoire. Il avait vu des tonnes de morts. Pour ne pas qu'il parle, un jour, crac, il était balancé dedans, vivant ou mort, aux yeux des Allemands, ça n'avait pas d'importance. Ce n'était pas la meilleure place.

La mort de Leyman

Leyman est le fils du directeur du Châtelet, le célèbre théâtre parisien. Il est Juif. Logiquement, il ne devrait pas être à Dora. Il a été arrêté comme résistant, il porte le triangle rouge. Les Allemands ne se sont pas aperçus qu'il était Juif. Je l'ai côtoyé pendant toute la période du tunnel. Lui il me parlait de Paris, de tous ces artistes qu'il rencontrait, grâce à son père (François Leyman). Un jour, quand je suis arrivé à la baraque, j'ai rencontré un ami commun qui m'a dit : « Leyman est mort ». J'ai dit : « C'est pas possible, je l'ai vu il y a deux, trois jours, il allait bien ! ». Il n'est pas mort comme ça, ils l'ont tué parce qu'ils ont appris qu'il était Juif. Je suis allé au crématoire. J'ai eu la confirmation. Le déporté s'est bien rappelé. Ils lui avaient marqué "jude" sur la poitrine. Ils l'ont assassiné, je ne sais pas comment, je n'ai pas pu savoir. Est-ce qu'il a été dénoncé ? Je pense qu'ils lui ont fait une piqûre mortelle ou qu'ils l'ont massacré. »

Les sanglots longs des violons de l'automne, bercent mon cœur d'une langueur monotone

6 juin 44 - 0 h 20
Cent quatre-vingts parachutistes britanniques, sous les ordres du major Howard, sautent sur le canal de Caen et s'emparent du célèbre Pegasus Bridge.

2 h 30
Un parachutiste de la 82e division aéroportée américaine larguée non loin d'Utah Beach, se plante et reste accroché dans le clocher de Sainte-Mère-Eglise.
À l'aube, le commandant d'une batterie côtière allemande du mur de l'Atlantique croit être la proie d'hallucinations, quand il aperçoit dans ses jumelles, des centaines, des milliers de points noirs qui convergent vers les côtes. Il téléphone en hurlant à son Q.G. : « Sie kommen ! » (ils arrivent). 300 000 hommes. 5 plages. 2 américaines. 2 britanniques. 1 canadienne. 5 000 navires. 11 000 avions.
6 juin 44. Le jour le plus long. La plus grande armada jamais réunie, à l'assaut d'un continent.

Délivrer l'Europe du joug impérialiste. Mais encore, extraire, au cœur de l'Allemagne, la racine d'un mal qui menace la civilisation : le nazisme. Les Américains l'ont compris. Pouvaient-ils faire l'économie d'une guerre en Europe ? Rendons-leur cette justice que s'ils avaient écouté le chant des sirènes fredonné par les nazis, à commencer par Himmler qui voulait faire la paix avec les Anglo-saxons, pour se retourner ensuite contre les Soviétiques, ils ne seraient pas venus. La France serait devenue un simple protectorat de l'Allemagne, comme la Pologne ou la Tchécoslovaquie. D'après Jean Michel (Dora aux éditons JC Lattès - 1975), des contacts ont peut-être eu lieu entre les SS et Londres, par l'intermédiaire de la Résistance française à Dora où étaient détenus des personnages comme Jussieux de Pontcarral, le chef de l'AS (l'Armée Secrète). Entre deux menaces, les Américains ont estimé que la priorité, c'était bien sûr d'extirper le monstre nazi, par rapport à toute autre forme de totalitarisme.

Peut-être les Américains ont-ils eu vent des recherches scientifiques avancées et des armes nouvelles concoctées par les Allemands, capables bientôt d'envoyer des fusées sur l'Amérique, chargées qui sait, d'explosifs nucléaires ?

Il n'est pas douteux non plus que la solidarité anglo-saxonne ait poussé l'Amérique, menacée au surplus par le Japon dans le Pacifique, à venir aider l'Angleterre, le seul pays qui n'avait pas sombré dans la défaite. Roosevelt et Churchill craignent que l'Union soviétique ne s'effondre. Staline réclame à cor et à cri l'ouverture d'un front à l'Ouest, pour soulager l'Armée Rouge.
Quoi qu'il en soit et nonobstant les turpitudes des États-Unis, quand ils transforment des criminels de guerre en héros de l'Amérique, il reste ce formidable assaut des GI's et des tommies sur les plages normandes, qui fait de ce 6 juin 44, l'une des gloires de ce siècle.
Pour la deuxième fois depuis la guerre de Sécession, les USA ont recours à la conscription, ce qui fait passer leur armée d'un état corpusculaire de quelques dizaines de milliers d'hommes à une formidable machine de guerre ne comptant pas moins de 14 millions de soldats ! Une armée de spécialistes certes, mais avant tout une armée de citoyens. Ils sont trois millions stationnés dans le sud de l'Angleterre, prêts à participer à la bataille pour la libération de l'Europe.
Dans la nuit du 5 au 6 juin 44, le maire de Sainte-Mère-Eglise n'en revient pas ! Je cite ses propos rapportés par le Monde du 4 juin 1994 : « Les parachutistes américains subissent de lourdes pertes. Peu importe ! Ces soldats d'Amérique résistèrent seuls avec leurs mitraillettes, deux mitrailleuses et deux petits canons sortis des planeurs. Ils ne paradaient pas, ils parlaient peu. Ils avaient la cigarette aux lèvres ou mâchaient leur chewing-gum ». Les villageois redoutent-ils que les Américains repartent ? La réponse est claire : » Nous n'abandonnons jamais, nous mourons sur place ! ». Un peu plus loin, toujours dans *le M*onde du 4 juin 1994 : « Ils n'impressionnent pas par leur allure martiale ou leur pas cadencé. Ce sont d'anciens épiciers, d'anciens cantonniers, d'anciens employés de banque, d'anciens instituteurs, des garçons au passé sans tache. Ce ne sont pas des tueurs ».

Dans les milieux chétifs et rabougris de la politique française, les Américains n'ont pourtant pas bonne presse. Nous nous imaginons toujours que le monde entier a le devoir de nous admirer et de nous aimer. Roosevelt considère la France comme un pays ennemi. Après la libération, elle sera placée sous la tutelle alliée, comme l'Italie, c'est l'AMGOT.

Grâce à la France combattante, regroupée à l'extérieur de l'hexagone en des unités régulières qui se sont illustrées sur les champs de bataille d'Afrique et d'Europe, grâce aux FFI bien sûr, la plus vieille nation d'Europe sauve l'honneur. Le général de Gaulle renverse la situation. Il épargne à la France l'humiliation de l'AMGOT et crée un gouvernement provisoire de la République française. Il réussit même ce tour de force que d'obtenir pour la France une zone d'occupation en Allemagne... plus tard un siège au Conseil de sécurité de l'ONU.
Ni de Gaulle, ni Churchill, dans leurs pays respectifs, ne recueillent cependant les dividendes de leur action prestigieuse. De Gaulle quitte le pouvoir dès 46. Pour avoir sauvé l'Angleterre et le monde libre, Churchill est battu aux premières élections qui suivent la fin de la guerre. J'ignore ce que fut la réaction personnelle du vieux lion. De Gaulle aura quant à lui cette phrase assassine : « Les Français sont des veaux ».

Le jour "J" à Dora

On était déjà descendu au tunnel travailler. Quand le meister est arrivé (on était toujours beaucoup plus tôt que lui, il arrivait, il avait déjeuné, pris son petit café), il a vu la joie qui se reflétait sur notre visage de martyr. Il m'a bien regardé. Il s'est demandé ce qui se passait, je fredonnais la Marseillaise à son arrivée ; c'était marqué sur nos visages, pas de doute, pour nous c'était extraordinaire, on croyait que tout était arrivé avec le débarquement.

Alors je lui ai expliqué, je lui ai dit que les Américains, les Alliés, les Anglais... ils avaient débarqué. Nous, l'information venait du camp de surface. En lui annonçant la nouvelle, je dis, voilà, la guerre, elle est bientôt finie, ils sont foutus, malgré toutes les armes qu'ils ont. Il y a des meister, on ne pouvait pas parler avec, c'était des brutes nazies. Le mien, il était sympa, depuis le début. Il a bien vu que je n'étais pas tourneur, là il a vu que je n'étais pas dans le coup. Il n'a pas voulu me renvoyer, il aurait pu, car il prenait des risques. Il dit : « C'est pas possible, ils ont débarqué ? ». Bien, j'y fais : « Si, si ». Et il est allé, lui, aux renseignements, mais aux renseignements allemands. Je ne pense pas qu'aux premiers messages, à cause du moral des troupes, ils aient dit : « Les Alliés ont débarqué ».

Ils ont dû trouver une autre histoire... et puis peut-être qu'ils n'écoutaient pas les nouvelles avant de partir au travail ? Bref, quand il est revenu, une demi-heure après, moi je faisais un peu de boulot, il me dit : « Effectivement, les troupes alliées ont débarqué », mais d'après ce qu'ils avaient appris, ils n'allaient pas rester, ils allaient être rejetés à la mer.

Un jour, je lui ai demandé s'il tenait à ce que la guerre se termine, et lui, il m'avait dit qu'il fallait bien qu'à un moment donné, tout ça se termine, bien sûr. Lui, il savait qui j'étais, ce que j'avais fait, je lui avais tout expliqué. Moi je ne disais pas aux autres déportés que je trouvais tous les matins un bout de pomme, un peu de tabac... Moi, ce civil, ce qu'il me faisait, je savais qu'il risquait gros. Nous étions corrects, mutuellement, mais j'aimais bien l'emmerder, je lui chantais l'Internationale... ou je lui disais : « C'est tout foutu, vous allez l'avoir profond »... Il n'était pas fou, il devait bien savoir qu'ils recevaient, les Allemands.
Ce débarquement pour nous, il a été quelque chose de beau et d'épouvantable à la fois. On s'est dit ça y est, la guerre est finie. Et quand on a vu que ça résistait là-bas, et

que c'était si long pour arriver à Paris, qu'avant d'arriver à nous, il y avait encore du chemin... alors on était désespéré. On savait qu'il allait y avoir encore un maximum de morts. On savait que l'on n'irait pas jusqu'au bout. Même en essayant de se soutenir. On a passé les pires moments de Dora et on va crever quand même ! Beaucoup sont morts parce qu'ils croyaient voir arriver les Américains à la porte du tunnel : « Vous êtes libres ».

Quand les Russes ont appris le débarquement, c'est pareil ils ont dit : « C'est fini, la guerre, elle va être finie ! ».

Les Russes d'un côté, les Alliés de l'autre, ils vont être pris en tenaille, terminé ! Puis il y a eu cette histoire des Ardennes ! Les SS et les kapos, ils étaient méchants de savoir qu'en définitive, dans notre cœur, on avait une joie immense. On se disait : « Un jour, ça va payer, si ils ne sont pas morts avant, ils vont passer par les tribunaux ».

Ils avaient beau se foutre de nous, la grosse Frankreich, ils aimaient se foutre de nous, nous dire que les Américains et les Anglais seraient rejetés à la mer... Et là, ils vont être encore plus durs avec leurs esclaves, leurs stücke, leurs untermenschen, et là il va y avoir encore plus de victimes parce qu'ils vont s'acharner, à chaque victoire des Alliés, ils vont être durs, avec les Français surtout, ils vont les finir, les matraquer... Heureusement, on a cette chance extraordinaire d'être dans l'usine, d'être des "spécialistes". Il faut y rester le plus longtemps possible. Dans l'atelier, il y en a qui avaient dessiné la carte de France, fait le plan des Alliés, Cherbourg, la Normandie, on voyait les armées alliées avancer. Puis, quand on se réunissait en douce, on suivait l'avance des troupes. Ça a été une joie extraordinaire et les Allemands l'ont ressenti. Puis nous, on était tellement fiers, fiers de savoir qu'ils allaient dérouiller... de toute manière il fallait qu'ils payent un jour ce que l'on avait enduré. Bon c'est vrai qu'avec ce que l'on avait fait, on méritait d'être fusillé. Mais dans le tas, il y en avait tellement qui n'avaient rien fait, qui avaient été dénoncés pour rien, d'ailleurs c'est ceux-là qui meurent les premiers. Il y en a tellement de déportés qui ne savent pas pourquoi ils sont là.

Dans les autres camps

Dans tous les camps de concentration, l'annonce du débarquement fait renaître l'espoir des déportés. J'emprunte encore au *Monde* du 4 juin 1994 ce passage admirable, sous la plume de Jean-Marc Théolleyre :
« On voit des hommes à toute extrémité remonter de leur désespérance. Cela se mesurait à des petits faits, que l'on peut même appeler des petits riens. Il n'y a peut-être que dans un camp de mort que l'on peut déceler, dans un simple bruit de pas, le signe annonciateur d'une espérance. C'est qu'ici, le bruit d'un pas prenait au bout de peu de temps, une importance extrême, inattendue. Il suffisait que ce bruit-là, qui ne pouvait de toute façon être celui de la promenade, moins encore de la flânerie, cessât seulement d'être celui de l'épuisement, des lenteurs exténuées, des hésitations mortelles .»

À Dora, Christian l'a souligné mais dans tous les camps, la déception va être à la mesure du formidable espoir né le 6 juin. On s'attendait, un peu naïvement il est vrai, à voir arriver les Alliés le lendemain. Ils vont mettre dix mois pour arriver. Ils vont devoir se battre pour conquérir les plages, puis la Normandie, foncer sur Paris, gagner les marches de l'est et la frontière du Rhin où l'ennemi paraît trouver un nouveau souffle, au point que la contre-attaque des Ardennes en décembre 44 et le siège de Bastogne fait trembler le monde.

Les dernières lueurs de la nuit de Dora se transforment en chapelle ardente !

La schlague

À Dora, les détenus ont le droit de fumer, sauf à l'usine. Christian est un grand fumeur. On trouve dans *Planète Dora* (aux Éditions du Seuil), sous la plume de l'auteur Yves Béon, une évocation de son vice, tant celui-ci est grand, paraît-il !

Christian est sans cesse torturé par le besoin de fumer. Cela a commencé dès son arrestation. Dès le premier interrogatoire qui le laissa en sang, le nez écrasé, les oreilles éclatées et des dents en moins, il aurait donné n'importe quoi pour un mégot. Dans sa cellule, il ramassait les débris de thé au fond du quart et les faisait sécher. Il obtint, au fil du temps, un bon petit tas que le vieux soldat allemand faisant office de gardien trouva un jour. Qu'est-ce que c'est, lui demanda-t-il. Christian lui dit qu'il fumerait bien ce thé, s'il avait du papier et du feu. Le vieux s'esclaffa et lui donna quelques feuilles. Christian en roula une rapidement et l'alluma au briquet qu'on lui tendait. L'effet fut extraordinaire et lui fit oublier la faim torturante et la misère physique. La fumée brûla ses lèvres à vif et ses yeux tuméfiés, mais il lui sembla que cela cautérisait ses plaies. Au bout de quelques bouffées, les cendres ardentes tombèrent du papier, s'éparpillèrent et s'éteignirent. Christian se précipita sur le sol et essaya de rallumer le mégot aux restes charbonneux, mais il était trop tard. Il roula alors des cigarettes avec le papier qui lui restait et les cacha soigneusement. À deux ou trois reprises, le vieil Allemand lui redonna du feu et, chaque fois, Christian éprouvait une immense béatitude et sa faim se calmait provisoirement. Il avait refait des gestes d'homme libre et en avait éprouvé une sorte de fierté intérieure.
Un jour, il vient d'échanger sa tranche de pain contre trois cigarettes. En partant, il est abordé par trois Russes qui le serrent de près : « Franzous, daï pocourit ! » (Foutez le camp, chacals !)

Christian essaie de les repousser, mais l'un d'eux tire sur une poche qui se déchire. Le deuxième morceau de pain tombe, aussitôt ramassé par le Russe qui se sauve avec ses copains : « Bande de fumiers, je vous retrouverai ». Christian regarde son pantalon, la jambe est ouverte, il va falloir trouver du fil de fer pour le réparer. « Heureusement, pense-t-il, j'ai sauvé le tabac... ». Christian chauffe un morceau de ferraille en le frottant contre une meule en mouvement. Quand la ferraille aura rougi, il allumera le clope qu'il a confectionné avec le tabac qu'Heinrich a glissé dans son tiroir. Personne ne l'a prévenu de l'arrivée des SS omniprésents. Il reçoit un immense coup de pied dans le derrière. Sabotage. On appelle le meister.
Les SS gueulent ! Le kapo qui ne veut pas être en reste hurle de son côté. Le meister arrive, décomposé, sachant que si Christian indique la provenance du tabac, il risque, purement et simplement d'endosser le costume rayé et finir ses jours dans le tunnel. « Où as-tu trouvé du tabac ? ». Sans hésiter une seconde, Christian répond : « J'ai fait un échange avec un détenu, contre une tranche de pain ».

Soulagement du meister qui lui adresse par le regard, plus que des remerciements : une chaleureuse reconnaissance.
Christian est emmené au bureau du meister. Chacun fait mine de travailler mais reste attentif à ce qui va se passer. Tout le monde tremble, a peur pour Christian qui sait, de son côté, qu'il va dérouiller.
Il est des fois où ça traîne, cette fois, la sentence est immédiate. Tout à côté du bureau, un tabouret élevé réservé aux besoins de la cause. Christian laisse tomber son pantalon sur les chevilles, relève sa chemise et s'installe sur le tabouret. Heureusement que les SS ont l'œil, sans cela que se passerait-il ? Le kapo est en mauvaise posture face à ses maîtres, c'est pourquoi il va mettre tout son talent à filer une correction exemplaire à ce petit terroriste de Français.
Christian gueule et en même temps il compte. Il ne faut pas qu'il se trompe, sans cela on recommence. Les coups

sont espacés, pour être plus vigoureux. Le kapo prend son élan, avec son fouet, comme s'il voulait abattre un chêne. Au dixième coup, le dos et les fesses ne sont déjà plus qu'une plaie sanguinolente. Le sang gicle.
À la fin, Christian est KO, il est hors d'état de compter. Le châtiment a lieu dans l'usine, c'est sans doute la raison pour laquelle la torture s'arrête à vingt-cinq, sans cela ils l'auraient massacré. Que ça ne se reproduise pas. Il reprend place dans l'atelier, sous le regard consterné de ses camarades. Quand il a repris ses esprits, Heinrich vient le remercier pour son courage.

Ça se reproduira pourtant, plus pour les mêmes raisons. Cette fois, c'est plus grave. Tous les êtres humains ne succombent pas au même rythme, mais tous présentent le même syndrome d'anéantissement. Christian se chauffe avec la lampe qui descend sur le tour. Il attrape un coup de pompe et s'endort à l'usine. Il existe une butée automatique, pour empêcher que le chariot ne vienne heurter ce qu'en termes de spécialiste on appelle le mandrin. Durant son bref passage dans les bras de Morphée, le chariot rentre dans le mandrin et le casse, dans un fracas perçu dans tous les ateliers alentour.

Bien sûr, les SS sont là. On n'a pas le temps d'aller chercher un autre mandrin que déjà il est accusé de sabotage. Ça se passe pendant la nuit. Au petit matin, quand l'équipe de nuit sort de l'usine, le numéro 41.096 est invité à sortir des rangs.

On me sort des rangs, j'enlève mon calot, ils me font entrer dans le bureau des officiers SS. Un interprète est là qui traduit l'accusation de sabotage proférée à mon encontre. Il fait demander à l'interprète comment c'est arrivé. J'ai oublié de mettre la butée du chariot et j'ai cru que ma pièce, elle travaillait normalement. J'ai dit à l'interprète : « Bon, c'est ma faute, j'ai oublié de mettre la butée. »

Alors ils ont gueulé, gueulé, gueulé tant qu'ils pouvaient là-dedans, c'est du sabotage et ils m'ont demandé mon âge. « 18 ans... 18 ans... 18 ans... ».

Ils m'ont fait sortir du camp. À l'entrée, il y a un bout d'échelle avec une longue planche, à peine dix centimètres de large. Il était six heures du matin. Ils m'ont fait monter sur la planche étroite, debout jusqu'à une heure de l'après-midi, sans pouvoir faire un geste. Si j'avais eu envie de pisser, j'aurais pissé dans mon froc.
Après cette punition, ce n'est pas fini. Le kapo entre en lice pour la schlague, vingt-cinq coups de fouet. Le même kapo que dans l'usine. Il aime ça, la schlague. Après l'épreuve du perchoir, Christian n'est pas bien long à s'évanouir. Il perd connaissance dès les premiers coups de fouet. Le kapo s'apprête à le massacrer, puisqu'il ne compte plus les coups. Il a encore une fois la vie sauve. Un SS un peu moins pourri que les autres fait signe au kapo d'arrêter. Il gît sans connaissance.
Ils ont fait dire à l'interprète que c'était fini, terminé, il ne fallait pas que ça recommence. Autrement c'était le bunker. Le bunker, c'est là où venaient les pendus. J'ai encore eu la vie sauve. Pourquoi, je ne sais pas. Parce que je me suis dit, je ne vais pas dire que je n'ai pas fait exprès, si je dis ça, ils vont me massacrer, j'ai dit : « C'est ma faute, ça les a amadoués. J'ai dit non, non, j'ai oublié de mettre ma butée ».

Là, les déportés savent qu'ils vont mourir

Au tunnel, j'ai assisté deux fois à des grandes pendaisons. On arrivait avec le kapo. On nous mettait en rangs. On n'y allait pas en se promenant, on y allait au pas cadencé. On était tous devant. Il y avait la poutre d'installée, puis toutes les cordes, il y avait une vingtaine de cordes qui pendaient. Il y a les officiels qui arrivent. Il y a des SS en culottes de cheval, bottes cirées, très brillantes, noires, pleins de

galons. À ce moment-là, il y a tous les officiers supérieurs du camp, il y a les adjoints, les lieutenants, les machins... en train de fumer la cigarette, dans l'attente de l'arrivée... parce qu'ils arrivaient avant les suppliciés, ils voulaient voir les condamnés arriver.
Alors, tout le monde est là, bien installé, c'est le cas de le dire, chez les Allemands. Ils jettent des mégots exprès, ils savent que quand ils vont tourner le dos, les déportés vont se jeter dessus. Mais il ne faut pas le faire pendant qu'ils sont là ; pour rigoler, ils sont capables d'esquinter l'homme à coups de bottes.
Un moment donné, il y a des commandements qui se passent, ça gueule, ça crie, ça bouscule, puis on voit les déportés. Ils arrivent les uns derrière les autres, ils marchent, ils ont les mains ligotées derrière le dos, des morceaux de bois dans la bouche, attachés derrière la tête, ils sont en chemise et en sabot, puis il y a les bourreaux, ils placent les déportés sous chaque corde.

Moi, j'ai fixé les yeux sur l'un d'eux. Il était jeune, vous savez, très jeune. À ce moment-là, ils leur ligotent les pieds. Il y a un kapo bourreau, un vert, il prend les cordes, il les serre ; lui l'Allemand, il regarde si c'est bien serré. Là, les déportés savent qu'ils vont mourir. Ils ont les premières secousses parce que déjà la corde commence à les étouffer. Ils commencent à se débattre.

C'est terrible à voir, celui qui n'a pas vu ça, il n'a encore rien vu ! On est à côté, on est à trois, quatre mètres, pas plus. Quand ils vont monter, on les regarde, comme ça on lève les yeux. Moi j'ai regardé, c'était un Russe, la plupart du temps, ils pendaient des Russes. Ils les pendaient aussi pour faire peur. Pour nous dire, sabotage, attention, ça ne pardonne pas, etc. Là, l'officier principal allait dire qu'ils étaient tous condamnés à être pendus pour sabotage. Il donne la sentence : « C'est des cochons, des fumiers, ils ont fait du sabotage, ils vont être pendus ».

À ce moment-là, il y a deux hommes à chaque bout parce que c'est des monte-charge. Ils vont être levés, ils les lèvent à un bon mètre du sol, lentement. Celui que je regardais n'a pas bougé. Les autres, ils gigotent tous, ils balancent leurs jambes, en haut, devant, derrière, on sent qu'ils veulent encore essayer de se débattre. Il y a le moment où c'est fini, terminé ! Celui qui n'a pas bougé m'avait impressionné, je me disais : « Si ça se trouve, il est déjà mort ? ».

Après on les voit, ils tirent la langue. Parce qu'en plus, les Allemands, ils vont nous faire passer en file indienne à côté, avant de réintégrer l'atelier ! Faut bien lever les yeux et les regarder. Si on ne lève pas les yeux, on risque la schlague.
Après, ils vont redescendre les déportés. Moi je n'ai pas vu mais je sais que ça s'est fait, il y en a qui gigotent encore. Ils avaient peut-être une résistance de dix, quinze minutes. Le bourreau leur tapait sur le crâne pour les finir, pour les tuer, pour qu'ils soient vraiment morts. Quand c'était fini, on se remettait en rangs et on regagnait l'atelier. On était refroidi d'avoir vu tout ça. La première fois, c'était impressionnant.
Le meister, il sait que je suis choqué. Je ne fais pas attention au boulot. Je pense à tous ces déportés qui viennent de mourir. On a beau être anti ceci ou anti cela, ou quoi que ce soit d'autre, dans ces moments-là, que ce soit un Russe, un Polonais, un Hollandais ou un Belge ou n'importe qui se retrouve pendu, ça fait quelque chose parce qu'on se dit que ça peut être nous.
Pour les Allemands, c'est une partie de plaisir, leur spectacle, leur divertissement. Ils discutent entre copains, ils vont fumer leur cigarette. Je suis persuadé qu'ils doivent dire : « C'est bien fait pour leur gueule, tous ces salauds, il faut qu'ils crèvent, il aurait pu y en avoir plus ! ».

Ça c'est des SS, cent pour cent tueurs. Pour avoir la place qu'ils ont, chef de camp ou autre, c'est des êtres qui n'ont pas de pitié, ils ont dû sortir déjà plusieurs fois leur pétard

pour descendre des déportés. À côté de ça, ce même SS, il rentre le soir, s'il a des enfants, bonjour mon enfant, comment vas-tu ? Tu as passé une bonne journée ? Tu n'étais pas trop fatigué ? Tu as fait un gros dodo, tiens voilà ton biberon ! Et il vient de tuer des tas de déportés dans le camp. C'est là où l'on n'a jamais compris ce SS qui a été fabriqué spécialement par les écoles SS, par la propagande, pour tuer. Les SS, ils savent tuer, comme on joue à la belote.
Le meister, il ne m'a pas parlé, il ne m'a rien dit, il avait encaissé le coup, lui aussi. Mais il y en avait des civils. Ils avaient vu le spectacle, comme une course de taureaux, pareil, une mise à mort...
De ma vie, je pensais n'avoir jamais à regarder ça, à voir ce que c'était qu'un pendu ! Mais en voir plusieurs à la fois, et l'impossibilité pour le supplicié de pouvoir s'exprimer. On sent qu'il voudrait dire quelque chose, mais c'est terrible, il ne peut pas. Ça secoue. Après, quand on loge à la surface, on va nous rassembler souvent sur la place d'appel, pour des pendaisons, deux, trois, une dizaine, ça dépend ! J'ai presque toujours été obligé d'assister à ces pendaisons. Là ils tirent les tabourets. Les déportés tombent, mais ils ne meurent pas tout de suite ; Ils les achèvent à coups de tabourets. Ils les descendent. Alors, il y a déjà la charrette qui est là. Il y a la première fournée. Il y a la deuxième fournée qui va passer, qui a vu les autres se faire pendre ! La place d'appel est pleine. Il y a trois, quatre, cinq mille déportés, même ceux qui sont en train de dormir doivent se relever pour assister. Tout le camp est là. On a vu des camarades mourir tous les jours, tous les jours des morts d'assassinats, de torture, c'était normal, on vivait avec, mais les pendaisons, ça nous a toujours tourmentés.

Un jour, lors d'une de ces pendaisons-spectacles, il y a eu un sacré coup de théâtre. Le chef de camp, le lagerältester, un communiste allemand, a refusé de pendre. Les SS l'ont empoigné, tabassé, cravaché : rien. Ils ont appelé son adjoint, le zwei : il a refusé aussi. Ils appartenaient tous deux à la Résistance de Dora. Ils ont été conduits illico au bunker et pendus tous les deux, le lendemain. »

Des Juifs à Dora

Ce n'est pas un hasard si les quatre camps de mise à mort immédiate sont situés en Pologne. C'est le pays d'Europe qui comprend la plus forte communauté israélite. L'un de ceux, paraît-il où l'antisémitisme est des plus virulents. Chelmno, Treblinka, Sobibor et Belzec forment l'axe d'un vaste complexe de mise à mort qui fonctionne comme un grand groupe moderne, selon des critères de rendement et avec un souci de la rentabilité qui juxtapose étroitement le gazage et la crémation. À Auschwitz, les chambres à gaz sont situées juste sous le crématorium. Des monte-charge relient les deux, simplifiant et accélérant d'autant le processus d'élimination, porté de ce fait à l'échelle industrielle. Comment expliquer sinon, la mort de 6 millions de Juifs pendant toute la guerre ?

Dora, c'est autre chose. La mort ne figure pas par principe dans les statuts du "Mittelbau". Tout est dans le mode de sélection. Ici, il n'y a pas un fumier et son chien à l'arrivée du train pour décider qui doit mourir et qui doit travailler. Résistants, prisonniers de guerre, militants communistes, ce sont presque tous des jeunes dans la force de l'âge. On pratique la sélection naturelle, par le travail et les privations, y compris la privation de lumière, dans ces cavernes où ne survivent d'ordinaire que les crapauds et les araignées.

Il arrive pourtant, surtout dans la confusion des derniers temps, que des Juifs échouent par hasard à Dora. Un groupe d'enfants hongrois qu'on a séparés de leurs parents arrive de la sorte, début 45. Comme des chiens qui reniflent la viande, les SS ne se sentent plus d'avoir à leur merci, les petits de leurs ennemis de race. Ils ne sont pas très nombreux, quelques dizaines tout au plus, il faut les faire durer. C'est pour s'amuser ! On leur fait remplir et porter des brouettes de cailloux. De temps en temps, on accentue un peu le chargement, pour qu'elle bascule et se renverse.

Christian nous raconte la suite : « C'était au tunnel. On descendait travailler. On était en colonne. On allait se mettre sur la place d'appel. Il y avait ce drame qui se jouait. Les Allemands avaient chargé des brouettes de pierres. Ils les faisaient soulever par des petits Juifs hongrois. Il y a eu aussi parfois des tsiganes mais je suis sûr que c'était des enfants Juifs, car j'ai vu le truc qu'ils portaient, l'écusson, l'étoile de David, "Jude". Quand les brouettes ont été chargées, ils les ont fait lever par les gamins. Les gamins, ils ont fait quoi ? Deux mètres, trois mètres pas plus. Je me suis dis qu'il n'allait pas pouvoir soulever la brouette, déjà pour une grande personne, c'était dur. Là j'ai vu l'enfant, il devait avoir huit, dix ans, écarter ses bras, puis remuer la brouette. La brouette a perdu l'équilibre, tout de suite elle s'est renversée. Là, le SS lui est tombé dessus, le kapo avec, et ils lui ont fait éclater le crâne. Les autres, ils étaient à côté, nous on marchait, on ne devait pas s'arrêter, surtout pas regarder la scène, parce que, si on avait regardé, on risquait d'y passer aussi. Le gamin, il est tombé par terre, mort. Ils étaient tombés à deux dessus. Les autres gosses ont commencé à recharger la brouette, ils ont fait pareil avec les autres. Nous, ça nous a fait vraiment mal au cœur, on a dit ce n'est pas possible, des gosses, mourir comme ça ! »

La grande désinfection

Les déportés de la Seconde Guerre mondiale sont-ils des esclaves ? Certes, on leur a ôté leur personnalité, au sens juridique où l'entend la définition des droits de l'homme. Mais ça va beaucoup plus loin que cela. Avant l'abolition de l'esclavage, le sujet était la propriété de son maître ; ce dernier l'avait acheté. À défaut de le reconnaître comme une personne, comme un être humain, il lui conférait, du moins, une valeur économique ; c'était une sorte de bien d'équipement, qu'il avait intérêt à ménager et à entretenir. Qu'il s'agisse des Juifs ou des non-juifs, les déportés suscitent non seulement la compassion et la pitié, mais encore l'étonnement. Pourquoi les nazis n'ont-ils pas ménagé cette main d'œuvre gratuite dont ils eussent tiré davantage en les nourrissant, en les faisant vivre dans des conditions sanitaires qui ne fussent pas les pires qu'on pût imaginer ?

Dans la première période de Dora, celle où sévissent les effroyables conditions du tunnel, dans l'humidité, le froid, l'obscurité, le vacarme, sous les coups, sans nourriture, sans eau, on ne se déshabille jamais. On se lave rarement. Les corps sont décharnés, rongés par le typhus, vidés par la dysenterie, couverts de plaies, menacés par la tuberculose et la typhoïde.

Des camions font sans arrêt la navette entre Dora et Buchenwald pour évacuer les cadavres putrescents. Au retour de Buchenwald, les mêmes camions rapportent, sans avoir été débarrassés de leurs immondices, la nourriture des déportés. Le pain est jeté dans les souillures avant d'être distribué aux détenus ! Toute cette pourriture est le siège de colonies entières de poux blancs qui courent par milliers, dans les poches, les doublures, sur la tête, dans les manches, sur le revers du veston, dans les couchettes... Un jour, les autorités, sur des plaintes réitérées du personnel civil, entreprennent une vaste opération de désinfection. Non seulement on s'attaque aux effets et pas aux causes mais en plus, l'opération va avoir lieu la nuit. pour ne pas mordre sur les heures de travail et dans des conditions qui vont occasionner des morts par centaines. Jamais à Dora, où la mort est cependant omniprésente, on ne vit pareille hécatombe. Les hommes vont mourir, dans cette nuit de l'hiver 44, presque autant que les poux blancs. Dans l'esprit des SS, les stücke ne valent du reste pas plus que des poux blancs !

On les fait sortir du tunnel, ils sont des milliers. On les fait mettre à poil complètement, sous la neige, à 10 heures du soir, les pieds dans l'eau glacée et dans la boue. Ordre est donné de faire un paquet de linge sale et de le jeter dans des camions-étuves censés nettoyer les frusques. Après être restés comme ça debout des heures, ceux qui ne sont pas morts de congestion entrent, dans le courant de la nuit, dans des baraques où les attendent successivement, une immersion complète dans des bacs d'eau glacée mélangée de Crésyl et une douche froide. Pas de serviette, ils ressortent dehors mouillés. Leurs habits sont pêle-mêle, propres mais humides, à eux de les retrouver dans l'indescriptible panique qui entoure cette recherche effectuée à la lueur des projecteurs.

« On était bourré, bourré de poux. Quand on était pris avec des poux, on recevait. Eux, ils ne voulaient pas qu'il y ait des poux. On avait beau les enlever, il y en avait tellement, dans toutes les coutures, les œufs, les lentes... alors on nous a pris sur le sommeil, on nous a rassemblés et on nous a dit : « À la désinfection ! » On était content car on ne savait pas comment ça allait se passer. Alors, on est parti mais ça c'était l'hiver. On est parti, il faisait nuit, il faisait froid : il y avait deux énormes camions ; il pleuvait, il neigeait, un froid dingue ! On était des centaines. On nous a dit de nous déshabiller. Un peu plus loin, il y avait des baraques de douches. On nous a dit de faire des ballots avec nos affaires, le numéro apparent. Ah oui, le froid, tous à poil, tout nus ! C'était des énormes camions avec des étuves, ils balançaient tous les paquets là-dedans, ils fermaient puis mettaient tout ça en marche ; on voyait des pressions de chaleur formidables à l'intérieur. On nous faisait monter dans les baraques toujours tout nus. Il y avait ceux qui commençaient déjà à choper des pleurésies et on est arrivé dans les baraques avec de grands bassins de Crésyl. Et là, il fallait plonger la tête dedans, c'était une vraie saloperie. On sautait dedans parce qu'ils nous faisaient sauter. En sortant du bain de Crésyl, il y avait encore un deuxième bain. Après, il y avait les douches, c'était de l'eau froide. Fallait que l'on se frotte, ils nous avaient donné du savon ersatz, dur comme de la pierre, crac crac crac hop, il y avait quelqu'un qui vérifiait les cheveux. Ceux qui en avaient, ils leur coupaient à ras. Sortis de là, on n'avait pas de serviette, rien. Il a fallu aller à toute vitesse parce que tout ça s'est fait en hurlant, ça hurlait dans le bâtiment, c'était des cris des déportés qui étaient balancés dans l'eau, des cris de tout le monde, des responsables qui gueulaient...

En sortant de là, on est retourné au camion. Mais ça ne voulait pas dire que tout était terminé. Il fallait chercher nos paquets, il y avait deux, trois petites lumières, on voyait à peine clair. Fallait trouver le numéro presque dans le noir. Toutes mouillées les fringues ! Fallait se rhabiller avec les fringues mouillées. On nous a rassemblés et on nous a descendus au tunnel. Il gelait, il y avait de la glace, là il y en a eu des morts... des morts... c'est fou ce qu'il y en a eu. Ils étaient par terre, ils n'arrivaient plus à se relever. Il y en a combien qui sont arrivés au crématoire qui n'étaient pas morts.

Des déportés qui ont été gelés, le froid, la peur, tout... Parmi nous, il y avait des grands malades. Des déportés qui avaient trente-neuf, quarante de fièvre, ils auraient pu se dire malades mais ils avaient une trouille d'aller au revier ! C'était le dernier truc où aller. Il valait mieux résister, même malade. Ça n'a jamais été des médecins, c'était tout ce qu'on voulait, des postiers, je ne sais quoi d'autres mais pas des infirmiers ni rien... Il faisaient des piqûres, si ça avait touché l'os, ce n'était pas grave. Ça se passait comme ça. Ils nous ont rassemblés, ils ont compté, compté, recompté... Eh bien, le compte n'était pas bon. Il en manquait un paquet. Des centaines et des centaines, il en manquait ! On est arrivé aux paillasses, ils les avaient nettoyées mais c'était l'heure de se rassembler pour aller au boulot ! On n'a pas dormi cette nuit-là ! » (Christian)

Dora en carte

Sur le fronton de Buchenwald : JEDEM DAS SEINE (à chacun son dû). Usine souterraine de Dora = Mittelwerke. 1er novembre 1944 : Dora devient un camp autonome, avec trente et un sous-camps. Janvier 1945 : Dora devient un enfer, il est pendu jusqu'à 60 déportés par jour. Savants : directeur de programme Dornberger. Ingénieur de conception : Wernher von Braun. Ingénieurs d'exécution : Riedel - Steinhoff - Gröttrup.
Tous ces gens vivent en liaison avec les techniciens et la main-d'œuvre chargée de la fabrication, ce qui veut dire qu'ils sont au courant de tout ce qui se passe dans le tunnel et témoins des atrocités. Le propre frère de von Braun, Magnus, est responsable de la fabrication en série des gyroscopes à Dora. Le général Walter Dornberger est devenu après la guerre, conseiller en matière de fusée de l'aviation américaine. Jamais il n'a été question de Dora.
30 000 morts ? 60 000 victimes ? On a parlé d'un "tunnel". De la Mittelwerke. De Nordhausen, la ville voisine de Dora. On a parlé de Peenemünde... De Dora : jamais.

Puisqu'on vous dit que Dora n'a jamais existé ! Quelle pâture pour les révisionnistes ! Von Braun et Dornberger ont perpétué leur mensonge.
L'enfer de Dora et la technologie des fusées ne peuvent pas, ne doivent pas se croiser ni se rencontrer.
À Dora il y a, principalement, deux bouchers SS ivres de sang. L'un s'appelle Busta (surnommé "tête de cheval"), l'autre est Karl Multerer, (dit "le Roumain").

Les principaux tortionnaires sont, chez les kapos, Richard Kuhl et Kilian, volontaire pour pendre les déportés.

6 juin 1944 à 8 heures du matin, par le poste clandestin caché au revier (l'infirmerie), l'annonce a lieu du débarquement.

Les appels

Les appels sont liés au besoin viscéral qu'ont les Allemands de compter, de contrôler, de pointer, mais c'est plus que cela : un mode de sélection.
Pour nous ça a été mortel. Les appels, c'est une sélection. Quand on remontait du tunnel, il y avait trois, quatre, cinq mille bonhommes. Il y avait tout le monde, aussi bien les terrassiers que ceux qui travaillaient à l'usine. Quand tout ça était installé, ils commençaient l'appel. Ils comptaient par cinq. Le kapo du kommando gueulait : « Le compte est bon, fertig ! ». Puis il se mettait au garde-à-vous devant les SS, nous, fallait retirer le mützen, crac on levait, puis on baissait. Mais entre temps, il en mourait des gars. Il y avait quelque chose qui clochait ? Il y avait un problème ? Il allait voir, c'était la plupart du temps, un type qu'était mort. Il fallait tout recommencer, ça durait des heures. C'est que c'était pas des mathématiciens ces gens-là.

Il y en avait un qui s'était évanoui ? Merde ! C'était encore un problème ! Et puis attention, ça gueulait, fallait entendre, ça hurlait. On est restés comme ça des fois, jusqu'à 10 ou 11 heures du soir. Sous la flotte, la neige qui tombait... Immobiles. Ceux qui étaient à l'extrémité, on les tenaient pour pas qu'ils tombent.
Leur principe était simple, il y avait cent morts aujourd'hui, il y en avait deux cents le lendemain pour les remplacer. C'est pour ça qu'ils tuaient tant, parce que ça ne comptait pas pour eux. On était des stücke, des "unités de comptes", rien de plus.

On était debout à 4 heures du matin. À 4 heures, on avait le même truc, avant de partir au travail. On sautait du lit à coups de matraque, on était crevés, fatigués... et que je te recompte pour avoir le nombre exact d'häftling.

Kapos et Vorarbeiter

Le matin dans les blocks, c'était de la folie. Ils tapaient sur les bas flancs pour nous faire lever plus vite. Les Russes qui gueulaient : « Davaï ! Davaï ! ». Les Allemands : « Auf stehen ! Auf stehen ! Los ! Los ! Schnell ! Schnell ! ». On entendait que ça, fort, parce que plus ils gueulaient, plus ils étaient bien. Le chef de block était content : ça bardait, ça fonçait... Le kapo lui, il était chef dehors, pas dedans. Mais il avait son coin à lui, réservé, une petite chambre. Le kapo dans les baraques il pouvait bien sûr nous emmerder mais fallait qu'il en réfère au chef de block.

Eux, ils se réunissaient entre kapos. Ils avaient des trucs à discuter, organisation ou autre... Ils fumaient, ils buvaient des coups ; ils avaient de l'alcool. Ils jouaient aux cartes. Ils avaient du confort... ah oui, ça oui, bon ils n'avaient pas la musique ni rien mais ils avaient des petits mômes qu'ils se tapaient, des jeunes... Les kapos étaient pédérastes, ils ne se faisaient pas mettre mais ils s'envoyaient des types... ah oui, avant qu'il y ait le bordel à Dora.

Moi j'ai jamais compris le pourquoi de ce bordel, nous dans l'état qu'on était, de toute manière... ! Avec mes deux, trois copains, quand on parlait, on disait ça doit être pour les SS. Les officiers ils allaient à Nordhausen ou des trucs comme ça, ou ils avaient leurs femmes à Norkhausen je ne sais pas... et puis tous les chefs du camp quoi, ils étaient en grande condition physique, ils étaient gras, gros, ils avaient du bide, ah oui...

L'association des SS et de leurs acolytes, kapos, vorarbeiter, schreiber, lagerschütze... c'est le plus bel échantillon de vampires jamais rencontré. Lucifer devait en rêver, quand il a donné rendez-vous à l'Allemagne dans la grotte dégoulinante et ténébreuse de Dora !

Au début quand on creuse, on voit des tas de morts partout. Des montagnes de morts ! Tous ces morts, ils sont quand même contrôlés. Ça rentre dans les décomptes du kapo. Sauf que le kapo, il peut avoir des morts dans son kommando sans qu'il le sache. Des types qui sont sur les WC-là. Les bidons. Des bidons, il y en a trente. Si le déporté il sent qu'il a une colique, il va pas aux chiottes de lui-même, il demande l'autorisation au kapo ou au forarbeit : « Je suis malade, j'ai des crampes, je peux aller... ? ».

Le kapo il va dire oui, le déporté il y va. Et puis entre temps, il y a les SS qui passent, parce qu'il y a constamment des SS qui passent. En général, ils se préviennent, les déportés. Alors tout le monde se reculotte en vitesse, ils se barrent mais il y en a qu'ont pas le temps. Alors le SS il arrive là-dedans, il bondit, il tape, il ne veut voir personne sur les cuves, même si le déporté vient juste d'arriver, il reçoit aussi. Peut-être il va se faire tuer celui-là, ou comme ça arrivait, ils vont se mettre à plusieurs pour lui foutre la tête dans la merde et le noyer. Le gars il appartient au kommando, c'est pour ça que le kapo il compte toujours pour voir s'il lui en manque.

À part quand il y a un blessé grave, par exemple si un déporté a une jambe écrasée par un rocher où là on l'emmène au revier, les déportés ils peuvent demander pour aller au revier. Mais c'est dangereux comme démarche, car si le kapo est mal tourné, il dit : « Ah tu veux aller te planquer au revier ! ».

Paf ! Il l'esquinte, il le tue ! Au début dans le tunnel, c'est comme ça que ça se passe. Ils tuent ! C'est après, beaucoup plus tard que les Allemands, les civils, ils vont se plaindre, des poux, du typhus, ils ont peur de toutes ces saloperies ; les gars ils crachent tout partout, ils vont pas prendre des mouchoirs, ils n'en ont pas, ils crachent où ? Dans les coins, et quand ils crachent, laissez-moi vous dire, c'est pire que des tuberculeux. Pouah ! C'est plein de poussière, quand ils se décollent le fond de la gorge, ils en ont plein la bouche, on est tous des poitrinaires, ça et puis les yeux, jamais se laver... Le soir au dortoir, on entend ça gémit, ça agonise dans tous les coins. Ça dépend l'humeur du chef de block. Des fois il va dire au gars, d'accord t'iras au revier mais demain, morgen früh. Alors le type il se recouche et il meurt. Beaucoup meurent en dormant. Au bout de leurs forces. De toute façon, le revier c'est pas l'hôpital hein, c'est le mouroir. Avec un peu de chance, on peut y mourir tranquille, en n'ayant plus ces sales bêtes pour vous engueuler, jusqu'au dernier souffle. Mais au revier, y a les sélections. D'un seul coup ils montent, ils décident, toi, toi, toi, crac ils se retrouvent à Bergen-Belsen.

Un caporal SS

Voici extrait de « *Dora* » (par Jean Michel aux Éditions JC Lattès - 1975 - un livre vraiment remarquable, tant par le haut niveau de l'écriture que par sa documentation), un extrait de l'innommable : « 16 octobre 43 - Surgit un jeune Rottenführer, un caporal SS. Taille fine, épaules larges - 1m70 - Cheveux bruns. Visage basané. Il s'appelle Karl Multerer. Figure sardonique. Je ne pourrai jamais l'oublier. Hélas, malgré nos recherches, nous ne l'avons jamais retrouvé. Le caporal découvre un petit Français de 18 ans. Epuisé, il s'est endormi. Par je ne sais quel phénomène mystérieux, le jeune homme se sent observé, s'éveille et se remet au travail. Multerer est pris d'un accès de démence. Je réalise que cet homme a dû être retiré d'un asile psychiatrique, du pavillon des fous dangereux. Il se rue sur le jeune déporté. Bave aux lèvres, il lui assène des coups de gummi en accompagnant les coups de cris stridents. A-t-il une mère, ce salopard ? Le petit Français finit par s'écrouler. Il frappe, il frappe ! Il y a longtemps que le pauvre gars ne bouge plus quand le caporal s'arrête. Il est couvert de sueur. Il a l'écume à la bouche. Il a dû jouir. Son pantalon est mouillé. Heureux de cette séance, un rictus aux lèvres, il tourne les talons et se perd dans la galerie. On s'approche du supplicié : il baigne dans son sang. C'était un petit coiffeur. Il ne coiffera jamais plus, il est mort... »

À la fin, je pèse 45 kg

Début 45, le pire est encore à venir. Pourtant, le vigoureux gymnaste n'est déjà plus qu'une épave.

« Je suis dans un état catastrophique. Depuis plusieurs semaines, j'ai une plaie au poumon qui me fait sans arrêt cracher le sang. Selon un médecin français que j'ai rencontré sur la place d'appel, ce serait dû à la malnutrition et à la poussière que j'ai respirée au tunnel. Je passe à côté d'une balance, à l'usine, elle accuse 45 kg. Pourtant, je ne me plains pas trop. Je reconnais que ceux qui ont travaillé dans l'usine à des postes intéressants... sans grosses fatigues, à ce moment-là, c'est pas le travail qui va nous faire mourir.
Mais on est dans un état physique lamentable parce qu'on n'a rien à manger ! On fait un tout petit repas par jour, c'est tout, si on peut appeler ça un repas ! Une fois de temps en temps, le dimanche, ils nous donnent une soupe blanche, tout le monde dit que c'est de la semoule. C'est sucré. ça on le boit à toute vitesse. À la fin, on va être soumis à des restrictions terribles. Il y a eu des colis de la Croix Rouge distribués à Dora, moi j'en ai eu qu'un seul ; dedans y avait du savon à barbe et une savonnette ! »

La Résistance et le sabotage

La Résistance est orchestrée par des Français, des Tchèques et des Russes. À quoi sert-elle ? D'abord, elle permet aux déportés de suivre l'évolution du conflit sur le terrain. Aussi incroyable que cela paraisse, dans cet univers de damnés, certains peuvent, parce qu'ils ont des postes bien placés, au revier par exemple ou comme électricien où ils peuvent aller partout, valise sous le bras, sans être inquiétés, capter la radio anglaise.
Après la guerre, le rideau s'est abattu sur les négociations Allemands/Alliés mais il est possible, sinon probable que le réseau de Résistance soit entré en contact avec l'état major

américain, grâce à un émetteur acquis ou fabriqué avec la complicité de SS et d'ingénieurs civils, pour négocier la survie et la reddition du personnel scientifique (von Braun en tête), contre la remise des plans de la fusée stratosphérique A4 (le fameux V2). C'est pour cette raison que les 15 000 déportés qui se trouvaient encore là début avril 45 ne sauteront pas avec le tunnel.

On dit aussi que des SS de haut rang, en tête desquels se trouve Kammler, souhaitent une paix négociée avec les occidentaux pour avoir les mains libres à l'est.
L'attentat du 20 juillet 44 n'a pas d'autre but : abattre Hitler et le nazisme, sans cependant renoncer à l'impérialisme et à l'expansionnisme d'une Allemagne ayant pour principal adversaire, l'URSS. Tout cela relève de probabilités, sinon de certitudes, mais je n'ai pu il est vrai recueillir de témoignage direct sur le rôle exact et l'importance de la Résistance à Dora. Christian est dans le tunnel, alors que la Résistance s'est organisée dans le camp de surface.

Par contre, il y a de multiples témoignages sur les actes de sabotage perpétrés contre les fusées par les déportés employés à la fabrication des pièces ou sur les chaînes de montage. Quand il est nommé dans l'équipe d'Heinrich, Christian s'applique, aussi souvent qu'il le peut à sélectionner les pièces défectueuses et à éliminer au contraire, celles qui ont subi avec succès le contrôle de qualité.

Combien de V1 et de V2 se sont abîmés dans la mer du Nord ou sont retombés, tout de suite après le décollage, grâce à des fragments mal usinés, des écrous mal serrés ou des soudures mal faites ?

Seuls les Français découverts et identifiés par la Gestapo comme résistants, ont été épargnés. Les autres, en particuliers les Russes ont tous été liquidés.

L'évasion d'Yves Santis

Santis fait partie des résistants grenoblois arrêtés au monument aux morts le 11 novembre 43. Christian fait sa connaissance à Royallieu. Depuis, il ne se sont pas quittés.
« Je pars, dit Yves à Christian.
Ce dernier, stupéfait, lui rétorque :
– Tu vas où ? T'as une permission de détente ?
– Non, je m'évade, mais tu peux venir avec moi si tu veux.
– Tu es fou, dans l'état où nous sommes, en plein hiver, dans un pays hostile et avec des habits rayés ! Vous n'avez aucune chance. De toute façon, c'est pas mon heure. »

Ils sont trois à s'évader. Avec Santis, un dénommé Rousseau et puis surtout, Gaston Pernot, le leader du groupe. Le départ est fixé au 15 mars 44. Ce soir-là, il y a pendaison à Dora, pour tentative de fuite justement. Les trois fugitifs en profitent pour se faufiler en direction de la gare de triage, où ils montent dans un wagon qui les emmène à Nordhausen.
Après trois jours sans manger, à ne boire que de l'eau des gouttières, ils quittent Nordhausen, pour une destination qui leur apparaît très vite comme étant la Tchécoslovaquie. Il faut quitter au plus vite cette direction qui les éloigne de la France. Ils profitent d'un arrêt en pleine campagne pour descendre et ils se retrouvent bientôt dans une ferme où ils parviennent à apprivoiser la maîtresse des lieux qui leur sert un copieux repas, avant de les prier de déguerpir au plus vite.
Ils errent dans la campagne. Ils avisent une maison isolée. Elle est inoccupée. Ils fracturent l'entrée. Dedans, ils trouvent de la nourriture et surtout des vêtements civils. Ils se changent. Au lieu d'évacuer leur tenue rayée (il leur eût été facile de la cacher ou de l'enfouir), ils la laissent sur place. De surcroît, Yves oublie d'enlever le triangle de déporté, avec le numéro matricule de Dora ! Ils repartent. Parviennent dans une gare. Grimpent dans un train à destination

de Francfort. C'est bon se disent-ils, ce train va vers l'ouest ! Mais le train s'arrête à Weimar et ne va pas plus loin. Il faut en chercher un nouveau. Soudain, des bruits de bottes, au pas cadencé. Une patrouille. Ils se cachent sous un wagon. Les pas s'éloignent. Un cheminot allemand, bien loin de se douter que des déportés français en fuite sont cachés là, passe à proximité et pose culotte. Quand il se relève, il les aperçoit ! Il hurle en remettant son pantalon, ils n'ont que le temps de fuir. La nuit suivante, ils avisent un convoi chargé d'imprimés à destination de Forbach. Chouette ! Ils montent dans une voiture. Mais le train s'immobilise en rase campagne ! Les heures passent. Un jour. Puis deux. La soif, la faim, le froid les martyrisent, maintenant ce sont des loques. Ils quittent le wagon d'imprimés, partent à travers champ. Ils sont interpellés par un garde territorial. Le temps qu'il dégaine son arme et ils sont loin. Dans le courant de leurs pérégrinations, ils trouvent une baraque près d'un champ fraîchement labouré, où sont entreposées des betteraves et des pommes de terre. Ils mordent à pleines dents dans cette nourriture providentielle qui va leur permettre de prolonger une fuite qui dure déjà depuis plusieurs semaines.
Au bout de trois jours, ayant repris quelques forces, redevenus confiants dans l'issue de leur tentative, ils reprennent la marche. Le temps s'écoule à nouveau. Il y a maintenant un mois qu'ils ont quitté Dora.
Soudain, au débouché d'une clairière, trois gendarmes surgissent et les arrêtent. Pernot explique qu'ils sont prisonniers de guerre : rien à faire. Les tenues rayées oubliées dans la maison de campagne et surtout le triangle de Dora les ont trahis.
De retour à Buchenwald, puis à Dora, Santis est dans un état dramatique. Il a les pieds et les mains gelés. Il est au stade ultime du délabrement physique et mental. Enfermés au bunker, roués de coups, soumis à des interrogatoires sans fin accompagnés des tortures les plus raffinées, les trois pensent qu'ils vont être pendus, quand un geôlier

pénètre dans leur cellule pour leur annoncer ce que personne n'aurait osé prévoir, et n'a jamais compris : ils retournent dans leur kommando ! Même entre les mains de la Gestapo, quand c'est pas son heure... !

Pierre Mussetta

À propos d'évasion, je m'en voudrais de ne pas raconter, en quelques mots tant elle est incroyable, l'aventure survenue à un déporté de Buchenwald, Pierre Mussetta.
Le 19 juin 1944, Pierre Mussetta est occupé à débarder des blocs de pierre à la carrière. J'ai déjà évoqué les conditions dans lesquelles les déportés étaient poursuivis à coups de gourdins par les garde-chiourme répartis le long du parcours, environ tous les dix mètres.
Il pleut ce jour-là et Pierre a remarqué que la surveillance des gardiens s'était quelque peu relâchée, occupés qu'ils étaient à se protéger du mauvais temps sous leur toile de tente.
Il parvient à filer entre deux sentinelles, mais son absence ne tarde pas à être signalée. Les SS lancent des chiens à sa poursuite. Il se réfugie dans un cours d'eau où il reste de longues secondes en apnée. Il est rattrapé par ses poursuivants qui ouvrent le feu sans l'atteindre. Il trouve refuge dans une cabane de jardinier où il endosse des vêtements de paysan. Il vit de rapine et de braconnage. Il parvient à Solingen où il est arrêté par un garde territorial. En suivant ce dernier qui veut l'emmener à la gendarmerie, il l'assomme et lui plante une fourche dans le ventre.
Un peu plus tard, il est arrêté par un gendarme. Pierre lui flanque un coup de poing dans l'estomac puis un coup de pied dans la figure. L'autre est expédié au tapis pour le compte. Le lendemain, il échappe à une battue organisée par les habitants de Solingen.
Au moment où il s'apprêtait à traverser le Rhin à la nage, il est face à des prisonniers français qui le prennent dans leur kommando et qui lui font traverser le fleuve dans un bac. Il

longe la ligne Siegfried et gagne la Belgique où il parvient à joindre un ami résistant qui lui procure des habits et des faux papiers pour se rendre en France.
En arrivant à Laon, il entre dans un bistrot pour demander sa route. Des SS présents dans l'estaminet l'ont entendu et, se rendant à Paris en camion, ils lui proposent de l'emmener ! Il ne peut refuser sans susciter la curiosité et la méfiance de ses serviteurs. Pendant le voyage, le convoi est l'objet d'une violente attaque aérienne, à laquelle Pierre Mussetta et ses insolites compagnons n'échappent qu'en se réfugiant sous le camion. L'alerte passée, les SS l'invitent à casser la croûte !
Ils le déposent à Paris Place de la Nation, quarante-sept jours après avoir quitté la carrière de Buchenwald.

La contre-offensive des Ardennes n'a été qu'un baroud d'honneur. Janvier 45, un dispositif d'attaque qui va de la Hollande à la frontière suisse et qui comprend sept armées alliées dont l'une, la première armée française du général de Lattre de Tassigny est déployée à l'extrême sud, est prêt pour envahir l'Allemagne. Face à ce dispositif, face aussi à l'armée Rouge qui commence à déferler sur la Pologne et la Prusse Orientale, l'Allemagne oppose encore 217 divisions, mais dans le délire qui précède sa dislocation, le régime a mobilisé les vieillards et les enfants ! Le Reich s'effondre dans le chaos des bombardements, l'exode des populations civiles, les chefs qui prennent la fuite, qui se donnent la mort ou sont faits prisonniers !

Février : la conférence de Yalta. Le partage du monde. Le partage de l'Allemagne en quatre zones d'occupation. Bien que libéré par les Américains, Dora se retrouve comme par hasard en zone soviétique. Une explication simple : Staline et Roosevelt, qui n'a plus que deux mois à vivre, se sont partagé le fromage. Les données stratégiques et géographiques font-elles que les Américains arriveront les premiers à Nordhausen et dans le Harz ?

Qu'à cela ne tienne. Ils s'empareront d'une gamme complète de V2 qu'ils emmèneront aux États-Unis, ainsi que les archives et les plans de fabrication de la fusée. Ils mettront également la main sur von Braun, réfugié dans le massif de l'Allgau au Tyrol. Mais ils laisseront l'usine et le personnel en place, en attendant l'arrivée des Soviétiques le premier juillet. Parmi le personnel, à qui un émissaire russe arrivé dès le 26 mai à promis monts et merveilles s'il restait là, il y a le bras droit de von Braun, l'ingénieur Gröttrup, l'élève qui va bientôt dépasser le maître, coiffant les Américains sur le poteau en 57 et en 61 avec Gagarine.
Tous cela transpire, passe les murailles les plus étanches, se faufile au nez et à la barbe des sentinelles retranchées dans les miradors de Dora. Car il y a encore des SS à Dora, en avril 45. Plus beaucoup, souligne Christian, mais ils y croient encore, quand même il faudrait se tenir prêt à filer, s'il se passait des événements contraires. Kapos et Vorarbeiter sont toujours là eux aussi, mais on sent bien qu'il va se passer quelque chose. Un tournant dans le calvaire enduré par ces hommes depuis des mois, pour beaucoup depuis des années.
Rassemblement. Direction le tunnel. On les enferme à l'intérieur des galeries en attendant, soit de les échanger, soit de les faire sauter en même temps que le tunnel. Plusieurs wagons ont pénétré à l'intérieur, lestés d'une mystérieuse cargaison dont on affirme que c'est de la dynamite.
La nourriture se fait de plus en plus rare, irrégulière. Un jour, il y a une boule de pain par personne, un autre jour une boule pour dix. Presque plus de soupe. Plus de rutabagas. Flottement et vent de panique agitent la direction du Mittelbau. Depuis longtemps, on ne travaille plus.
Après trois jours dans la nuit du tunnel, nouveau rassemblement. C'est sûrement pour être libéré, cette fois. Revenus à la surface, ils savent que les Américains sont tout près. Ils sont confiants. On ne va tout de même pas les fusiller maintenant. Ils sont quinze mille à errer dans tous les recoins du Mittelbau en attendant le verdict.

La discipline n'est pas absente mais elle s'est relâchée. C'est le désordre. Chacun essaye d'aller aux nouvelles, sans cesser de rôder, en quête de quelques ingrédients, quelques épluchures, quelques débris qui pourraient tenir lieu de nourriture, quelques pincées de tabac génératrices de bouffées anesthésiantes pour faire oublier la disette.
Quelques jours encore se passent. Ils vont nous libérer. Que feraient-ils de nous, sinon. Pas si vite. Les SS ne sont pas d'accord entre eux. La survie des déportés a été négociée au plus haut niveau. Le tunnel ne sautera pas. Mais il faut encore compter avec la hiérarchie locale, les responsables du camp qui ne se résolvent pas à laisser partir un cheptel dont ils se sentent avant tout propriétaires.
Pour le moment, les règlements de comptes se multiplient. Des kapos sont abattus. Les autres se cachent sous des tenues civiles et des bérets noirs, épinglant à peine sur le revers du veston, leur triangle numéroté qu'un simple geste suffira à détacher, le moment venu, pour retrouver l'anonymat. La nourriture se raréfie chaque jour un peu plus. À son tour, la margarine a disparu.
Il fait froid en ce début d'avril à Dora où le temps est sombre et pluvieux. Ce soir, le mauvais temps a fait place à une éclaircie. C'est le moment choisi par l'aviation américaine pour raser Nordhausen, qu'on aperçoit à quelques kilomètres. Spectacle hallucinant. Insolite : les SS et les déportés qui assistent côte à côte du sommet du Harz où ils se sont réfugiés, aux convulsions d'une ville en flammes. Une forteresse volante en feu s'abat sur le clocher de la cathédrale !

Rassemblement général sur la place d'appel. Que se passe-t-il ? Un détachement de mille cinq cents déportés dans lequel se trouve Christian est dirigé vers la gare de triage où arrivent d'ordinaire les pièces de la fusée. Stupeur ! Ils apprennent qu'ils partent ! On leur distribue une boule de pain. Il pleut. Il fait froid. On les oblige à monter, à nouveau sous les gueulements, dans des wagons découverts

affectés au transport du minerai. Ils sont entassés, à plus de cent par voiture. Pas moyen de faire un geste, pas même de s'asseoir. À chaque extrémité, il y a un SS abrité de la pluie sous une toile cirée d'où pointe une mitraillette prête à fonctionner.
Le train met des heures à partir. Il part enfin. Plus de charbon, la locomotive fonctionne avec du bois, tant qu'il en reste ! Jamais elle ne dépassera le trente à l'heure. Destination précise ? Fuite en avant ? Nul ne sait.

« Après avoir récupéré une couverture, ayant perdu mes camarades du tunnel, je me suis retrouvé dans une colonne, en direction de la gare de triage du camp de Dora, où des wagons découverts attendaient leur pitance d'esclaves. Il n'y avait plus de doute, c'était bien l'évacuation, certainement vers l'est, puisque les Alliés étaient presque aux portes du camp. Il pleuvait, une pluie fine et froide. Les kapos poussaient les déportés à coups de matraque à l'intérieur des wagons en hurlant, comme d'habitude. Je me suis retrouvé à la limite de l'espace réservé au SS. La sentinelle était là, le doigt sur la détente de son pistolet-mitrailleur. Nous étions toutes les races, Russes, Polonais, Belges, Serbes, Hollandais, Français... qui nous bousculions, et nous engueulions pour avoir la meilleure place. Car nous savions ce que c'était de voyager dans de telles conditions, nous avions vu de nos propres yeux, et de nos mains déchargé des wagons entiers de cadavres gelés, alors il ne fallait pas nous la faire, nous savions que ce voyage était bien le dernier. Nous partions vers une destination inconnue. Non, le miracle de la délivrance n'avait pas eu lieu, nos guenilles ruisselaient de cette pluie qui n'en finissait pas de nous cingler le visage. Le vent s'était mis de la partie.
Je surveillais la sentinelle qui fumait une cigarette à l'abri de sa toile de tente. Nous étions plusieurs à regarder, nous attendions qu'il jette son mégot, comme beaucoup le faisaient afin de rigoler cinq minutes sur ces malheureux qui

allaient se précipiter dessus. Ce salaud trouva le moyen de le mettre sous son godillot et de toute sa force, l'écrasa. Peut-être avait-il choisi ce moyen pour ne pas avoir à assister à cette meute qui allait se battre pour un mégot. Doucement, j'ai senti que le convoi s'ébranlait. Comme dans une lamentation, la locomotive poussait ses jets de vapeur dans un hurlement poussif. Les roues commencèrent à bouger. La pluie tombait, les hurlements n'avaient pas cessé. » (Christian)

9

LA MARCHE DE LA MORT

Je marche avec l'orgueil d'aimer l'air et la terre
D'être immense et d'être fou
Et de mêler le monde et tout
À cet environnement de vie élémentaire
ÉMILE VERHAEREN

VOUS APPARTENEZ À L'ALLEMAGNE. Toute votre vie, vous serez des esclaves. C'est la conclusion d'un bref discours prononcé par le chef de camp devant les quinze mille survivants de Dora rassemblés sur la place d'appel. L'espoir fait place à la colère. L'arrivée des Américains n'est plus qu'une question de jours, sinon d'heures. Le canon tonne autour de Nordhausen. mais se révolter, ce serait légitimer un massacre que peut-être les Allemands attendent. Le voyage aura donc lieu. Vers quelle fin les dirige-t-il ? Bergen-Belsen peut-être afin de les exterminer. Fuir l'avance américaine en tout cas, vers je ne sais quel sanctuaire, d'où la croyance mythique des SS dans leur destinée millénaire leur fait croire que rien ni personne ne pourra les déloger.

La colère, oui. Être passé tout près de la délivrance ! Dans quelques heures, l'armée Patton fera irruption dans le camp. Christian est dans un bout du wagon, près d'une sentinelle le doigt sur la gâchette.

À force de privations, il n'a plus d'estomac. La faim le tenaille cependant. Il avale goulûment le morceau de pain distribué pour le voyage. À côté de lui, un Russe détourne du pied un sac de nourriture appartenant aux SS. Attentifs à réprimer toute tentative de soulèvement, ils n'ont rien vu.

Le sac est tiré vers le centre du wagon où les Russes se partagent discrètement la pitance. Il est presque nuit. Il pleut. Le train démarre enfin, au rythme des soupirs exténués d'une pauvre locomotive nourrie avec du bois. Ils sont une centaine par wagon. Pas moyen de s'asseoir. Ils ressemblent à des lépreux. Christian est tombé au-dessous de quarante kilos. Son corps et son visage sont couverts de crasse, de pustules et d'écailles. Il puise dans ses dernières réserves. Plus résistant qu'un corps humain, on ne connaît pas !
La plupart des gares ont été détruites par l'aviation. De leur plates-formes découvertes, trempés par la pluie, engourdis par le froid, les survivants voient défiler des paysages, toujours les mêmes. Explication : les convois tournent en rond depuis trois jours !

6 avril

Grâce aux voies déblayées, enfin le train arrive dans une grande gare de triage. Quelle station ? Quelle ville ? On ne sait pas, il s'est arrêté à l'entrée. Ici la vie paraît presque normale. Des cheminots et des lampistes font des signes et s'affairent autour des voitures.

Soudain, les sirènes sonnent. La panique s'empare des passagers. Les déportés et les SS sautent sur le ballast. Les plus belles tartes à la crème cinématographiques ne valent pas cet instant où le dérisoire le dispute au comique : des sentinelles allemandes mortes de trouille, accroupies sous un wagon, le fusil pointé en direction de leurs prisonniers ! Mais personne ne rit. Ni les SS parce qu'ils n'ont pas d'humour, ni les déportés qui savent qu'ils vont mourir.
Les sirènes n'ont pas fini de sonner que la première vague de bombardiers à basse altitude déverse sa cargaison de bombes. En rien de temps, la ville est en flammes, la gare est soufflée, les voies sont coupées, ça ressemble à l'apocalypse. Le train qui stationnait à quelque distance n'a pas été touché, mais il est impossible de repartir. Rassemblement.

Un détachement de SS part réquisitionner des voitures et des chevaux. Quand ils reviennent, tout leur matériel, armes, munitions, sacs à dos, ravitaillement, sont chargés sur les voitures.
L'évacuation va se poursuivre à pied !
Ils étaient deux mille au sortir du tunnel. La camarde, qui n'a jamais été à pareille fête, en a prélevé un grand nombre dans le chemin de fer. Morts de froid, d'épuisement, ou bien de maladie, ils ont été jetés par-dessus bord. D'autres ont pu profiter de la panique du bombardement pour prendre la fuite. Ils sont mille sept cents quand ils entament la marche de la mort, tantôt fuyant l'avance des troupes russes, tantôt celle des Américains.
Soudain, ils sont pris à parti par des chasseurs soviétiques qui ouvrent le feu sur la colonne qu'ils ont dû confondre avec des militaires. Saisis d'une peur animale, ils courent sous les arbres, dans les haies détrempées, les buissons. L'alerte passée, Christian se demande pourquoi cette peur. L'instinct bien sûr. Lui qui voudrait tant trouver une mort soudaine et brutale, pour abréger son indicible fardeau.

Le résultat des zigzags, tantôt à l'est, tantôt à l'ouest, c'est une ligne générale nord/nord-est qui les pousse petit à petit vers Magdebourg. Les SS sont équipés d'un émetteur-récepteur mais les ordres, les contrordres, les directives deviennent incohérents, espacés. C'est chacun pour soi.
Dans une Allemagne qui prend feu, qu'importe le sort de quelques milliers de déportés, lancés sur les chemins de campagne. Ils peuvent tous crever. Les gardiens avec. Des gardiens qui hésitent encore à mitrailler collectivement leurs prisonniers, parce qu'ils leur servent d'alibi. Pendant qu'ils sont occupés à conduire ce troupeau d'homme malades, ils sont quittes d'aller sur le front. Les SS passent pour de redoutables guerriers, n'empêche, c'est plus facile ici, moins risqué, face à des captifs qui peuvent à peine marcher, qu'en face des troupes de choc de l'armée Rouge.

Grandes manœuvres

Retranché dans son bunker, entouré de son ordre noir, Adolf Hitler met au point les préparatifs de son suicide. À moins que la découverte d'un corps calciné réputé être le sien ne fût qu'un simulacre qui ne ferait qu'alimenter le mystère qui a entouré sa disparition.
Chez les savants, les grandes manœuvres ont commencé. Ils rassemblent en hâte leurs archives et les cachent, dans la montagne du Harz. Elles leur serviront de monnaie d'échange. C'est leur assurance vie.
Lieu de rassemblement : la Bavière, le sud de l'Allemagne, les Alpes. C'est calme là-bas. Il y a des paysages merveilleux. Les cimes enneigées de l'Allgau au printemps... C'est un autre monde que ce réduit alpin, comme un morceau détaché de l'Allemagne, le pays où la guerre n'existe pas.
Ce récit comporte suffisamment d'horreurs pour ne pas en rajouter. Tout de même, on ne peut pas ne pas souligner l'accident de voiture dont Wernher von Braun vient d'être victime sur une route du Harz. Il a un bras dans le plâtre. Il paraît qu'il a énormément souffert ! Au point qu'il n'a pu prendre le douillet sleeping qui emmène ses pairs en direction de la Bavière. Il est obligé de se rendre à Munich dans une voiture particulière. Il est fou d'imaginer que l'Amérique a failli perdre un tel humaniste !

Un des maîtres mots du national-socialisme, c'est la sélection. Ils disent que la sélection existe dans la nature. Prétendraient-ils incarner l'ordre naturel ? Le crépuscule des dieux n'empêche pas, jusqu'au dernier moment les serviteurs de l'abominable d'allonger la liste de leurs crimes. La caravane doit-elle rester compacte ? Ils mitraillent les derniers afin de resserrer les rangs. C'est marche ou crève. Pas la peine de compter jusqu'à dix. Celui qui s'écroule est compté *out* tout de suite. Il reçoit une balle dans la tête. Pas deux. Les temps sont durs. Il faut économiser les cartouches. Mort naturelle ou exécution sommaire, les cadavres sont laissés sur place, à l'endroit même où ils sont tombés. À ce rythme-là, l'effectif fond comme neige au soleil. Les pauses n'ont lieu que quand les SS eux-mêmes n'en peuvent plus. Après une demi-heure d'arrêt, se remettre en route représente un effort surhumain pour ces organismes usés, fiévreux, déstructurés. Je ne parle pas du matin, après une nuit serrés les uns contre les autres, à même le sol glacé et humide ! On s'arrête quand on trouve un champ clôturé, barbelé si possible. Il en faut si peu maintenant pour empêcher une évasion. L'idée même de s'échapper a disparu. Les esprits sont figés, prostrés, à la recherche d'un souffle de vie qui pourrait, sans savoir pourquoi, les prolonger quelques temps encore.

8 avril

La nuit a été terrible. Des dizaines de morts restent au sol, au moment où les survivants doivent remettre en mouvement leur longues jambes surmontées d'une carcasse de douleur. Abreuvés et nourris des plantureuses denrées alimentaires réquisitionnées dans les fermes, les SS ont passé, malgré le tour de garde, une nuit confortable, dans la paille et la chaleur d'une grange. Dès les premiers mètres, les coups de feu recommencent. Un de ces misérables pèlerins a mis le genou à terre. Il ne s'est pas relevé.
La colonne se dirige, toujours d'après les pancartes, par de multiples détours vers Magdebourg. Aujourd'hui, c'est la dernière distribution de nourriture. Du pain réquisitionné dans un village. Le saucisson et la margarine, c'est fini.
L'Allemagne de 1945 ressemble à la France de 1940. Les troupes qui montent au front croisent les populations civiles qui fuient l'avance des Russes, les travailleurs étrangers, les prisonniers de guerre... Le chaos ! Les häftling vus du ciel ressemblent-ils à ce point à des militaires ? Aujourd'hui, une escadrille soviétique mitraille à nouveau la colonne en piqué, sans l'atteindre.

Le ravitaillement n'est plus assuré, même pour les Allemands. Pendant la pause, au milieu d'un village, les chevaux sont tirés dans une grange et abattus. Les plus beaux morceaux sont mis dans un sac pour faire de la viande, le reste est abandonné aux paysans. On repart, les déportés sont attelés à la place des chevaux ! Dans les charrettes, il reste malgré la pénurie, quelques belles pièces de nourriture. Ils en profitent pour faire main basse sur des boules de pain et du jambon. Vite, de peur d'être découverts.
Christian n'a pas été désigné pour la traction des voitures. Heureusement car son état a empiré. Jusqu'ici, il soutenait un compagnon pendant la marche. Il n'y parvient plus. Allongé sur le sol, le malheureux est achevé sous ses yeux, d'une balle dans la nuque.

10 avril

Les coups de feu continuent. À chaque fois, c'est un déporté épuisé qui tombe. Il ne pouvait plus marcher. Au lieu de le laisser au bord de la route, de lui laisser une chance en se reposant, ils lui tirent une balle dans la tête.
Un de ceux qui poussent les charrettes est découvert, en train de prendre du pain. Ils font arrêter la voiture. À genoux, il implore le pardon. Le SS dégaine son revolver et lui met une balle dans l'œil.

La soupe aux herbes

Il y a les intempéries, la boue, la flotte partout. Cette fois, on est vraiment pourri. Il y a des arrêts tous les dix kilomètres. Les SS ont beau gueuler, on marche à deux à l'heure. Pourquoi les SS n'ont-ils pas encore décidé d'abattre ce troupeau famélique ? Ils y songent. Ils attendent le moment favorable, quand ils seront sûrs que pas un seul de ces misérables ne pourra échapper aux balles ou aux flammes.

Chez eux, les gens se terrent. Les rideaux bougent. Ils assistent derrière leurs fenêtre à ce défilé macabre. « Ils doivent penser qu'on est de la merde ! ».

Seuls les enfants sont dehors. Beaucoup sont vêtus d'uniformes de la jeunesse hitlérienne : culotte courte et chemise beiges, ceinturon, brassard rouge et croix gammée. Ils insultent les déportés au passage, leur crachent dessus, leur lancent des pierres.

Pour ne pas ajouter à la confusion et au désordre mais surtout éviter de se faire mitrailler, on évite les routes nationales, on prend les chemins de campagne. Voici une jolie clairière. Un beau soleil printanier filtre à travers une forêt de conifères. Une nourriture abondante et équilibrée n'empêche pas les Allemands d'être fatigués. Ils décident de faire une halte. En les voyant mordre dans le pain, le beurre, le jambon, les fruits confits, Christian mesure davantage encore son dénuement. Il a de la peine. Cette fois, il ne peut repousser des sanglots qu'il cache en se prenant la tête dans les genoux.

À chaque halte, des petits groupes se forment, toujours les mêmes. Ils sont trois, des anciens de Dora. Le privilège des anciens, c'est paraît-il d'avoir des gamelles. Ils iraient bien voir à côté s'ils peuvent arracher quelques pissenlits mais ce n'est pas possible, s'ils font mine de s'éloigner, ils seront abattus. Alors ils font chauffer de l'eau et se font une soupe avec de l'herbe, quelques feuilles et des racines.

Manger de l'herbe va devenir une habitude, mais ça ne soigne pas l'appareil digestif, ni les diarrhées dysentériques qui redoublent d'intensité et de fréquence. Tout le monde en est atteint, et il y a longtemps qu'ils ne posent plus culotte pour satisfaire aux exigences naturelles.

Magdebourg

Pendant la halte, Christian qui n'en peut plus d'avoir mal aux pieds retire ses sabots. Il espère ainsi soulager ses jambes qui à force de marcher, ont pris une teinte violacée. Comme si elles étaient en train de se nécroser. Quarante kilos, typhique, stuporeux, à bout de force, une plaie aux poumons contractée dans la poussière du tunnel qui lui fait constamment cracher du sang, voici qu'à son tour la gangrène menace.
Quand il va pour remettre ses sabots, ses pieds n'en veulent plus, ils ont presque doublé de volume. C'est de la chair vive. Il est obligé de couper un bout de sa couverture pour les envelopper. Il porte ses chaussures à la main. Au prix d'un effort surhumain, il parvient à repartir, alors que des dizaines de ses compagnons devenus des zombies restent allongés, pris pour cibles par les sentinelles !

La dureté du temps a fait que les enfants mûrissent bien plus vite pendant la guerre qu'aujourd'hui, quoi qu'on en dise. J'avais neuf ans au moment du débarquement, mais je pourrais presque réciter de mémoire la chronique du 6 juin 1944. Nous avions l'oreille rivée sur les ondes courtes. Pierre Bourdan. Ici Londres. Les Français parlent aux Français !
Par la suite, on a continué à suivre le théâtre d'opérations. Certains lieux sont devenus des symboles : Sainte-Mère-Eglise mais aussi Avranche, Port-en-Bessin, Valognes, Courseulles-sur-Mer, Carentan, Saint-Lô, Coutances... Sur le front de l'est aussi, il y a des noms qui sont entrés dans les mémoires. Pas seulement Stalingrad mais aussi Brest-Litovsk, Kiev, Kharkov, Dniepropetrovsk, Leningrad... Quant à Magdebourg, je ne peux pas lire ni entendre ce nom sans que cela évoque, pour moi, les grands bombardements de villes allemandes de 1943 et de 1944 dont la BBC rendait compte régulièrement : Dresde (135 000 morts), Cologne, Hambourg...

« On voit passer au-dessus de nos têtes, des escadrilles américaines ou anglaises qui vont bombarder Magdebourg. En face de ces essaims d'avions qui bourdonnent sans arrêt dans le ciel, on aperçoit quelques chasseurs allemands, si peu nombreux qu'ils ne peuvent pas faire grand chose. » (Christian)

Tout est démesuré. Pendant qu'une bataille de titans se déroule au-dessus de leur tête, des hommes continuent d'endurer des calvaires dont les rares qui survivront se souviendront comme d'une odyssée sans précédent.

« Chaque jour, la cruauté, les visages déformés, décomposés, ravagés... On laisse des dizaines de morts sur le bord de la route. C'est pour ça qu'on l'appelle la marche de la mort. Des cadavres tout au long. On tient nos sabots à la main. Les sabots m'ont entaillé les pieds qui ne sont plus qu'une vaste plaie. Les haltes sont mortelles. Se remettre debout pour repartir ! J'ai trouvé un bout de bois dont je me sers comme d'une canne. Les SS n'ont rien dit. Les survivants de Dora sont tous partis dans des convois comme le nôtre... »

Une cohorte de désarticulés en haillons, boitant, sautillant, comme si l'enfer lui-même avait généré ses proscrits, se présente à l'entrée de Magdebourg, grand centre industriel d'Allemagne de l'est. On dirait que les SS à leur tour sont à bout. Passant outre à toute prudence, ils font halte à côté d'un aérodrome. Après avoir travaillé à la fabrication des armes dites de représailles, V1 et V2, au tunnel de Dora, il en faut pour étonner ces hommes, surtout dans l'état de survie végétative où ils sont parvenus. Mais si la pensée ne suit plus, les yeux eux, sont témoins.
Que les générations nées après la guerre essaient d'imaginer. On est au règne des avions à hélice. Et que voient-ils, en 1945 sur l'aérodrome de Magdebourg, Allemagne de l'Est ? Des sortes d'avions qui s'élancent et qui décollent

d'une façon fulgurante, dans un fracas épouvantable, crachant le feu derrière eux. Premiers avions à réaction de l'histoire ! Les nouveaux Messerschmitt, des monstres capables de voler à des vitesses voisines de mille kilomètres à l'heure ! À côté, les redoutables stukas ont presque l'air de jouets inoffensifs. Christian n'en revient pas du spectacle.

« On a vu décoller les premiers Messerschmitt à réaction. Ils étaient drôlement en avance. La tuyère à la queue de l'appareil. Elle crachait le feu, des flammes rouges. L'avion décollait dans un bruit d'enfer, je n'avais jamais entendu ça, c'était à vous crever les tympans. »

Aussitôt après, une impressionnante vague de forteresses volantes à basse altitude perce l'horizon de Magdebourg. Christian pense que l'assaut va avoir lieu sur les infrastructures de l'aérodromes pour empêcher une riposte aérienne des Allemands. Les Américains vont arroser le secteur. Trop tard pour se sauver. Ils ont réussi à survivre jusqu'ici en face des Allemands. Ironie du sort, ils vont périr sous les bombes alliées !

Un cataclysme s'abat sur la ville ou ce qu'il en reste, après le pilonnage des jours précédents. Christian voit les bombes s'échapper des carlingues de centaines de bombardiers lourds. Malgré les populations civiles qui subissent un tel déluge, il sent monter en lui comme un sentiment de revanche, presque d'allégresse, vis à vis de ceux qui l'ont fait tant souffrir. Au lieu d'anéantir le terrain d'aviation, les Américains au contraire le préservent. À cela une explication, selon Christian : sentant la victoire proche, inéluctable, ils ont jugé préférable d'épargner l'aérodrome de Magdebourg afin de pouvoir s'en servir quand leurs troupes à terre auront pris possession de la ville.

13 avril

En traversant Magdebourg, il y a une distribution exceptionnelle de pain. C'était pas prévu, cette fois ce sera la dernière.

« On contourne la ville. Les Américains ne cherchent pas une cible précise, ils bombardent. Toute la ville est en feu. Des villages sont en feu. Plus d'une semaine s'est écoulée depuis l'épisode de la gare bombardée. À Magdebourg, on a du pain. La dysenterie ne me quitte plus. Le typhus m'épuise. Je crache des pleines gorgées de sang. Les derniers arrivés, les seuls qui tiennent encore debout, nous regardent et se demandent comment on est passé à travers toutes les tueries. On s'étonne nous-mêmes. Non seulement le visage est creux, ce n'est plus qu'un squelette mais j'ai les dents qui bougent. Elles sont déchaussées. Je n'ai pas intérêt à mordre quelque chose de dur sans cela, elles y restent. »

À tout prix

La marche vers le nord a repris. Christian ne peut plus se tenir debout, seul. Un rien moins affectés que lui, deux déportés le soutiennent pour marcher. Derrière eux, un SS qui a flairé sa prochaine victime, attend le premier faux pas pour l'abattre. La nourriture a disparu. On mange de l'herbe et des racines mais ça ne suffit pas. Il faut des protéines. Vont-ils manger les cadavres ? En certains endroits, d'aucuns auront recours à cette pratique.

Escargots, limaçons, vers de terre

J'ai entendu dire qu'on allait à Ravensbrück. Les jours succèdent aux jours. On marche jusqu'à la tombée de la nuit. La nuit, on est parqué. Il n'y a plus de ravitaillement. On mange les saloperies qu'on trouve au bord de la route.

Pendant les haltes, on arrive à se cuire des limaces, des vers de terre et quand on peut des mulots. Mais bientôt, il n'y a plus d'allumettes pour allumer le feu. On n'a plus le choix. On mange des limaces crues. On mange des vers de terre. Il y a des bruits qui courent qui affirment que les limaces crues, ça bouffe toutes les vacheries qu'on a dans l'estomac ! Les vers on les croque, on les lave d'abord. Il paraît que certains ont mangé des cadavres. Cela ne m'est pas arrivé, donc je ne peux pas dire mais peut-être que ça n'aurait pas été pire que de manger des asticots. J'ai supporté des gars qui pouvaient plus marcher.
« Tiens encore, on va bientôt avoir un arrêt, on va se reposer.
– Quand ? disaient-ils. Je n'en peux plus... ».

Moi, quand on m'a soutenu, ils me disaient : « Allez, tiens le coup ! ».

J'ai été jusqu'à l'épuisement total. Atrophie complète des muscles. Mes jambes ressemblaient à de longs bâtons, les cuisses pas plus grosses que les mollets. Mes pieds étaient en sang. J'ai souffert des pieds c'est fou. Quand il y avait un arrêt, je prenais des bouts de chiffons que je m'étais taillé dans le pantalon. J'avais découpé une jambe de pantalon et je m'étais entouré les pieds. Je ne pouvais plus mettre mes sabots, pour finir, je les ai abandonnés.

Un matin, je ne peux plus me relever. Je vois arriver un SS, le pistolet à la main. Cette fois-là, je suis revenu de loin. Juste le temps pour que deux camarades me soulèvent et me remettent debout. Sans cela, il me tuait.

Les SS continuent leur safari. À chaque fois qu'un type est par terre, paf ! ils le tuent ! Sur deux mille que nous étions au départ de Dora, il en reste à peine cinq cents.
Je marche avec des chiffons aux pieds. À l'arrêt je lave mes plaies à l'eau des rigoles. Je vais baigner mes pieds dedans.

19 avril 45 - Ravensbrück

Soutenu, littéralement porté par deux camarades, Christian se rend compte que sa fin est proche. Voilà pourtant que la marche dure moins longtemps que d'habitude. Vers douze heures, ils arrivent à l'extrémité d'un chemin barré par une grille qui rappelle Buchenwald. Derrière la grille, de longs bâtiment distribués tout autour d'une immense place, comme à Compiègne : Ravensbrück !
Ravensbrück, c'est le camp des femmes. Des dizaines de milliers d'entre elles ont péri sous la torture, le fouet, la pendaison, les privations. Beaucoup ont été violées. En franchissant la grille, tout de suite à droite, une montagne de cadavres qui doit bien mesurer neuf à dix mètres de haut. Des femmes nues sont entassées, plusieurs milliers de corps qui attendent d'être brûlés. En arrivant à Ravensbrück, c'est l'armée américaine qui découvrira l'horreur et fera creuser des fosses communes par des civils réquisitionnés.

« J'ai été saisi d'effroi. Durant toute ma déportation, je n'avais encore jamais vu ça. Le tas faisait bien dix mètres. Elles étaient entièrement nues. Leurs visages reflétaient l'ultime douleur qui avait dû précéder leur mort. Certaines portaient les marques de la torture, des brûlures, des coups, certaines avaient été éventrées. »

On leur donne à manger. De la soupe chaude. Des couchettes sont affectées : des box, comme partout dans les camps. Christian reçoit un pantalon et des sabots. Il a même un nouveau matricule. Le lendemain de son arrivée, il voit venir à lui une détenue qui se met à lui parler et l'aide à se soigner les pieds. Elle lui met des bandes : « Tiens bon, lui dit-elle, c'est bientôt fini, vous serez bientôt libérés ».

La discipline de fer qui a régné ici, dans les beaux jours du nazisme a pratiquement disparu. Il y a encore quelques SS qui gueulent mais les kapos, en majorité des Allemands, ont fichu le camp. Pas de rassemblement. Pas de travail, les détenus sont dehors toute la journée. Bref et paradoxalement, c'est dans un camp de mort que Christian arrive à récupérer quelques forces et obtient un nouveau sursis. À moins que les Allemands ne décident de se débarrasser tout de suite de cette bande de lépreux dont ils doivent penser qu'elle est une charge inutile. Il y a deux bruits qui courent. Tantôt une nouvelle évacuation, tantôt la fusillade. Ils ont dû y penser.

« On leur coûtait cher et on était irrécupérable. »

25 avril

Surprenant, extraordinaire, incompréhensible ! C'est la première solution qui prévaut, chez ces maîtres patentés du meurtre. Nouvel exode ! Les SS ont presque tous disparu. Il n'en reste que quelques uns, juste pour accomplir les basses besognes, abattre ceux qui ne pourront plus marcher. Le reste de l'accompagnement est désormais assuré par de vieux territoriaux aux cheveux blancs, débonnaires, à l'évidence pas convaincus par la mission qu'on leur ordonne. À la différence des SS, ils sont armés de fusils et non de pistolets-mitrailleurs. Ils le sont si peu, convaincus, qu'on les verra même dans une attitude qui leur vaudrait le conseil de guerre au pays des objecteurs de conscience : il se servent de leur fusil comme d'une canne pour marcher ! Tout un symbole, dans cette Allemagne ravagée d'avril 45.

On repart. Maintenant on fuit les Russes. Il n'y a plus de nourriture. On ne sait pas où l'on va. On fait trente à quarante kilomètres tous les jours. Les arrêts sont mortels. À chaque fois, les plus atteints sont liquidés. À Ravensbrück, mes plaies s'étaient un peu refermées. Mais elles se sont rouvertes. On recommence à marcher comme des bêtes. On voudrait pouvoir s'enfuir mais pour aller où ?

J'évalue mes chances, pas plus grandes en m'évadant qu'en restant. Dans un cas comme dans l'autre, je sais que c'est foutu. Ils nous tueront. Avec nous, il ne reste que quelques SS préposés au massacre. Le déporté qui ne marche plus : boum ! Une balle dans la tête. Autrement, les soldats qui nous gardent sont âgés. Des réservistes. Ou des gardes territoriaux.
Les gens nous regardent passer. Nous épient. Les gosses nous courent après. Les gamins en uniformes de la Hitler Jugend, culotte courte et croix gammée noire sur fond rouge au bras, nous jettent des pierres. Ils ont dix, douze, quatorze ans, pas plus. Pour eux, on est des mendiants et des terroristes.
Maintenant les Allemands qui nous accompagnent en bavent aussi. Ils sont condamnés à marcher, comme nous. La différence c'est qu'ils ont à bouffer. On leur barbote des victuailles. Les vieux soldats ont peur. Ils se gardent de nous, bien plus qu'ils ne songent à nous tuer. C'est les SS qui sont restés qui tuent les déportés épuisés. Les vieux, eux ne portent même plus le fusil à l'épaule, ils s'en servent comme d'une canne. On sent qu'il y a une grosse tension entre eux.

27 avril

La nuit a été atroce. C'est fou ce qu'il y a comme morts. On n'est plus que trois cent cinquante. On marche à deux à l'heure. Plusieurs Allemands chargés de nous garder sont morts d'épuisement. On s'aide. On se soutient de nouveau. Partout, ce n'est que désolation. On ne voit plus de bétail. Toutes les vaches ont été mangées.

Au soir du 26 avril, les survivants sont parqués dans un pré. À proximité, il y a une forte concentration de SS, une colonne blindée qui monte au front. Dans les ultimes combats de cette fin avril, l'armée régulière a disparu. Il n'y a plus que des unités spéciales, composées pour l'essentiel

de SS. Soudain, ils entendent parler français. Il sont étonnés. Malgré leur fatigue, ils se lèvent et ils s'approchent de la clôture. L'un d'eux lance :
« Il y a des Français ?
– Oui, nous sommes français.
– Nous aussi, on est français. »

Ils sont trois. Ils portent les uniformes noirs de la force blindée. Sur le haut du bras, ils ont l'écusson bleu blanc rouge marqué de la LVF (Légion des volontaires français). L'un d'eux dit : « Vous êtes français ? ». On fait : « Oui ». Les légionnaires ont été détachés, juste pour garder les détenus pendant cette nuit. Christian :
« Vous êtes des traîtres.
– Nous ? On sait qu'on va mourir. L'Allemagne a perdu la guerre. Les Russes ne font pas de prisonniers. Notre idéal, c'était de s'engager dans la LVF pour combattre le communisme. Mais on ne vous en veut pas à vous, ni aux Alliés. Notre truc, c'était d'anéantir les Russes.
– C'est foutu. Vous pourrez pas anéantir les Russes. Mais les Russes, eux vont anéantir les SS.
– Tout c'qu'on peut vous offrir, c'est du schnaps. »

Ils sont tentés de boire un coup. Mais ils se ravisent. Ils n'ont plus d'estomac. De l'alcool par là-dessus les tuerait, assurément. Ils refusent : « On veut pas de cette saloperie de trucs allemands. On refuse d'office votre coup à boire ».

Au petit matin, les SS français s'en vont rejoindre leur unité. Après c'est comme d'habitude. « Auf stehen ! » (Rassemblement !)

La tyrolienne

Étrange rallye que celui effectué par les SS, en ce mois d'avril 45. Première série d'épreuves : le parcours de concentration (sans mauvais jeu de mot) qui conduit les

concurrents, Wernher von Braun, son frère Magnus, Hans Kammler, Walter Dornberger, Huzel, Tessmann, Lindenberg, Axsten et d'autres, dans le Tyrol autrichien.
Épreuve finale : un lancer de corde par-dessus l'Atlantique, à la manière des alpinistes quand ils effectuent ce qu'ils appellent une tyrolienne. Manœuvre délicate, acrobatique, athlétique aussi, puisqu'il s'agit d'atteindre d'un seul jet la Statue de la Liberté, en partant des cimes enneigées de l'Europe Centrale. On ne passe pas si facilement de la bière au whisky.
Les Américains sont très sélectifs. Parmi ce florilège de penseurs, qui ne rêvent qu'à faire le bien de l'humanité, un est éliminé d'office : Hans Kammler. Aucune chance pour ce serpent venimeux, bras droit d'Himmler, au costume tellement taché de sang qu'on n'a même pas pu le laver. Pourtant, il a rendu un sacré service à l'Amérique. Celui qui réveille ses serviteurs en tirant une rafale de mitraillette a su quand il le fallait, être opportuniste. C'est lui qui, désobéissant aux consignes de terre brûlée du führer, a épargné Dora et permis aux Yankees de mettre la main sur les V2. Alors la mort de Kammler en face de partisans tchèques n'est-elle qu'une mise en scène pour égarer l'opinion ? A-t-il fini ses jours paisiblement au Texas sous une fausse barbe ? Mystère !

Le cas de Walter Dornberger est bien différent. À l'origine du projet d'édification du complexe "armes secrètes", le père des V2 évite, bien plus par opportunisme que par humanité d'appartenir jamais à la SS. Il se contente d'être général dans la Wehrmacht. Moins marqué politiquement que Kammler, l'ancien chef de la base de Peenemünde n'a pas été inquiété pour ses activités criminelles. Les Anglais essayèrent en vain de le faire pendre. Naturalisé américain, il devient après la guerre conseiller de l'aviation américaine en matière de fusées, président d'importantes compagnies aérospatiales aux USA, avant de prendre une retraite paisible à Buffalo (États-Unis).

Troisième catégorie : le savant. C'est un être en dehors du commun. Nourri de sa passion pour la science, il ignore tout du monde, aussi bien les nourritures terrestres, pourtant pas désagréables, que les contingences quotidiennes.
« L'archétype du savant qui plane plus haut encore que ses fusées, le savant cosinus noyé dans sa distraction et incapable d'affronter les réalités matérielles », comme le dit ironiquement Jean Michel, c'est Wehrner von Braun.
Il n'aime ni le confort, ni les femmes, ni le vin, ni la bonne chair. Quand il a signé au parti national-socialiste, c'était le cœur dans les étoiles. Quand il a pris pour maître à penser un certain Adolf Hitler, c'était parce qu'il lui fallait bien un protecteur, pour mener à bien la grande aventure humaine de l'espace. Il n'a pas eu le temps de s'apercevoir qu'il s'était mis au service de la plus vaste entreprise criminelle de l'Histoire. Il était au-dessus des piles de cadavres qu'il côtoyait à Dora, des malheureux aux orbites excavées et au visage décoloré qu'il croisait dans la Mittelwerke, des pendus qui dansaient en l'air dans les ateliers et qui n'avaient pas fini de gigoter parfois quand ils étaient conduits au four.
Ce qui fait le plus mal, c'est que les gens s'extasient aujourd'hui en suivant la trajectoire d'une fusée interplanétaire qui ne mène pas au-delà d'une banlieue cosmique minérale et glacée, donc inutile, quand il y a tant de merveilles à découvrir chez nous, sur la Terre. J'entends encore René Demaison ponctuer une conférence cinématographique en disant : « Qu'elle est belle notre Terre ! ».

Pour l'heure, von Braun attend les mâcheurs de chewing-gum dans un confortable hôtel de sports d'hiver du Tyrol autrichien. Certes, tout n'est pas gagné. Il y a encore des imbéciles de SS, une trentaine au total, pour surveiller tout ce beau monde et empêcher qu'ils ne tombent vivants entre les mains des Alliés. Dornberger va se charger de les amener à la raison. Il leur propose l'impunité, contre de simples tenues de la Wehrmacht.

En avril 45 donc, pendant que les déportés, les prisonniers, les travailleurs, les soldats alliés, les civils et même les soldats allemands, qui ne sont pas tous des tueurs il s'en faut, sont livrés au carnage et à l'étripage général, les criminels précités sont installés dans des conditions que décrit Dornberger lui-même dans ses mémoires, propos rapportés par Jean Michel dans *DORA* aux Édition JC Lattès.
Restez assis !
Nous nous prélassons au soleil, sur la terrasse de l'hôtel où nous logeons ; nous faisons courir nos imaginations et formons des projets d'avenir. Le ciel est bleu. Les cimes couvertes de neige des montagnes de l'Allgau étincellent ; en bas, dans la vallée, le printemps fait son apparition. Ici, c'est la paix, le calme ; il nous semble sortir d'un cauchemar, celui des dernières années.

10

LA SOLUTION FINALE

Rien ne se voyait plus, pas même des débris ;
L'univers écrasé ne jetait plus ses cris.
ALFRED DE VIGNY

UN VILLAGE allemand anonyme. La fin de l'après-midi. À la sortie du village : une grange. Faire une halte ? Passer la nuit ? Pourquoi pas, ça fait si longtemps qu'on n'a pas dormi au sec, sous un toit !

Des SS repentis, soudain parcourus d'un souffle d'humanité ? Après tout !

« Allons Messieurs, par ici, entrez, installez-vous, détendez-vous ! »

Le destin est toujours en marche, simplement, il y a des moments où il accélère le pas. Trois hommes franchissent les premiers la porte de la grange. Dans l'ordre : un curé, un déporté de l'Oise et Christian Desseaux. Les trois se dirigent d'instinct vers le fond de la grange. Une lucarne ouverte. S'évader ? Non. Curiosité naturelle ? Voir ce qu'il y a derrière ? C'est ça, peut-être, le destin en marche !
La fenêtre n'est qu'à quatre-vingts centimètres du sol. Sans savoir pourquoi, le plus naturellement du monde, les trois l'enjambent. Il y a des herbes presque aussi hautes qu'eux. Obéissant à je ne sais quel mystérieux et impérieux commandement, ils se mettent à courir.

Dans l'état où il est, Christian à l'impression d'avoir couru des kilomètres. En fait, ils ont dû faire cent mètres, juste de quoi s'engouffrer dans l'épaisse forêt qui se trouve à côté.

Il est 18 h 30.
La nuit va tomber. Personne ne s'est aperçu de leur fuite. Par précaution, les SS verrouillent la lucarne.

Comme à Gardelegen

Le symbole des villages martyrs en France, c'est Oradour-sur-Glane. Mais il y en a d'autres, totalement inconnus. Etobon par exemple, en Haute-Saône, a subi un sort analogue. Personne n'en a parlé. La grange que Christian vient de quitter, par miracle, n'est pas Gardelegen. Elle est anonyme. Elle existe pourtant, comme Etobon, le village martyr.

Au fait, que s'est-il passé à Gardelegen ? Les Allemands en avaient assez de conduire un troupeau d'ombres, pareil à celui-ci. Ils ont fait pénétrer leurs mille prisonniers dans une grange et l'ont incendiée.

La lutte inégale à duré des heures. À chaque fois que les Allemands lançaient des torches allumées à l'intérieur, les victimes parvenaient à les éteindre. Finalement, les Allemands se sont décidés à les mitrailler, avant de mettre le feu. Il n'y eut que huit survivants, sur plus de mille. Dans la grange, il y avait des denrées alimentaires, entre autres des pommes de terre. La chaleur a été telle qu'à la fin de la nuit, elles étaient cuites.

Soudain, le feu des armes automatiques se déclenche. Tapis dans l'herbe, Christian et les deux autres ont compris le drame qui se jouait, tout près de là. Ils sont terrorisés. Ils entendent leurs camarades hurler. La grange en feu éclaire la nuit, puis plus rien.

Vers le milieu de la nuit, des ordres, des gueulements en allemand dans le bois. C'est une grande forêt, avec des allées où se mettent à rouler des camions et des chars. Une colonne blindée panzer se met en route. À nouveau le silence. La nuit s'achève.
Indifférente aux drames qui déchirent les humains, la nature s'éveille avec des chants d'oiseaux. Un brouillard peu épais se condense en fines gouttelettes de rosée. Le soleil levant filtre la brume. Le ciel est bleu. Il fera beau.

À l'aube du 29 avril

Les trois hommes marchent dans la forêt. Très vite, ils arrivent en bordure d'une nationale. Ils sont là, terrés, dans un fossé dont ils n'osent sortir.
Une heure s'écoule... puis deux. Soudain, trois hommes surgissent. Une divine surprise : ils parlent français. Veston, calot kaki, ils portent dans le dos KG (krieggefand).
Bougez pas, on va vous chercher des vêtements.
Christian, le curé et l'homme de l'Oise attendent vingt, vingt-cinq, trente minutes. Au bout d'une demi-heure, les prisonniers de guerre reviennent avec des effets militaires, plus une capote et un calot. Ils sont organisés. Depuis cinq années qu'ils sont en Allemagne, ils parlent parfaitement la langue. Christian quitte pour la première fois depuis quinze mois ses habits rayés, poisseux, puants, sordides. Il prend soin de les dissimuler sous une couche de feuilles mortes, à l'exception du mützen qu'il met dans sa poche.
Métamorphosés en prisonniers de guerre français, les déportés suivent leurs compatriotes jusqu'à leur stalag distant d'un kilomètre.

Le stalag

Le stalag comporte plusieurs baraques entourées de fils barbelés. Une sentinelle surveille les allées et venues. Après avoir enregistré la sortie des trois PG, elle est fort étonnée de les voir revenir à six. Quand ils passent devant elle, elle fait : « Gut, gut, gut ». Quand elle voit les trois autres passer devant la guérite, elle hésite. Elle a compris qu'il s'agissait de déportés. Christian et ses deux compagnons ressemblent à des momies, non à des prisonniers de guerre. Alors l'un d'eux se tourne vers la sentinelle et lui dit, avec un clin d'œil : « Gut, gut, gut, fais-toi pas de souci, c'est des copains ! ».

L'autre n'insiste pas, il note trois entrées, comme s'il n'avait pas vu les nouveaux. Les déportés sont conduits dans une baraque. Tous accourent et le cercle se forme autour d'eux. Ils se mettent à raconter leur histoire. Christian : « J'étais dans la Résistance, j'ai été vendu, dénoncé, arrêté, emprisonné, battu, torturé, déporté ».

À l'écoute des conditions de la déportation et de la vie à Dora, ils n'en reviennent pas. Ils n'en reviennent pas non plus de voir dans quel état se trouvent leurs compatriotes, aux confins de la survie. Ils n'ont qu'un mot à la bouche : « C'est pas vrai, une chose pareille, c'est pas possible ! ».

C'est tout juste s'ils ne se mettent pas à pleurer en entendant les choses vécues à Buchenwald, Dora, Ravensbrück... Christian a perdu l'habitude d'être entouré par des gens bienveillants, qui se veulent au surplus rassurants et qui lui disent : « Vous avez eu de la chance, votre grange a été mitraillée et incendiée, il n'y a pas un seul survivant. Vous êtes les seuls rescapés de ce massacre. Vous avez eu aussi de la chance que la colonne de blindés SS ne vous découvre pas dans le bois, sans cela ils vous tuaient. Mais vous faites plus de souci, maintenant vous êtes en sécurité, pour vous la guerre elle est finie ».

Dès qu'il n'a plus à se garder d'un coup mortel qui pouvait à tout instant s'abattre sur lui, il perd connaissance. Endormi ? Évanoui ?

La journée se passe.
Au soir du 29, il ouvre les yeux. Ses hôtes lui ont battu des jaunes d'œufs avec du sucre en poudre. Il n'a pas trop de difficultés pour avaler cette nourriture, en raison de son faible volume. Jean, ex-sergent dans l'armée française, électricien de son état, domicilié à Lyon au moment de la mobilisation, est le responsable du groupe de prisonniers, qui s'est amenuisé au fil du temps. Ils ne sont plus que cinq, qui vont se répartir la charge de sauver les trois autres. La nuit arrive. Tout le monde dort !

30 avril - 4 heures du matin

La sentinelle de garde pénètre en trombe dans la chambre du sergent. Evacuation ! Tout de suite, c'est le branle-bas. On réveille les déportés pour qu'ils se préparent à partir. Les PG français sont supérieurement organisés. Ils ont des petites voitures sur lesquelles ils chargent en hâte leurs bagages dont le volume ne laisse pas d'impressionner les déportés, eux qui n'ont rien !

« On dirait qu'ils emmènent l'Allemagne avec eux. » (Christian).

Sur chacune des voitures, ils ont placé un drapeau français bleu blanc rouge, ainsi qu'un drapeau blanc. La sentinelle de garde, qui était censée les accompagner dans ce nouvel exode a pris la fuite. Christian se souvient de Dunkerque et des leçons qu'il en a tiré. Evacuer est une fuite en avant qui fait courir des dangers bien plus grands qu'en restant chez soi. Le destin à nouveau s'accélère.

Premier mai

L'Allemagne est coupée en deux, le nord et le sud. Les Américains et les Soviétiques ont fait leur jonction à Torgau le 25 avril. À Yalta, on est convenu que l'Elbe servira de démarcation. Arrivés les premiers sur le fleuve, les Américains ont donc stoppé leur progression. Le problème pour nos hommes, c'est qu'ils sont sur la rive droite et par conséquent dans le secteur soviétique. Le front russe n'est plus très loin. Les Allemands s'y battent avec la dernière énergie. Il faut essayer de gagner l'Elbe pour passer en secteur occidental.

Se sauver des Russes

Heureusement, Jean connaît bien la région, pour y avoir séjourné depuis longtemps.

« On marche la plupart du temps à travers champs. On apprend que les Américains sont de l'autre côté de l'Elbe. Le front russe est juste derrière nous. Une seule consigne : se sauver des Russes. On dort dans des trous de bombes. Je suis péniblement mes compagnons. Je les retarde. Ils se portent bien, eux, ils sont en pleine forme. Ils sont extraordinairement gentils pour moi. À chaque instant, j'ai des coliques, je fais du sang. Les civils allemands aussi se sauvent des Russes. Ils ont des voitures avec des chevaux. »

La tranchée antichar

On arrive à proximité d'un vaste champ qui borde la route. Un peu plus loin, on aperçoit des uniformes, la route est noire de SS, il y a des chars, des canons, des camions qui se déplacent dans un bruit d'enfer, comme si toute l'armée allemande était rassemblée là. Au même moment, on voit arriver une escadrille de chasseurs bombardiers russes. Je réalise qu'ils vont attaquer et détruire tout ce qui est à leur portée. On se réfugie en hâte dans une tranchée antichar qui se trouve à proximité. Une première vague prend la tranchée en alignement et lâche une bombe en piqué de cinq cents kilos. Simultanément, les mitrailleuses à bord des appareils essayent de nous sulfater.

Sur la route, des camions sont pulvérisés, des chars explosent, les soldats crient, les réfugiés courent dans tous les sens. La première vague s'éloigne. Pris d'une colique, je quitte mes camarades, je fais six, sept mètres en arrière. Je pose la culotte, tout en surveillant les avions. Arrivée de la deuxième vague. Premier avion. Deuxième avion. Les Allemands tirent dessus. Un troisième, je dis celle-là est pour nous. Il lâche sa bombe. Un spectacle dingue. Dans sa vie on n'en voit qu'un comme ça. Jean hurle : « Couchez-vous, couchez-vous ! ».

Je suis couché, culotte baissée. La bombe tombe à quelques mètres. Je suis recouvert par vingt centimètres de terre. Blessé aux joues et au front par des jets de cailloux, j'ai la figure en sang. Le sergent crie à nouveau :
« Ça va ?
– À peu près.
– Allez remets ta culotte, il faut filer. »

On s'est sauvés du coin. Nous voilà partis. On était plein de terre. Mes blessures au visage paraissaient légères mais j'avais hâte de me laver. Les PG connaissaient tout le coin. Le soir, on arrive dans un village. On se lave dans une fontaine avant de repartir. »

La mort d'un prisonnier de guerre

À la tombée de la nuit, le sergent avise un énorme cratère de bombe dans lequel ils descendent les carrioles, afin d'y passer la nuit. Une nuit claire, pendant laquelle les combats ne cessent pas.
Du fond du trou, Christian regarde le firmament étoilé, s'abandonnant pour quelques temps à la rêverie puis se demandant si tout cela finirait un jour. Ça tire, ça mitraille, les bombes, les obus, les grenades, les armes automatiques... les Allemands défendent chaque mètre carré de terrain.

2 mai - 6 heures du matin.
« On s'en va » fait le sergent. Un des prisonniers de guerre sort du trou. Il se met debout. Une détonation. Le prisonnier de guerre retombe dans le trou. Le sergent hurle : « Restez au fond du trou, on nous tire dessus, ne bougez pas ! ».

Ils tirent leur copain. Il a pris une balle dans la tête. Il est couvert de sang. Le sergent dit : « Il faut s'organiser ». Il sort une chemise blanche d'une valise, la met au bout d'un bâton et sort du trou en l'agitant et en faisant de grands signes. On entend des ordres en allemand.
Il était temps. Il voit dix soldats allemands qui s'apprêtaient à nettoyer la tranchée à coups de mortier. Ils croyaient que c'était des Russes. L'armée soviétique est vêtue de tenues kaki, comme les Français. Jean hurle à l'adresse des Allemands : « Frankreich ! Krieggefand ! ». Les Allemands les font sortir du trou. Ils sortent également le blessé. L'officier allemand qui commande le détachement se met à discuter avec les PG et présente des excuses. Du coup, il arrête des réfugiés avec une voiture et un cheval et leur ordonne d'évacuer l'homme. Le blessé est installé sur le chariot. Christian monte à son tour et prend sa tête sur ses genoux. Bien qu'enroulée dans des chiffons, elle saigne abondamment, il a le pantalon couvert de sang. Le groupe marche six ou sept kilomètres, les prisonniers de guerre, les déportés et le fermier allemand accompagné de sa famille.
Il ne cessait de dire « Putain, putain, putain... », c'étaient ses seules paroles. En arrivant dans le premier village, il est mort sur mes genoux. C'était un Bordelais. J'ai dit à ses camarades : « Il est mort ! ».

Ils ont fait arrêter le cheval. Ils ont déposé le mort à l'entrée du village. Ils sont allés chercher un responsable.
Dans les derniers jours de la guerre, les anciens serviteurs sont passés maîtres. Maintenant, ce sont eux qui donnent des ordres. Les prisonniers de guerre commandent au responsable du village de faire inhumer leur copain.

Nous viendrons plus tard récupérer le corps. « Ya, ya, ya... ». Ils sont prêts à tout accepter. L'exode se poursuit. Johan'sdorf, autre village typique de la Saxe. Ils arrivent dans une ferme : « Vous pouvez occuper la grange, leur dit le propriétaire, installez-vous dans la paille ». Un moment après, le paysan revient avec des jambons entiers, des saucissons, du pain, des œufs. C'est fou ce que nécessité peut obliger. Mais Christian n'arrive toujours pas à manger. Les prisonniers de guerre lui mélangent à nouveau des jaunes d'œufs avec du sucre.

« J'avais la peau toute parcheminée. Les yeux me sortaient des orbites. Je n'arrivais pas à avaler les jaunes d'œufs avec du sucre. »

Dans le même temps

Pour quelques jours, l'armée allemande se bat encore, coupée en deux par la jonction des Russes et des Américains : les armées du nord et les armées du sud. Le sud, c'est la Bavière, c'est l'Autriche, c'est le Tyrol... c'est une station de ski, Oberjoch où attendent les responsables de la mort de 30 000 déportés à Dora dont des milliers de Français (c'est pas pour rien que Dora s'est appelé le cimetière des Français). Qu'attendent-ils ? Leur libération, parbleu ! Depuis des années, ils souffrent, ils sont les otages d'un régime scélérat qui fait fabriquer et monter leur quincaillerie par une main-d'œuvre concentrationnaire. Ils souffrent de savoir que leurs tacots autopropulsés s'en vont semer la mort parmi les populations civiles. Si tout va bien, dans quelques temps ils seront au service d'une grande démocratie transparente dont une des premières tâches sera d'expliquer au monde, dans quel marécage, dans quelle ignominie hélas, est née la conquête spatiale. Et tout va bien aller, en effet. Ce 2 mai 45, les troupes américaines qui patrouillent au pied des cimes alpestres découvrent "par hasard" et s'emparent des "conquérants de l'inutile".

Y a les Russes !

Le lendemain, à l'aube du 3 mai, après une nuit calme, le coq se met à chanter dans la basse-cour voisine. Christian et les autres dorment encore. Seul le sergent a déjà quitté la grange pour aller voir ce qui se passe à l'intérieur du village. Quand il revient, il dit à ses camarades : « Y a des drapeaux blancs aux fenêtres. Les civils sont partis. Si on allait faire un tour dans les maisons ? ». Les PG font une razzia. Le butin renferme principalement des draps. Loin de telles préoccupations, Christian pour ne pas être en reste, se contente d'une minuscule valise contenant un peigne et quelques biscuits ! Quand ils reviennent à la grange, ils voient arriver l'un d'eux tout essoufflé qui lance : « Y a les Russes ! ».

L'Alsacien

Tous retournent sur la place du village et aperçoivent en effet des soldats russes à bicyclette. Ce sont des Mongols. Ils sont armés jusqu'aux dents. Ils se rendent d'abord à la gare où ils ont repéré un wagon-citerne d'alcool à brûler. De l'alcool pur, 97, 98°, qu'ils se mettent à boire avec leurs quarts comme si c'était de l'eau de source ! Au même moment surgit une section de SS pris au piège d'où se détache un jeune homme qui vient vers les prisonniers de guerre en leur disant, en français : « Je suis alsacien. J'ai été enrôlé de force dans l'armée allemande. Ils vont nous tuer. Vous pouvez pas me sauver ? ». N'écoutant que son cœur, le sergent va chercher en hâte une tenue française et lui met une capote kaki sur le dos.

Il était temps ! Les guerriers mongols à vélo qui ne parlent pas un mot de russe, reviennent complètement ivres de leur expédition à la gare et s'emparent des Allemands. Ils leur prennent leur montre, leurs bagues, leur portefeuille, les font aligner contre un mur et les descendent à coups de mitraillettes. Faut pas qu'on reste là.

« Les Russes commençaient à nous emmerder. Dans l'espace d'une heure, l'armée régulière est arrivée et a pris possession du village. La police russe était là, des femmes en vareuses avec des ceinturons, le calot, et hop ! elles se sont mises au milieu de la chaussée et ont commencé à faire la circulation pour les troupes russes. Les officiers arrivaient, toute l'armée... »

Le sergent a dit : « Il faut pas qu'on reste là, on risque d'être emmené par les Russes, il faut aller chez les Américains ».

Juste quand on allait être libre

Les fugitifs s'approchent du fleuve. Arrivés au bord, ils dénichent une barque à fond plat. Elle arrive tout juste à flotter quand elle a reçu ses huit passagers dont le petit Alsacien qui pour le moment, doit la vie aux prisonniers de guerre. Il n'y a pas de rames.

« On était à ça de l'eau ! Heureusement, il y avait un prisonnier qui savait godiller. On a pris le courant par le travers de l'embarcation. » (Christian).

L'Elbe est un grand fleuve, large et rapide. C'est la future frontière entre les deux Allemagnes.
En arrivant au milieu, ils croient déjà être chez les Américains quand depuis les berges d'où ils viennent, un violent tir d'armes automatiques se met à soulever des gerbes d'eau tout autour d'eux. L'odyssée va se terminer là. Impossible que les tireurs soviétiques ratent une cible pareille. Christian retient son souffle.

« Les balles sifflent de tous côtés, soulèvent des gerbes d'eau autour de nous. » (Christian).

Rive gauche de l'Elbe

La mort n'a pas voulu. De l'autre côté de la rive, les Américains attendent. Dans le secteur russe, on se bat, la guerre fait rage, les Mongols brûlent tout sur leur passage. Ici la guerre est finie. Déjà la douceur de vivre ? Les femmes se promènent et font des emplettes ! C'est le côté pile des USA, qu'on rencontre de ce côté-ci de l'Elbe. Des soldats-citoyens paisibles mâchant du chewing-gum, venus de toute l'Amérique, après être passés par le sud de l'Angleterre et la Normandie où déjà, ils offraient à la population des boîtes de bin's, du chocolat et des cigarettes.
Avec notre frêle embarcation et après avoir échappé aux balles russes, nous débarquons sur la rive ouest où tout de suite, nous sommes pris en charge par des soldats américains. Ils nous ont séparés tout de suite. Dans la confusion, je n'ai pas su où étaient allés les PG français qui m'avaient sauvé la vie. J'en avais les larmes aux yeux.
« Venez avec nous », ont dit les GI's. Je les ai suivis. C'était calme... Un interprète est venu. Ils m'ont déshabillé. Ils ont eut peur ! Des infirmiers sont venus. Ils mastiquaient du chewing-gum. Ils m'ont passé au DDT. J'étais tout blanc, les cheveux, la figure... Ils m'ont laissé là quelques minutes pour que ça fasse effet. Ensuite ils m'ont conduit à la douche. Je me suis essuyé et je suis rentré dans un bureau, toujours tout nu. Ils ont commencé à me soigner les plaies à la pénicilline. J'en avais partout. Ma tête n'était qu'une croûte, je n'avais plus de cheveux. J'avais les dents qui foutaient le camp, elles partaient en tirant dessus. J'étais dans un drôle d'état ! Ils m'ont pansé tout ça. Ils m'ont donné une nouvelle tenue. Ils ont brûlé tout ce qu'ils m'avaient enlevé. Même après la désinfection, j'avais encore des poux. J'ai passé la nuit là.

Le lendemain, ils ont pris mon identité. Ils m'ont demandé les noms des kapos, du chef de camp, à Buchenwald et à Dora... un questionnaire en règle.

Après, ils ont vérifié que j'étais pas un SS (les SS avaient un tatouage sous le bras). Ils m'ont donné à manger. Des beignets américains, je n'ai pu en manger qu'un seul, mais qu'est-ce que c'était bon ! Ils m'ont donné des cigarettes. Une cartouche entière, vous imaginez ? J'ai fait la connaissance du tabac blond. J'étais le seul déporté entre les mains des Américains, mais il y avait des STO. Je passe une deuxième nuit chez eux.

Le lendemain

Il y a un interprète qui vient vers moi et qui me dit : « Il n'y a pas beaucoup de solutions pour rentrer en France : tu peux attendre un avion sanitaire mais ça sera pas avant plusieurs jours. En attendant, tu peux rentrer en train mais on s'excuse, ce sont des trains de marchandises, on a pas autre chose, et ça passe par la Hollande ! ».

Christian n'a pas envie de rester un jour de plus en terre allemande. Il choisit de rentrer en wagons découverts, mieux, des bennes à charbon !
Le voyage est interminable !

Les Pays-Bas

On dirait qu'Amsterdam n'a pas trop souffert, par contre, Rotterdam est entièrement détruite. Il ne reste rien. Tout le monde descend. On reprend des wagons à bestiaux pour la France.

La Belgique

Ils arrivent en Belgique. À la sortie de Liège, le train tombe en panne ! Il est trois heures de l'après-midi. On est en rase campagne. D'où viennent-ils ? Soudain, une foule enthousiaste surgit et demande s'il y a des déportés. Christian lève la main.

« Ils ont été extraordinaires. Ils m'ont pris dans leurs bras. Ils m'ont donné du chocolat. La fête à duré tout le temps qu'il a fallu pour réparer le train. »

Charleville

Tout le monde descend. Un détachement militaire et un officier emmènent Christian dans une caserne pour y subir un interrogatoire en règle !
« Qui es-tu ?
– D'où viens-tu ?
– Où vas-tu ?
– Quel est ton matricule ?
– Quels étaient tes chefs ? Tes Kapos ? »

Etant donné son état physique, il n'a aucune peine à convaincre son auditoire qui le fait passer dans une pièce où, après avoir tout de même vérifié qu'il n'avait pas le tatouage SS, on lui apporte à manger. Malgré une dysenterie toujours présente, il arrive à mieux manger, encore qu'en toutes petites quantités. Il y a là beaucoup de monde. Presque tous des STO. L'officier improvise un briefing et annonce qu'un train va partir pour Paris. Encore un train de marchandises, décidément !

« Je devais connaître les pires souffrances. »

Le train pour Paris est plein à craquer. Ils sont une trentaine dans le wagon, mais il y a seulement deux déportés, Christian et un autre, retour de Buchenwald. Des STO eux aussi contents de rentrer au bercail. Ils chantent à tue-tête. Allongé, la tête sur un sac appartenant à ses compagnons de voyage, près de la portière, Christian est pensif. Il fume cigarettes sur cigarettes.

Il est trois heures du matin.

« J'avais pris le sac d'un STO et je m'étais mis contre la portière. Il y avait un STO qui avait mis ses valises à plat et qui s'était couché dessus. D'un seul coup, j'ai senti que je m'enrhumais. Je me suis levé en me disant si tu restes là, tu vas être malade. »

Juste à ce moment là, un fracas et la portière qui s'écroule ! Les valises partent, le gars qui était couché dessus part avec ! C'est la consternation et l'affolement. Le train n'a rien vu. À chaque gare, ils ont beau gueuler : « Arrêtez le train ! », celui-ci file inexorablement.

« Je devais connaître les pires souffrances, mais je ne devais pas mourir. »

Christian arrive à la gare de l'Est avec sa petite valise, ses biscuits et son peigne. Croix Rouge, infirmières, bonnes sœurs,... « Les déportés ! Par ici ! ». Il monte dans un autobus orné de drapeaux bleu blanc rouge qui les conduit à l'Hôtel Lutétia où sont accueillis tous les déportés.
Réception. Vin d'honneur. Brassards. Officiers. Visite des personnalités. Télégramme aux parents. Distribution d'argent liquide. Il reçoit un costume et des habits neufs. Il est conduit à sa chambre. Un lit moelleux, un gros édredon. Il fait mine d'acquiescer, en présence de tout ce confort et, manifestation d'indépendance ? désadaptation au monde civilisé ? Il s'en va coucher dans l'herbe, sous la Tour Eiffel !

Pour un kilo de fruits

La Concorde ! Les Champs-Elysées ! Lui qui vient de si loin ! Il en oublie Compiègne et l'Hôtel Lutétia. Dans le métro, les gens se lèvent pour lui céder leur place. Il rentre dans une épicerie pour acheter des fruits. La patronne lui dit : « C'est payé ». Il se retourne et aperçoit son bienfaiteur, un homme de couleur à l'allure fort respectable, vêtu d'un chapeau, c'est Gaston Monnerville, le futur président du Sénat : « Après tout ce que vous avez subi, on peut bien vous offrir un kilo de fruits, dit-il. Par contre, je peux vous emmener avec moi à la Chambre des députés ».

Christian : « Nous voilà partis à l'Assemblée nationale. Grosses voitures. Tout le monde est autour de moi. Huissiers. Journalistes. Parlementaires. Photographes... J'ai été reçu... Extraordinaire ! Faites ce que vous voulez. Un super bar. On est resté là des heures ! ».

Il est temps de regagner Lutétia. Ils doivent s'inquiéter. Gare du Nord ! Sa place est déjà réservée. Seul dans un compartiment (de voyageurs !), il regarde pensif, défiler la campagne française. Creil. Senlis. Il s'endort. Il s'éveille quelques minutes plus tard. Il a l'impression d'avoir dormi des jours ! Il a rêvé qu'on était en 95. Entre temps, les hommes avaient marché sur la lune. Grâce au ciel, on pouvait voir en direct depuis Paris, Madona ou Jerry Lewis sur scène à San Francisco, ou Maradona de son génial coup de pied, signer la victoire du onze argentin au mundial de Mexico. Le monde avait changé. La guerre, la misère, la famine, les épidémies, la violence, le sous-emploi, l'intolérance, les génocides, avaient quasiment disparu. Alléluia ! Vive l'espace !

Compiègne

Sur le quai, il y avait mon père. Il a commencé à me dire : « Mais qu'est-ce que tu faisais ? ».

Des pleurs, ça a été formidable !

Mes plaies ? C'est le soleil qui les a séchées.

André PONS

Chef du Groupe des Bleuets
Réseau Jean-Marie Buckmaster

Mon Cher Christian,

Ce n'est pas l'ami qui vient vers toi par ce courrier, mais ton chef pendant notre lutte contre l'occupant au cours des années sombres de l'histoire de notre pays. Je te félicite d'avoir, une fois de plus, fait ton devoir en racontant à William Fourtot ta vie de jeune patriote français et surtout ta déportation dans les bagnes nazis. Je me doute qu'il t'a fallu surmonter ton émotion et refouler tes larmes en évoquant tes souffrances partagées avec tes camarades de misère.

Après avoir lu ton calvaire au cours de ta déportation, les générations présentes et futures n'auront plus la possibilité de dire : « *Nous ne savions pas* ». L'authenticité de ton témoignage du fait de ta déportation comme résistant, a en plus le mérite d'éveiller les consciences rappelant que si la Nation a des devoirs envers ses citoyens, les citoyens en ont aussi envers elle.

Le groupe auquel tu appartenais au cours de ton activité de résistant était composé en majorité de garçons de moins de vingt ans. Au début de ton engagement, tu en avais quinze. Il fallait freiner ton ardeur à vouloir chasser l'occupant. Parfois tu agissais en dehors des limites que je t'imposais. Tu n'étais pas un fanatique voulant donner sa vie pour une cause inaccessible à la raison, au profit d'individus sans scrupules. Ta jeunesse et ta vie, tu les a offertes pour une cause, la plus noble entre toutes, reconquérir la Liberté. La liberté de penser, la liberté de s'exprimer dans le respect de son prochain. C'est ce que nous enseignaient, lorsque nous étions sur les bancs de la communale, nos maîtres d'école pour qui nous avions un si grand attachement.

Ton activité de résistant que tu ne relates qu'en partie, le long chemin de tes souffrances jalonné par les prisons de Compiègne, Saint-Quentin, à nouveau Compiègne au camp de Royallieu, le trajet en wagon à bestiaux jusqu'à Buchenwald, trajet au cours duquel tant de tes compagnons furent atteints par la folie ou moururent d'inanition, les atrocités dans les camps maudits, tout cela devait être dit et écrit par devoir. Après ta délivrance, et ton retour en France, effrayant de maigreur, tu as comme la plupart des vrais résistants, soldats de l'ombre et de la modestie, choisi le silence.

À la lecture de cette partie de ta vie, j'espère que ceux qui souhaitent se fondre dans le moule de notre nation comprennent qu'elle s'est construite au cours des siècles trop souvent dans la douleur.
Alors qu'il n'y avait pas d'espoir, nous, jeunes résistants, qui nous sommes dressés, dès le début, contre l'occupant, n'avons fait que suivre l'exemple de nos pères, combattants héroïques au cours de la Grande Guerre 1914-1918. Elle aussi cause de désolation avec ses interminables cortèges de morts et de blessés.

Les guerres sous toutes les formes, ouvertes, sournoises, lâches, sont à bannir. C'est pourquoi, malgré les embûches de la vie, il faut être attentifs, vigilants.

Maintenant nous sommes des papys aux cheveux blancs et notre jeunesse est loin, bien loin. Malgré nos rencontres trop espacées, existe toujours entre les survivants du groupe des Bleuets cette indéfectible amitié forgée par le même idéal, celui de briser les chaînes avec lesquelles des hommes prétendaient nous asservir.

Il est à espérer que les petits-enfants de tous les papys de notre génération soient unis par une amitié aussi forte, mais cette fois par la paix et la solidarité des peuples.

À très bientôt.

JACQUES DEFLERS

Réseau Jean-Marie BUCKMASTER COMPIÈGNE

Pendant la période de la guerre 39/45, Jacques Deflers se trouve être un grand résistant appartenant au groupe « Bleuet ».

Lors de l'arrestation de Christian Desseaux par la Gestapo, ses tortionnaires ont voulu lui faire avouer le nom de Deflers, mais lui serinant le patronyme « DELER », celui-ci nia avec obstination connaître ce personnage.

Jacques Deflers, après avoir été torturé, fut interné à Royallieu puis déporté à Buchenwald n° 43511 comme Christian Desseaux.

Le 9 avril 1945, il est évacué du camp de Buchenwald. Leur convoi est mitraillé par les chasseurs anglais. Il en profite pour s'évader et reste caché dans des tuyaux au bord de la route.

Délivré par les Alliés, il rentre en France en 1945.

Son frère, Lucien, sergent-chef, est prisonnier de guerre au Stalag IV.

DAVID OLERE

L'ŒIL DU TÉMOIN

UN PEINTRE
AU SONDERKOMMANDO À AUSCHWITZ

THE BEATE KLARSFELD FOUNDATION
Avec l'aimable autorisation de Serge KLARSFELD.

WOLTEN
D. OLERE 46.

D. OLERE 47.

D. OLERE
46

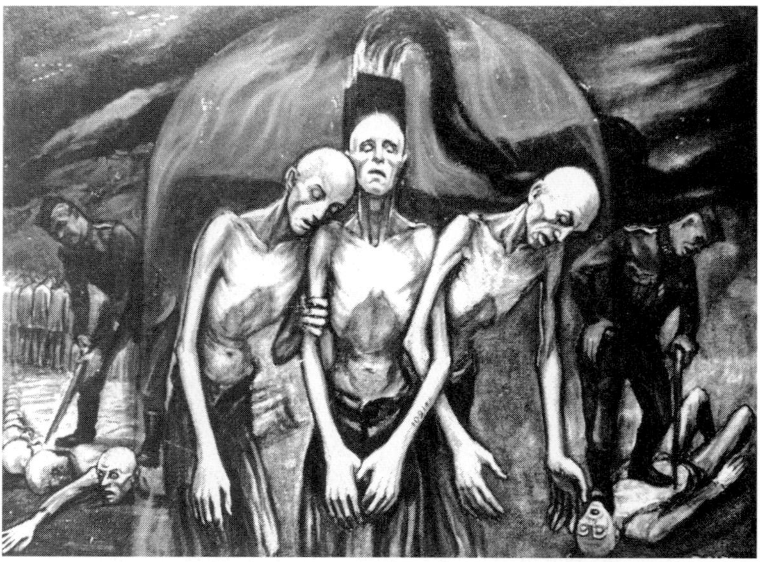

D. OLERE
47

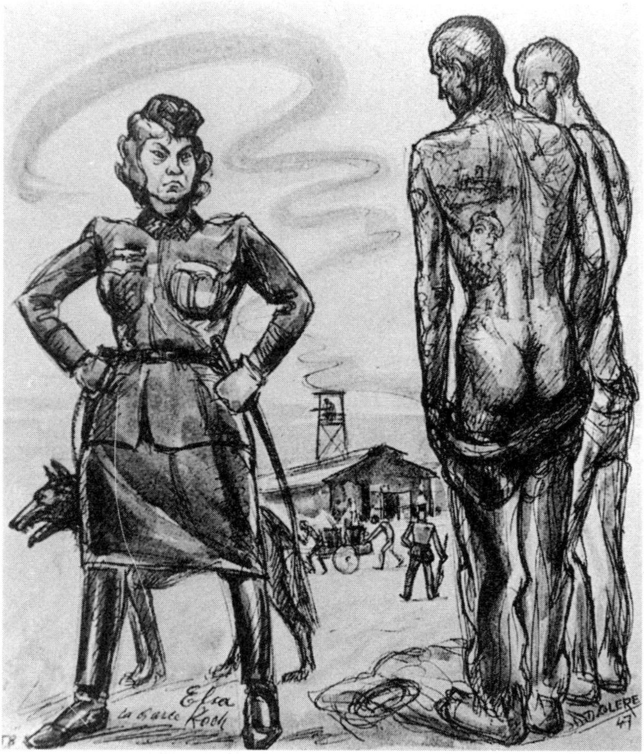
Elsa
la garce Koch
D. OLERE
47

D. OLERE
46

COMPIÈGNE

Du balcon à l'angle du 4e étage de cet immeuble, Hitler, Goering, Raeder, Hess et Keitel contemplaient l'incendie de la ville.

Le général en chef de la Wehrmacht, Keitel, lit le préambule de l'armistice. Assis de gauche à droite, Hitler, Goering, Raeder, von Ribbentrop, la délégation française, Hess et l'interprète Schmidt.

21 juin 1940, Hitler regarde avec dédain la dalle commémorative de l'armistice de 1918. De gauche à droite, Jodi, Raeder, Hitler, Keitel, Goering, X, Hess.

Camp d'internement de Royallieu.

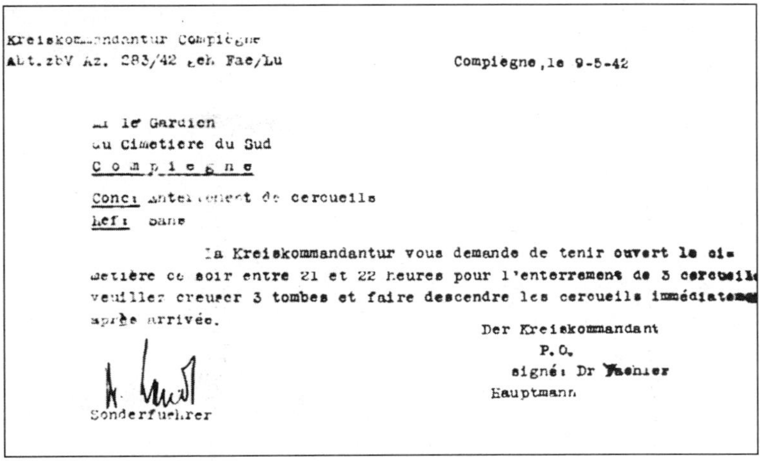

Kreiskommandantur Compiègne
Abt. zbV Az. 283/42 geh. Fae/Lu — Compiegne, le 9-5-42

An le Gardien
du Cimetiere du Sud
C o m p i e g n e

Conc: Enterrement de cercueils
Ref: sans

La Kreiskommandantur vous demande de tenir ouvert le cimetière ce soir entre 21 et 22 heures pour l'enterrement de 3 cercueils veuiller creuser 3 tombes et faire descendre les cercueils immédiatement après arrivée.

Der Kreiskommandant
P. O.
signé: Dr Faehler
Hauptmann

Sonderfuehrer

Ordre de tenir ouvert le cimetière.

Les gardiens allemands. Le geôlier, dit Andréas le boxeur, tient en laisse Prado, le plus féroce des molosses.

Départ d'un convoi d'hommes.

Quai d'embarquement de la gare de Compiègne.

BUCHENWALD

Entrée du camp. Slogan « Jedem das seine » : « A chacun son dû ».

Le crématoire.

Supplice de déportés.

CAMP DE DORA

Entrée du « tunnel ».

Le camp d'extermination.
Vue partielle de la « Place d'Appel » (contenance : 20 000 hommes).

Queue empennée de la fameuse V2, et réservoirs de la même « arme secrète ».
Au fond, les baraquements du camp de Dora.

Le dépôt de matériel. Alignement de carcasses de V2 et de réservoirs camouflés.
Au premier plan, la route descendant au « Tunnel ».

GB
GB
GB
GB
GB
GB

TUNNEL DE DORA

Le savant SS Wehrner Von Braun et le Général Dornberger.

RAVENSBRUCK

Déportées au travail.

Dessin d'une déportée.

Table des matières

Cet ouvrage a été composé et édité par les Éditions LAPEYRONIE,
BP 11, 74151 Rumilly Cedex, pour leur propre compte.
Il a été achevé d'imprimer par les Impressions DUMAS
à Saint-Étienne (Loire) en juillet 1998.
Imprimeur N° 34600

Dépôt légal troisième trimestre 1998.
ISBN 2-912313-11-2.